山东女子学院出版基金资助

国际协作科创金融（济南）创新实验室（JNSX2023078）资助

山东女子学院数字经济重点学科（2303）资助

产业链数字化山东省工程研究中心、济南市传统优势产业数字化工程研究中心资助

山东女子学院高层次人才项目"新时代行政区划在实施区域协调发展战略中的作用研究"（2018RCYJ03）资助

山东女子学院高水平项目"大数据、机器学习在中国经济增长中的应用与探讨"（2018GSPGJ03）资助

中国博士后科学基金项目"大数据时代的经济学研究范式"（2019M651830）资助

山东省社科规划研究项目"科技创新促进山东省'十强'产业发展测度研究"（19CQXJ41）资助

Research on
CHINA'S
ECONOMIC GROWTH

中国经济增长研究
基于科技创新、低碳经济、大数据等角度

崔俊富　刘　洋　陈金伟　◎著

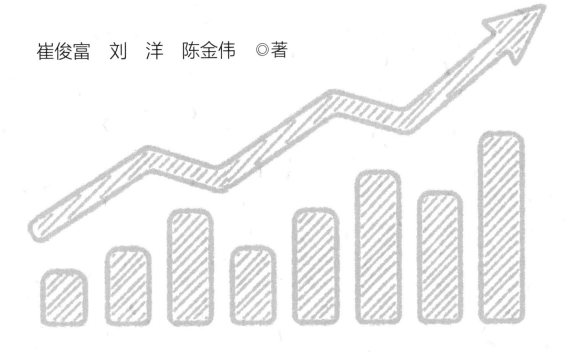

中国财经出版传媒集团

经济科学出版社
Economic Science Press

·北京·

图书在版编目（CIP）数据

中国经济增长研究：基于科技创新、低碳经济、大
数据等角度 / 崔俊富，刘洋，陈金伟著. --北京：经
济科学出版社，2024.8. -- ISBN 978-7-5218-6242-3

Ⅰ. F124.1

中国国家版本馆 CIP 数据核字第 2024XN7407 号

责任编辑：卢玥丞
责任校对：郑淑艳
责任印制：范　艳

中国经济增长研究

——基于科技创新、低碳经济、大数据等角度

ZHONGGUO JINGJI ZENGZHANG YANJIU

——JIYU KEJI CHUANGXIN, DITAN JINGJI, DASHUJU DENG JIAODU

崔俊富　刘　洋　陈金伟　著

经济科学出版社出版、发行　新华书店经销

社址：北京市海淀区阜成路甲 28 号　邮编：100142

总编部电话：010 - 88191217　发行部电话：010 - 88191522

网址：www. esp. com. cn

电子邮箱：esp@ esp. com. cn

天猫网店：经济科学出版社旗舰店

网址：http://jjkxcbs. tmall. com

北京季蜂印刷有限公司印装

710×1000　16 开　23.25 印张　346000 字

2024 年 8 月第 1 版　2024 年 8 月第 1 次印刷

ISBN 978 - 7 - 5218 - 6242 - 3　定价：162.00 元

（图书出现印装问题，本社负责调换。电话：010 - 88191545）

（版权所有　侵权必究　打击盗版　举报热线：010 - 88191661

QQ：2242791300　营销中心电话：010 - 88191537

电子邮箱：dbts@ esp. com. cn）

前言

经济增长是宏观经济学研究的核心问题。1978年以来，中国经济高速增长，国民经济综合实力迅速增加，中国一跃成为世界第二大经济体。对于中国这样一个人口众多的国家，实现经济长期平稳较快增长具有重大的意义，是实现民族振兴的根本途径，也是本书研究的出发点和落脚点。本书将从科技创新、行政区划、大数据等方面对中国经济增长进行讨论，共分为七篇，以期得出一些有益的结论。

第1篇讨论中国式现代化与中国经济增长。推动中华民族伟大复兴必须依靠中国式现代化，全面建设社会主义现代化强国必须依靠中国式现代化。中国式现代化是在中国共产党的领导下，基于中国的基本国情，具有鲜明中国特色的现代化道路，是新时代中国特色社会主义思想的重要成果。它以改革为核心动力，覆盖领域广泛，注重各个维度的协调发展。为实现中国式现代化，坚实的物质基础至关重要，这就要求必须推动经济长期稳定的增长。本书采用相对人均GDP对标法，建立模型预测了2050年之前的中国经济增长趋势，并从经济结构的角度深入探讨了这一问题。研究结果显示，中国有能力按照"两步走"的发展战略，顺利完成目标，到21世纪中叶建成社会主义现代化强国。在未来的中国式现代化进程中，我们要坚定走中国式经济增长之路。

第2篇讨论中国经济增长的收敛性。各个领域都存在收敛性，经济增长理论的一个非常重要的论断就是经济体的经济增长速度存在收敛性。有些研究认为"中等收入陷阱"就是收敛性的具体体现。作为世界上最大的发展中国家之一，中国具有经济结构合理、文化自信保障等条件，具有巨大的整体潜力，中国必将顺利跨越"中等收入陷阱"，实现中华民族伟大复兴。对中国城市的经济增长进行研究发现，科技进步、人口增速之和与城市经济增速的线性关系是正的。这说明中国城市的经济增长符合收敛性的一般规律。另外，从收敛性的基本概念出发，利用数据分布思想进行经济增长收敛性判断，可以非常全面地反映影响经济增长的各种因素，有效避免研究假定的各种缺陷，从而得出更加科学准确的结论。

第3篇讨论动力与中国经济增长。通过梳理中国经济增长的动能，可以分为宏观、中观、微观三个层面。总体来看，三个层面都出现了积极的变换，也存在一些值得关注的问题。从宏观层面来看，改革开放之后，中国经济快速增长依靠消费、投资、净出口"三驾马车"的推动，中国宏观调控政策也一直基于"三驾马车"进行调控。未来应该扩大消费影响，增强投资作用，加强对外联系，优化宏观调控政策。国民经济可以分成不同的行业，行业就是经济增长的中观层面动力。未来要统筹发展三次产业。坚定不移夯实第二产业，加强实体经济支撑；要不断推进第一产业发展，夯实国民经济基础；要加快第三产业发展，为经济增长注入新活力；要化解土地财政，促进房地产业持续健康发展。从微观层面来看，经济增长的微观动力可以分为劳动力、科技创新、资源配置机制三种。未来，要对现有的生育政策进行适度调整，合理鼓励人口增长。科技创新方面，要加大科技创新投入，优化科技创新环境。资源配置改革方面，要继续全面深化改革，发挥改革潜力。

第4篇讨论科技创新与中国经济增长。科技是第一生产力，作为世界上最大的发展中国家之一，实现中华民族伟大复兴的中国梦必须依靠科技进步。使用 Malmquist 指数研究发现，中国科技进步全要素生产率呈现增长趋势，但是平均速度仅为 0.3%，而且区域差异明显；使用省级面板数据研究发现，固定物力资本、人力资本、国外技术外溢在中国科技创新过程中，发挥了不同的作用。使用面板门槛模型对中国企业研发支出影响因素进行研究发现，门槛效应比较显著，不同企业规模会影响核心解释变量对研发支出的作用。未来必须采取有效措施推动科技进步，为中国经济平稳较快增长提供足够的技术支持。中国应加强物力资本积累，强化人力资本积累，继续扩大开放，不断增强中国创新能力，统筹协调区域科技创新发展，为中国经济的长期平稳较快发展提供技术支持。不断提高企业盈利能力，为研发支出提供更多资金来源。合理控制管理、财务费用，降低企业运营成本。

第 5 篇讨论行政区域、城市与中国经济增长。整体的发展离不开区域的发展。使用方差指数法研究中国区域发展差异，可以发现中国省域国内生产总值（GDP）差异呈现逐渐扩大的趋势。近年来，南北差异逐渐扩大，东中西地区差异逐渐缩小；南北地区差异仍然低于东中西地区差异。处于不同的区域往往意味着不同的发展政策，使用主成分聚类分析方法对中国目前的 31 个省份（除港澳台地区）进行综合评价和聚类，以探讨区域划分的相关问题。研究发现，东部、中部、西部地区的区域划分格局需要进行相应的调整以适应中国未来的发展。黄河流域是我国重要的生态屏障和经济地带，构建高质量发展综合评价指标体系，选用耦合发展和 TOP-SIS 相结合的方法对黄河流域九省区高质量发展进行综合评价。研究发现，目前仍存在高质量发展分化、综合发展水平较低、部分省份耦合发展较低等问题。城市发展水平是衡量经济社会现代化水平的重要标志，改革开放以来，中国城市的发展涌现了"深圳模式"和"苏州模式"两个比较有代表性的模式。研究发现，"深圳模式"不具备可复制性，"苏州模式"可以作为近一段时期大多数中国城市学习的样板。当城市的规模和数量逐渐增加时，便形成了城市群。城市群的利益冲突，不仅关系到城市群内部的和谐稳定，更影响国家整体的经济社会发展大局。因此，我们必须高度重视这一问题，通过科学合理的政策引导和有效的利益协调机制，确保城市群健康、有序、持续发展。

第 6 篇讨论低碳经济与中国经济增长。自开始实行改革开放的伟大国策，中国经济高速增长保持了 40 多年，目前已经成为世界经济大国。但是，中国的经济增长是高投入、高排放的增长，温室气体的大量排放与经济的高速增长紧密相关。该经济增长方式面临气候变暖、能源枯竭、国际社会、战略选择四个方面的压力，必须向低碳经济增长方式转型。实现中国低碳经济增长需要三个基本条件。促进低碳排放，发展碳市场，发展碳汇。自 2001 年以来，中国大力推行绿色区位导向性产业政策，积极探索区域产业发展绿色转型。国家生态工业示范园区建设显著促进了产业生态化发展；提高环境规制力度、促进绿色技术创新以及提升资源配置效率是国家生态工业示范园区的三条作用路径；绿色区位导向性产业政策效果存在异质性，国家生态工业示范园区在不同类型的城市的效果有所差异，老工业基地城市和非资源型城市效果更好。黄河流域是中国重要的农业生产基地，减少黄河流域农业生产的碳排放对于中国低碳经济建设具有非常重要的作用。2000 ~ 2020 年，黄河流域碳排放总量、碳排放强度均呈现倒"U"型变化趋势，各排放源对黄河流域农业生产碳排放的影响是不同的，黄河流域九省区农业生产与碳排放整体脱钩趋势不断增强。

第 7 篇讨论了大数据与中国经济增长。随着信息技术的日新月异，大数据时代已悄然来临，预示着人类的生产与生活模式将迎来深刻的变革。在这个全新的时代里，数据被赋予了前所未有的价值，它如同新时代的金矿，蕴藏着无尽的财富与潜力。对于每一个经济参与者而言，能否有效挖掘和利用数据价值，将直接决定其在激烈市场竞争中的生死存亡。经济增长始终依赖于生产要素的有效投入，在当前的时代背景下，数据作为一种新型生产要素，其在推动经济增长中的作用正日益凸显。本书通过间接测量法深入探究数据在中国经济增长中的贡献，并发现尽管其影响力尚未达到资本、劳动力和科技等传统要素的水平，但其潜力巨大，不容忽视。在电子信息技术不断进步的推动下，电子支付作为一种新的支付形式登上历史的舞台并发展迅速。货币体系的变化将对宏观调控的政策效果产生巨大影响，以常见的 *IS - LM* 模型进行讨论。货币供给变化压缩了中央银行扩张货币政策空间，同时扩大了紧缩货币政策的空间，货币需求变化要更复杂，财政政策效果增强。在不同的条件下，货币政策效果可能增强，也可能减弱。中国的经济增长迫切需求经济学研究的与时俱进，特别是在大数据时代的浪潮下，经济学研究必须进行相应的革新与发展。幸运的是，计算机技术的飞速发展提供了新的解决方案。数据驱动研究范式，凭借其能够最大限度地利用海量数据中的有价值信息，展现出了模型驱动范式所无法比拟的优势。

CONTENTS

第1篇 中国式现代化与中国经济增长

第 4 篇　科技创新与中国经济增长

第 5 篇　行政区域、城市与中国经济增长

第7篇 大数据与中国经济增长

绪　论

　　经济增长是宏观经济学研究的核心问题。[1][2] 经济学家最初普遍认为，一个国家的经济增长与其要素禀赋紧密相连。他们认为，劳动力投入和资本投入是推动财富增长的关键因素，而劳动力和资本的变化则主要受到人口增长率和储蓄率的影响。[3] 然而，肯德里克（Kendrick）在 1956 年进行了深入研究后指出，生产力水平才是决定各国经济表现和竞争力的核心要素。尽管人口增长和储蓄率的提升确实与产出的增加有关，但这些模型并不足以全面解释各国之间生产力的差异。[4] 以往的研究为经济增长理论及实践发展提供了良好的参考。自 1978 年之后，在经济高速增长的基础上，中国国民经济综合实力快速增大，中国成为世界第二大经济体，但经济危机、新冠疫情对世界和中国经济造成了较大冲击。中国是世界上最大的发展中国家之一，拥有 14 亿多人口[5]，不断提高人民生活水平和实现中华民族伟大复兴必须保持经济长期平稳较快增长，这也是本书的出发点和落脚点。本书将从科技创新、产业结构、城市发展、大数据等方面对中国经济增长进行讨论，以期得出一些有益的结论。

---

　　① 王玉清. 资本积累、技术变迁与总量生产函数——基于中国 1980 - 2005 年经验数据的分析［J］. 南开经济研究，2006（3）：79 - 89.

　　② 巴罗. 经济增长［M］. 北京：中国社会科学文献出版社，2000.

　　③ Evsey D. Domar. Capital Expansion，Rate of Growth，and Employment［J］. Econometrica，1946，14（2）：137 - 147.

　　④ Kendrick，John W. Productivity Trends：Capital and Labor［J］. Review of Economics and Statistics，1956，38（3）：248 - 257.

　　⑤ 国家统计局. 中国统计年鉴［M］. 北京：中国统计出版社，2023.

◼ 0.1 中国宏观经济走势

国内生产总值（GDP）、消费者物价指数（CPI）、生产者物价指数（PPI）等指标是反映宏观经济情况的核心指标，仔细分析这些指标，无论是短期还是长期，中国的经济增长均呈现一定程度的回落趋势。

0.1.1 从短期来看中国宏观经济

从 GDP 增速来看，新冠疫情对世界、我国的经济增长带来巨大的影响。2020 年 1 季度，我国 GDP 增速回落至 −6.9%，之后呈现比较大的波动趋势。2021 年 1 季度的 GDP 增速为 18.7%，2021 年 2 季度回落至 8.3%，2022 年 2 季度回落至 0.4%，2023 年 1 季度、2 季度分别为 4.5%、6.3%。2020 年 1 季度至 2023 年 2 季度，GDP 增速的最大值与最小值差距为 25.6 个百分点（见图 0.1）。

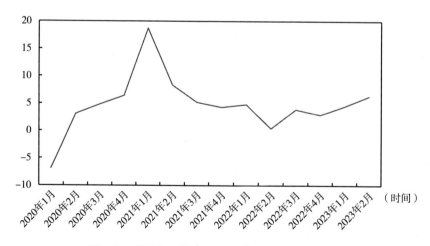

图 0.1　2020 年 1 季度至 2023 年 2 季度 GDP 增速

从 CPI 来看，受新冠疫情的影响，2020 年 1 月至 2023 年 7 月的 CPI 增速呈现区间波动、缓慢下降趋势。特别是前期的影响更加明显，2020 年

1 月为 105.4，2020 年 11 月为 99.5，下降了 5.9（见图 0.2）。从 PPI 来看，2020 年 1 月至 2023 年 8 月的 PPI 整体呈现倒"V"型。2020 年 1 月至 2020 年 12 月，12 个月中有 11 个月低于 100。进入 2021 年之后，PPI 迅速上升，2021 年 10 月达到最大值 113.5，之后呈现逐渐回落下降趋势。从 2022 年 10 月之后一直低于 100，2023 年 6 月已低于 95，为 94.6（见图 0.3）。

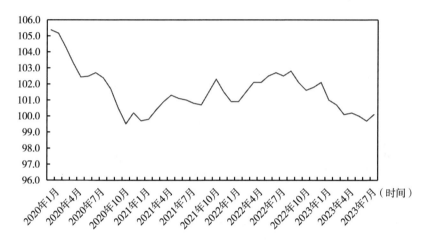

图 0.2　2020 年 1 月至 2023 年 8 月 CPI

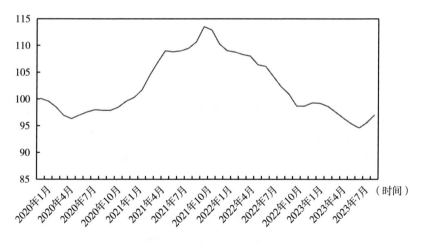

图 0.3　2020 年 1 月至 2023 年 8 月 PPI

2020 年 3 月至 2023 年 8 月财政收入增速呈现比较大的波动（见图 0.4）。2020 年前期财政收入增速为负值，后期转为正值。

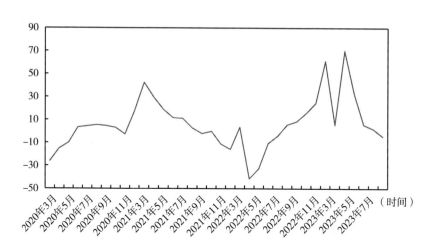

图 0.4　2020 年 3 月至 2023 年 8 月财政收入增速

0.1.2　从中长期来看中国宏观经济

将分析时长扩展到 30 年，前期相对平稳、后期剧烈波动是中国的经济增长所呈现的趋势。1992 年 1 季度至 1997 年 2 季度，我国的 GDP 增速基本在 10% 以上，最高值为 1993 年 1 季度的 15.3%，最低值为 1996 年 3 季度的 9.2%。亚洲金融危机对我国经济产生了较大影响，1998 年 2 季度 GDP 增速回落至 6.9%。之后我国从经济危机迅速恢复，进入新一轮增长周期，经济增速逐渐攀升，至 2007 年 2 季度达 15%。受到次贷危机的影响，经济增速再次回落，2009 年 1 季度为 6.4%，比 2007 年 2 季度回落了8.6 个百分点，恢复后逐渐趋于平稳，直到新冠疫情的出现带来了经济增长的剧烈波动。30 年经济增速的最低值及最高值均出现在新冠疫情期间，分别为 2020 年 1 季度的 −6.9%，2021 年 1 季度的 18.7%（见图 0.5）。

从 30 年的长周期来看，CPI、PPI 均出现了较大的波动，PPI 的波动大于 CPI 的波动（见图 0.6）。在亚洲金融危机之前，CPI 和 PPI 呈现逐渐下降趋势。1993 年 1 月至 1998 年 1 月，CPI 均高于 100，其中，1994 年 1 月至 1995 年 5 月，CPI 均高于 120；1993 年 1 月至 1997 年 5 月，PPI 均高于 100，1993 年 3 月至 1993 年 12 月，PPI 均高于 120。亚洲金融危机对 CPI、

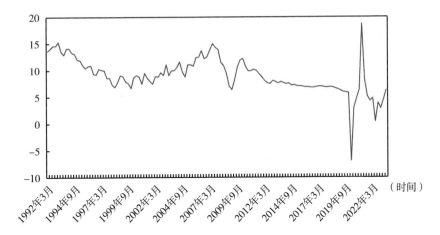

图 0.5　1992 年 1 季度至 2023 年 2 季度 GDP 增速

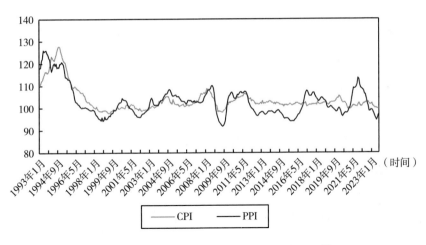

图 0.6　1993 年 1 月至 2023 年 8 月 CPI 和 PPI 情况

PPI 均产生了较大的影响，CPI 自 1998 年 4 月之后长期处于 100 以下，直到 2000 年 5 月稳定于 100 以上；PPI 自 1997 年 6 月之后长期处于 100 以下，直到 2000 年 1 月稳定于 100 以上。之后 CPI、PPI 均高于 100，且呈现一定程度的上涨趋势。次贷危机对 CPI、PPI 产生另一次较大的冲击，2009 年 2 月 CPI 下降到 100 以下，直到 2009 年 11 月回到 100 以上；PPI 自 2008 年 12 月下降到 100 以下，直到 2009 年 12 月回到 100 以上。次贷危机之后，直到新冠疫情之前，CPI 在 100 以上保持了长达 10 年；PPI 自 2012 年

3 月至 2016 年 8 月低于 100，其他时间高于 100。新冠疫情的影响也反映在 CPI、PPI 的变化上，PPI 出现了较大波动，且长期低于 100。

从 30 年长周期来看，财政收入增速一直有较大的波动。20 世纪 90 年代初期，我国财政体系进行了较大的改革，财政收入增速出现了巨大波动。亚洲金融危机对我国财政收入也带来了较大冲击，1997 年 12 月财政收入增速为 −11.98%，1998 年、1999 年多月财政收入增速低于两位数。次贷危机的冲击也比较大，2008 年、2009 年多月财政收入增速为负值。新冠疫情对财政收入增速的冲击更大，2020 年 3 月以来，多月财政收入增速为负值（见图 0.7）。

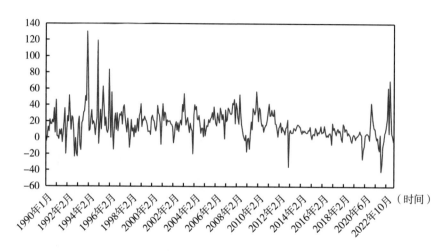

图 0.7　1990 年 1 月至 2023 年 8 月财政收入增速

0.2　基于 HP 滤波的中国经济增长趋势分析

基于 GDP、CPI、PPI、财政收入等指标，无论是从短期来看，还是从长期来看，中国经济增长均呈现一定程度的筑底现象，那么这种回落态势是不是趋势性的呢？使用季节调整模型和 Hodrick-Prescott 滤波分析方法对此进行讨论。

时间序列数据是进行经济分析的常见数据类型。时间序列数据通常可以分解为季节变动因素 S、长期趋势因素 T、循环因素 C、不规则因素 I，其中，后三者可以统称为非季节因素。季节性因素是对时间序列数据进行分析的重要影响因素，当时间序列数据存在季节性因素时，一方面会掩盖时间序列数据的基本变化，另一方面也会掩盖非季节性变化。从图 0.8 可以看出，由于中国分季度核算的 GDP 是累进制的，也就是第 2 季度核算的是第 1 季度与第 2 季度之和，第 3 季度和第 4 季度核算与此类似，因此，中国 GDP 原始数据序列呈现比较明显的季节性特点。对于中国经济增长数据的研究，必须把长期趋势因素从其他因素中分离出来，也就是消除季节因素的影响，从而可以有效对比不同时期数据的差异，揭示潜在的规律，进而对未来的趋势进行预测。

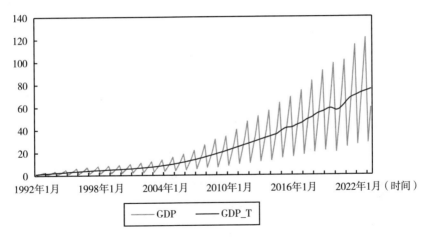

图 0.8 1992 年第 1 季度至 2023 年第 2 季度 GDP 长期趋势情况

经济学家对季节调整问题的研究源于美国经济学家麦考利。他提出季节调整可以使用移动平均比率法。之后在 20 世纪 50 年代季节调整可以使用计算机来进行，建立了 X 季节调整模型。X 季节调整模型可以有效分离规则因素 I、季节因素 S 和循环因素 TC。[1][2]

---

① 贺凤羊，刘建平. X – 12 – ARIMA 中调整类似春节效应的模型研究及应用 [J]. 数量经济技术经济研究，2013（6）：119 – 134.
② 张婷. CPI 的 SARIMA 模型与 X – 12 季节调整模型对比预测分析 [J]. 经济问题，2014（12）：37 – 41.

季节因子可以使用下列式子来表示:

$$S_t^{(2)} = \hat{S}_t^{(2)} - (\hat{S}_{t-6}^{(2)} + 2\hat{S}_{t-5}^{(2)} + \cdots + 2\hat{S}_{t+5}^{(2)} + 2\hat{S}_{t+6}^{(2)})/24 \qquad (0-1)$$

趋势循环因素为:

$$TC^{(3)} = \sum_{j=-H}^{H} h_j^{(2H+1)} TCI_{t+j}^{(2)} \qquad (0-2)$$

不规则因素为:

$$I_t^{(3)} = TCI_t^{(2)} - TC_t^{(3)} \qquad (0-3)$$

这里还存在一个问题,季节调整模型分离长期趋势因素 T 和循环因素 C[①]。为了解决这一问题,Hodrick-Prescott 滤波分析方法被开发出来,趋势因素 T 和循环因素 C 被假定包含在时间序列 Y_t 中,即:

$$Y_t = T_t + C_t \qquad (0-4)$$

也就是时间序列 Y_t 中的趋势因素可以从以下式子中得到:

$$\min \sum_{t=1}^{T} \left[(Y_t - T_t)^2 + \lambda [c(L) T_t]^2 \right] \qquad (0-5)$$

式 (0-5) 中,延迟算子多项式为 $c(L)$,即:

$$c(L) = (L^{-1} - 1) - (1 - L) \qquad (0-6)$$

也就是,下面损失函数的最小值即为 HP 滤波问题的解:

$$\min \sum_{t=1}^{T} \left[(Y_t - T_t)^2 + \lambda \sum_{t=1}^{T} \left[(T_{t+1} - T_t) - (T_t - T_{t-1}) \right] \right] \qquad (0-7)$$

经过季节调整和 HP 滤波处理后,所得到的时间序列如图 0.8 所示。可以观察到,这个过程成功地去除了原始数据中的季节性波动 S、不规则扰动 I 及周期性变动 C,进而凸显了长期趋势因素 T 的平滑特性。同时,这个长期趋势并非表现为简单的稳定上升,而是经历了由初期平缓,进入中期之后加速,到达后期平缓再次成为趋势的变化过程。整体分析,稳健上升趋势是 2000 年之前的 GDP 上升趋势,2000~2008 年,在经济危机爆发之前,GDP 的长期趋势增速呈现显著提升趋势。在经济危机的影响下,

---

① Kristian J. Trend Extraction with a Judgement Augmented Hodrick-Prescott Filter [J]. Empirical Economics, 2010, 39 (3): 703-711.

这个增速开始回落，再次进入相对平稳的阶段。值得一提的是，2020 年突如其来的新冠疫情对长期趋势因素 T 造成了明显的冲击，但在随后又恢复了增长态势。

0.3 本章小结

综上所述，目前中国经济状况与以往有很大的不同，中国经济增长虽然动力仍然足够，潜力仍然比较大，但是动力是否得到有效发挥，潜力是否能够得到全力激发值得进一步探讨。只有通过调整、改革，才能改变目前的趋势，重新实现较高速度的增长。必须深入研究中国经济增长的特点，并采取有效措施来激发中国经济增长的潜力，保持经济平稳较快增长。

第1篇
中国式现代化与中国经济增长

推动中华民族伟大复兴必须依靠中国式现代化，全面建设社会主义现代化强国必须依靠中国式现代化。中国式现代化是在中国共产党的领导下，基于中国的基本国情，具有鲜明中国特色的现代化道路，是新时代中国特色社会主义思想的重要成果。它以改革为核心动力，覆盖广泛领域，注重各个维度的协调发展。为实现中国式现代化，坚实的物质基础至关重要，这就要求必须推动经济长期稳定增长。

中国作为具备后发优势的国家，拥有有效的市场和有为的政府等促进经济长期稳定增长的关键因素。本书采用相对人均 GDP 对标法，构建了一个预测模型，用以探讨 21 世纪中叶前中国经济的增长动态。中国将在 21 世纪中叶之前保持足够的经济增长速度，这一速度将确保中国"两步走"战略的顺利实施，完成建设社会主义现代化强国的战略目标，实现中华民族伟大复兴。在中国式现代化的建设过程中，中国必须发挥文化的引领作用，深化体制和机制改革，建设创新型国家，坚持共享理念。通过这些努力，中国不仅将实现经济的持续繁荣，还将为世界贡献一个更加和谐、繁荣的未来。

第1章

经济增长是中国式现代化的基础

党的二十大于 2022 年 10 月 16 日在京开幕，习近平总书记做报告，大会强调了"为全面建设社会主义现代化国家、全面推进中华民族伟大复兴而团结奋斗"，对于新时代新征程中国共产党的中心任务，大会明确了"团结带领全国各族人民全面建成社会主义现代化强国、实现第二个百年奋斗目标，以中国式现代化全面推进中华民族伟大复兴"。① 习近平总书记在 2023 年 2 月 7 日强调"中国式现代化是我们党领导全国各族人民在长期探索和实践中历经千辛万苦、付出巨大代价取得的重大成果，我们必须倍加珍惜、始终坚持、不断拓展和深化"。②

中国人民对美好生活的共同向往是现代化，中国人民百年追求的梦想是现代化。中国式现代化具有现代化的共同特征，体现了人类社会发展规律，也基于中国国情，富有中国特色。中国式现代化的成功将打破西方化是现代化的代表、现代化必须西方化的错误模式，是中国人民探索出来的

---

① 习近平. 高举中国特色社会主义伟大旗帜 为全面建设社会主义现代化国家而团结奋斗——在中国共产党第二十次全国代表大会上的报告 [EB/OL]. 中国政府网, 2022 - 10 - 25.

② 习近平在学习贯彻党的二十大精神研讨班开班式上发表重要讲话 [EB/OL]. 中国政府网, 2023 - 02 - 07.

道路，将体现中国特色社会主义的巨大优越性。[①]

1.1　中国式现代化的特点

由于不同国家和地区的文化背景、历史条件和发展阶段存在显著差异，因此现代化的路径和模式也呈现出多样化的特点。没有一种固定的现代化模式可以适用于所有国家和地区。中国式现代化在遵循现代化普遍规律的基础上，积极借鉴其他国家和地区的现代化经验，但并不是简单地照搬他国模式。[②] 作为世界上最大的发展中国家之一，中国正处于社会主义初级阶段，其现代化进程必须立足于本国的基本国情。中国式现代化是中国人民和中华民族的伟大事业，它不仅致力于实现国家的繁荣富强，还致力于推动世界的和平与发展，对人类社会的进步产生深远影响。总的来说，中国式现代化具有鲜明的特色和独特的内涵。

1.1.1　中国式现代化是新时代中国特色社会主义思想的新成果

现代化的概念首次被明确提出，可以追溯到 1954 年全国人大一次会议的《政府工作报告》。该报告强调了建设"现代化的工业、现代化的农业、现代化的交通运输业和现代化的国防"的重要性。[③] 随后，在 1964 年全国人大一次会议的《政府工作报告》中，进一步将"实现我国的农业现代化、工业现代化、国防现代化和科学技术现代化"确立为国家的核心战略，这也被广大民众所熟知为"四个现代化"。随着我国经济社会的不断发展和阶段的逐步跃升，对于现代化的理解和阐述也在持续深化和变化，

① 习近平. 新发展阶段贯彻新发展理念必然要求构建新发展格局 [J]. 求是，2022（17）：4 – 17.

② 洪银兴. 贯彻新发展理念的中国式现代化新道路 [J]. 经济学家，2022（11）：5 – 12.

③ 张占斌，王学凯. 中国式现代化：特征、优势、难点及对策 [J]. 新疆师范大学学报（哲学社会科学版），2022（6）：113 – 122.

现代化的内涵在实践中得到了不断的丰富和发展。①

通过不断的理论和实践创新，党的十八大以来，中国式现代化的道路得到充分的拓展。2020 年，中国全面建成小康社会的伟大成就，标志着中国式现代化迈入了新的征程。随后，党的二十大进一步明确了未来的发展方向和战略部署。中国式现代化，深深植根于中国的独特文化和历史背景，其目标、内涵以及发展路径均紧密结合中国的基本国情。既充分利用了后发优势，又巧妙地避开了先行国家所经历的曲折与困境，探索出一条符合自身实际的社会主义现代化道路。这一伟大实践不仅丰富了马克思主义的中国化时代化内涵，也为中国特色社会主义注入了新的活力，成为新时代中国特色社会主义思想的宝贵成果。②

1.1.2 中国式现代化以改革为根本推动力

中国式现代化的稳步推进，离不开改革创新的强大驱动力。在面临经济转型的关键时刻，各国选择了不同的改革路径。一些国家倾向于激进式改革，而另一些则选择了更为渐进的方式。以东欧国家为代表的激进式改革，其采取的"休克疗法"大多未能取得预期效果。许多东欧国家历经数十年的努力，才勉强恢复到改革前的经济水平，甚至有些国家至今仍未能完全恢复元气。即便是被誉为激进式改革"佼佼者"的波兰，也曾在 1991 年经历了 GDP 骤降 20%、工业总产值大幅下滑 40% 的严峻局面，失业率从零飙升至 17%，而 1990 年末的通货膨胀率更是高达惊人的 250%。更为严重的是，这种激进式的改革方式不仅摧毁了这些国家的经济体系，还导致其原本完整且发达的工业体系逐渐瓦解，出现了被动的"去工业化"现象。同时，金融体系也被西方资本或本国寡头所掌控，完全丧失了独立性。可以预见的是，激进式改革的负面影响仍将持续深远，这些国家的发

---

① 夏泽宏. 从四个现代化到全面现代化——改革逻辑的历史演进 [J]. 广西社会主义学院学报，2018（4）：18 - 21.
② 洪银兴. 贯彻新发展理念的中国式现代化新道路 [J]. 经济学家，2022（11）：5 - 12.

展前景依然不容乐观。①

中国选择了渐进式改革的道路,这一选择深深扎根于中国的基本国情,确保了现代化建设在各个领域的稳步推进,并取得了举世瞩目的成就。这种改革方式的特点在于其诱致性与强制性的有机结合。基层群众出于对自身利益的追求,积极地进行各种探索和试验,自下而上地为政府提供了宝贵的改革经验。政府则善于总结和提升这些来自基层的实践经验,将其制度化、合法化,进而形成国家政策,自上而下地全面推动改革的深入进行。此外,中国的渐进式改革还体现了局部性与整体性的和谐统一。改革过程中,始终坚持先易后难的原则,从最薄弱的环节入手,逐步打开改革的突破口。改革从农村起步,逐步向城市推进,从农业领域延伸到工业和服务业。通过先试点、后推广的方式,由点到线再到面地逐步展开,设立多个经济特区进行先行先试,积累经验后再向全国推广。最后,中国的渐进式改革还巧妙地融合了增量性与存量性的调整。改革必然涉及对原有制度体系、利益格局和资源分配的调整,这无疑会遇到各种阻力。为了确保改革的顺利进行,在保证存量的基础上积极引进增量,不断推动增量的发展壮大。通过增量的边际调整来逐步优化存量,最终实现存量的全面调整和优化,推动社会的持续发展和进步。②

1.1.3　中国式现代化具备巨大的覆盖范围

一方面,中国拥有庞大的人口基数,这是现代化进程面临的一大挑战。2021 年,中国的人口达到了 14.2 亿人,相比之下,整个欧洲的人口为 7.6 亿人,美国为 3.3 亿人③。从本质上讲,现代化的核心是解决人口的发展与生活问题。在这样巨大的人口压力下,中国式现代化的难度无疑远超西方国家。然而,经过长期的努力与探索,中国在现代化建设上取得

---

①　武鹏. 中国渐进式改革的特色及其意义 [J]. 中州学刊, 2018 (1): 14 - 19.

②　郭威. 中国渐进式改革的实践演进、逻辑机理与借鉴意义 [J]. 科学社会主义, 2019 (5): 121 - 127.

③　国家统计局. 中国统计年鉴 [M]. 北京: 中国统计出版社, 2023.

了举世瞩目的成就。世界银行根据人均国民收入将全球经济体划分为四个组别：低收入、中低收入、中高收入和高收入。许多经济体在经济发展初期凭借后发优势实现了高速增长，但当它们进入中等收入阶段后，却往往陷入停滞，并伴随着一系列经济社会问题，这就是所谓的"中等收入陷阱"。令人欣喜的是，2021 年中国的人均 GDP 已经突破 8 万元人民币，按年平均汇率折算超过了 1.2 万美元①。预计在未来几年内，中国有望突破"中等收入陷阱"，跻身高收入阶段。自第二次世界大战以来，全球范围内有 100 多个经济体曾进入中等发展阶段，但仅有 13 个中等收入经济体成功跨越到高收入阶段，且其中只有两个经济体是从低收入阶段跃升到高收入阶段的。值得一提的是，这些成功跨越的经济体大多规模较小。因此，拥有 14 亿多人口的中国能够从低收入阶段迈入高收入阶段，无疑是一项举世瞩目的伟大成就。②

　　另一方面，中国式现代化将实现全面覆盖，这与西方式现代化形成了鲜明对比。西方式现代化以"资"为核心，主要为资产阶级服务。尽管按照现行标准，西方发达国家已经实现了现代化，但这一进程却伴随着日益严重的贫富差距问题，国富民穷的现象日益突出。数据显示，2021 年 2 季度，美国最富有的 1% 的人口所拥有的财富竟然超过了 60% 的中产阶级人口财富总和，这是自 1989 年美联储进行财富调查以来首次出现的情况③。相比之下，中国式现代化坚持以"人"为本的原则。中国共产党作为中国式现代化的领导核心，始终坚守人民立场，将为人民谋幸福作为自己的根本使命。在中国式现代化的进程中，人民的幸福感得到了全面提升，这体现在满足人民在经济、文化、精神、健康等各个领域对美好生活的需求上。努力做到让每一个孩子都能得到良好的教育、每一个劳动者都能获得应有的报酬、每一个老年人都能得到妥善的照料、每一个弱势群体都能得到社会的关爱。这一切都是为了让人民的获得感、安全感更加充实、更加

①　国家统计局. 中国统计年鉴 [M]. 北京：中国统计出版社，2023.
②　林毅夫. 有为政府参与的中国市场发育之路 [J]. 广东社会科学，2020 (1) 5－7.
③　丁志刚，熊凯. 理解中国式现代化的四重逻辑：基于中西方现代化的比较 [J]. 新疆师范大学学报（哲学社会科学版），2023 (2)：117－126.

可持续。中国式现代化的目标是实现共同富裕，而不是仅仅让一部分人富裕起来。所说的"共同"，指的是全体人民，发展成果要由全体人民共享。在推进中国式现代化的过程中，始终关注人民的切身感受，既注重纵向的历史比较，也注重横向的国际比较，力求让人民在现代化建设中真正受益。

1.1.4 中国式现代化注重各维度的协调

一是中国式现代化注重内部维度的协调。与西方式现代化单纯追逐经济利益、过分强调物质财富的做法不同，中国式现代化更加注重精神文明与物质文明的和谐统一。西方式现代化往往忽视了精神文明建设的重要性，这必然导致精神文明与物质文明脱节，甚至产生割裂，进而引发人们精神世界的崩溃和社会道德的沦丧。相比之下，中国式现代化不仅致力于提高人民的物质生活水平，确保仓廪充实、衣食丰足，还非常重视精神文化生活的丰富与提升，倡导知礼节、明荣辱的价值观。此外，西方式现代化常常采取"先污染、后治理"的发展思路，以资本为核心，为了短暂的发展而不惜牺牲环境。这种做法不仅对本国的生态环境造成了严重破坏，也给全球生态环境带来了巨大的威胁。① 与此不同，中国式现代化坚持人与自然和谐共生的理念，在推进物质文明建设的同时，也注重生态文明的建设。中国式现代化遵循绿色发展理念，致力于守护绿水青山，实现可持续、高质量的发展。这种发展模式不仅关注当前的经济利益，更着眼于长远的生态效益和社会效益，体现了对自然和人类未来的深刻关怀。②

二是中国式现代化在追求发展的过程中，始终注重外部维度的协调。与西方资本主义国家在现代化进程中的对外扩张和掠夺行为截然不同，中国坚持走和平发展的道路。在历史上，西方资本主义国家为了本国的现代

---

① 韩保江，李志斌. 中国式现代化：特征、挑战与路径 [J]. 管理世界，2022 (11)：29-42.

② 刘景泉，杨丽雯. 中国共产党为中国式现代化的不懈奋斗——从一大到二十大 [J]. 南开学报（哲学社会科学版），2023 (1)：1-11.

化建设，曾在世界各地建立了大量殖民地，并通过不平等交换来掠夺财富。即便殖民主义已成为过去，但政治霸权主义和经济霸权主义仍是他们现代化进程的惯用手段，他们强行建立有利于自身的国际规则，甚至不惜转嫁危机、干涉他国内政、挑起战争。相比之下，中国式现代化秉持着和平发展的理念，致力于在实现自身发展的同时，为世界发展贡献中国的方案、智慧和力量。坚信世界是一个休戚与共、命运相连的有机整体，积极推动世界各国构建新型国际关系，致力于构建人类命运共同体，让世界各国人民能够共同分享发展的成果。这种和平发展的道路和理念，不仅符合中国人民的利益，也符合世界人民的共同期盼。①

1.2　实现中国式现代化必须推动经济增长

现代化是经济社会发展的集合，需要经济社会发展到一定水平，其中，经济是基本前提，只有具备充足的物质财富才能推动其他维度的现代化建设②。脱离了经济基础，贫穷国家不可能摆脱贫穷迈向富裕，现代化建设无从谈起③。因此，从发展上看，现代化经济体率先是经济发达经济体，于是经济增长成为现代化建设的关键④。

1.2.1　经济增长是人类发展的基础

自人类作为一个物种生存于自然界，获取物质资料便是最重要的基础，实现物质财富增长也成为人类文明的核心领域。从人类文明史来看，人类经济曾长期处于低水平增长，绝大部分时期人类首先要解决"吃饭"问题，满足马斯洛需求层次中的最低层次——"生理需要"，在这种情况

① 韩保江，李志斌. 中国式现代化：特征、挑战与路径 [J]. 管理世界，2022 (11)：29 - 42.
② 宋才发. 在新时代历史进程中推进中国式现代化 [J]. 广西社会科学，2022 (11)：1 - 9.
③ 徐康宁. 现代化国家、经济增长与中国道路 [J]. 江海学刊，2018 (1)：97 - 104.
④ 吴晓求. 如何实现中国式现代化 [J]. 财贸经济，2022 (12)：13 - 14.

之下讨论更高层次的追求很明显是不现实的。这一情况一直延续到工业革命，工业革命、电气革命、信息革命推动了生产力的大幅度提升，而且呈现逐渐加速趋势。19 世纪 100 年人类实现的科技进步和发展成果超过以往几百万年，20 世纪 100 年人类实现的科技进步和发展成果又超过以往所有时代[1]。有了雄厚的物质基础，才能有更高层次的追求，如尊重和自我实现，实现"中等人类发展水平"，甚至"高等人类发展水平"[2]。但是也应该看到，尽管经济增长推动了人类发展的巨大进步，很多经济增长的现实问题仍未解决。例如，经济增长的源泉是什么？是什么导致了不同国家、地区的经济增长的巨大差异？等等。这些问题严重影响了人类发展速度与平衡。

世界 GDP 在 100 亿美元以上经济体的 GDP、人均 GDP、GDP 增长率情况如表 1.1 所示。可以发现，不同经济体的 GDP、人均 GDP、GDP 增长率存在巨大的差异。从 GDP 来看，总量最大的经济体超过了 20 万亿美元，是总量最小经济体的 2000 多倍，最大值已经位于 7 个标准差之外。从人均 GDP 来看，人均 GDP 最高的经济体超过了 11 万美元，人均 GDP 最低的经济体仅 1026.2 美元，最高值是最低值的 110 多倍，最高值在 4 个标准差之外。从 GDP 增长率来看，GDP 增长率最高的经济体为 24.9%，GDP 增长率最低的经济体为 -13.6%，最高值在 5 个标准差之外。假如出现了非常极端的情况，经济总量最小的经济体分别保持 10% 的高速增长、5% 的中速增长和 2% 的低速增长，经济总量最大的经济体不增长，那么经济总量最小的经济体分别需要 80 年、157 年和 386 年才可以超过经济总量最大的经济体；人均 GDP 最低的经济体分别保持 10% 的高速增长、5% 的中速增长和 2% 的低速增长，而人均 GDP 最高的经济体不增长，那么人均 GDP 最低的经济体分别需要 50 年、97 年和 238 年才可以超过人均 GDP 最高的经济体。

---

① 曾繁亮. 略论人类发展史的转折与发展观的转换 [J]. 四川行政学院学报, 2004 (6): 45 - 48.

② 蔡昉. 谦虚使人类进步——从《人类发展报告》看发展理念的变化 [J]. 读书, 2022 (11): 30 - 37.

表 1.1　　　　　　　　　　　世界部分经济体经济指标情况

指标	平均	标准差	最小/低	最大/高
GDP（亿美元）	8301.6	25395.1	101.6	208605.1
人均 GDP（美元）	24065.3	23456.8	1026.2	112941.5
GDP 增长率（%）	2.8	4.2	-13.6	24.9

资料来源：PWT 10.0。

或者换一种思路来讨论，设想有两个经济体，经济体一和经济体二，初始年份人均 GDP 相同。假如经济体一的人均 GDP 保持低速增长为 2%，而经济体二的人均 GDP 保持中速增长为 5%，那么经过 100 年后，经济体一的人均 GDP 将达到初始年份的 7.2 倍，经济体二的人均 GDP 将达到初始年份的 131.5 倍，也就是经济体二的人均 GDP 将达到经济体一的 18.1 倍。假如经济体二的人均 GDP 保持高速增长为 10%，那么经过 100 年后经济体二的人均 GDP 将达到初始年份的 1902.2 倍，也就是经济体二的人均 GDP 将达到经济体一的 264.2 倍。相对于前面的讨论，结论似乎非常振奋![1]

但是经济的长期平稳增长是非常困难的，从世界经济体的长期经验增长来看，"二战"后仅有"东亚奇迹"的日本、韩国、中国台湾地区等几个经济体维持了经济的长期平稳增长，实现了经济跨越，更多的经济体陷入缓慢增长，甚至倒退，受困于"中等收入陷阱"。对比菲律宾与韩国的情况可以得到部分启示，1953 年，菲律宾经济发展水平高于韩国，菲律宾人均 GDP 为 1716.6 美元，韩国人均 GDP 为 1123.5 美元，菲律宾人均 GDP 是韩国人均 GDP 的 1.5 倍。1953~2019 年，其间菲律宾人均 GDP 平均增速为 2.4%，韩国人均 GDP 平均增速为 5.6%，仅仅 3.2% 的增速差异。经过 66 年的发展，2019 年菲律宾人均 GDP 为 8204.6 美元，韩国人均 GDP 高达 40818.6 美元，韩国人均 GDP 是菲律宾人均 GDP 的 5 倍，目前韩国已经成为发达国家，无论是人文指数还是科技指数都居于世界前列。[2]

---

[1][2]　西蒙·库兹涅茨. 各国的经济增长［M］. 常勋等译. 北京：商务印书馆，2003.

1.2.2 中国现代化进程以雄厚的物质基础为支撑

不同经济体的经济增速差异导致经济成果出现巨大差距进一步说明了经济增长在现代化目标实现中的巨大作用，建设现代化必须首先确保经济增长。在中国的现代化实践中，特别是改革开放之后，中国始终坚持以经济建设为中心，推动经济增长。1952 年中国 GDP 总量仅为 679 亿元，到2021 年已达到 114 万亿元，增长了 1600 多倍，现价年均增长率为 11.4%。1978~2021 年，中国现价年均增长率更高，达 14.3%①。随着中国经济总量的持续扩大，中国在世界上的经济地位也快速提升。

雄厚的物质基础有力地支撑了中国各方面的现代化建设，无论产业方面的农业、工业、服务业现代化，还是社会方面的人民生活、科技进步现代化，或是安全方面的国防现代化。表 1.2 显示了 1980~2020 年中国部分发展指标情况，人的平均预期寿命由 1980 年的 67.8 岁提高到 2020 年的77.9 岁，40 年时间提高了 10.1 岁；服务于农业生产灌溉的大型水库由1985 年的 340 个增加到 2020 年的 774 个，34 年增加了 434 个；专利授权数量由 1985 年的 138 件增加到 2020 年的 363.9 万件，增长了 2.6 万多倍；国防支出由 2005 年的 3554.9 亿元增长到 2020 年的 12918.8 亿元，年均增长 10.4%。

表 1.2   **1980~2020 年中国部分发展指标情况**

年份	预期寿命（岁）	大型水库（个）	专利授权（件）	国防支出（亿元）
1980	67.8			
1985		340	138	
1990	68.6	366	22588	
1995	70.8	387	45064	
2000	71.4	420	105345	
2005	73.0	470	214003	3554.9

---

① 国家统计局. 中国统计年鉴 [M]. 北京：中国统计出版社，2023.

续表

年份	预期寿命（岁）	大型水库（个）	专利授权（件）	国防支出（亿元）
2010	74.8	552	814825	5333.4
2015	76.3	707	1718192	9087.8
2020	77.9	774	3639268	12918.8

资料来源：《中国统计年鉴》；预期寿命 1980 年数据为 1981 年数据；国防支出 2005 年数据为 2007 年数据。

1.2.3　中国式现代化建设必须推动经济增长

经济、政治、文化、社会、生态等各个方面的建设是推动中国式现代化建设的各个方面。但是，各个方面稳步发展不是平均用力，不分主要矛盾与次要矛盾，不分矛盾的主要方面与次要方面，必须以经济建设为中心，为主要着力点。生产力决定生产关系，经济基础决定上层建筑，其他各个方面的建设必须主动服从和服务于经济建设，只有做好了经济建设，实现了经济的平稳较快增长，其他方面的建设才能更好地推进。[①]

例如，从社会建设上来看，实现充分就业是社会建设的重要方面。中国具有巨大的人口基数，大量的人口既是经济增长的推动力，为中国经济腾飞提供了巨大的人口红利和人才红利，也意味着巨大的就业压力，需要经济增长保持在合理区间，而且经济既要有量的增长也要有质的提高。一方面，建立现代经济体系，创造更多的就业岗位，保障就业稳定；另一方面，大力推动创新，增加创新对经济增长的贡献，促进经济增长新旧动能转换，以新技术、新产业、新业态、新商业模式支撑新就业岗位涌现，调整优化就业结构[②]。再如，从文化建设上来看，仍然处于社会主义初级阶段是中国的基本国情，人民日益增长的美好生活需要和不平衡不充分的发展之间的矛盾仍然是当前中国社会的主要矛盾。人民日益增长的精神文化需求需要文化产品来满足。人民作为需求方，只有经济持续增长才有必要

① 韩保江，李志斌. 中国式现代化：特征、挑战与路径 [J]. 管理世界，2022（11）：29-42.
② 黄泰岩. 中国式现代化是人口规模巨大的现代化 [J]. 经济学家，2022（11）：13-14.

的物质条件来进行文化产品消费。另外，社会的物质财富增长是文化蓬勃发展的基本前提之一，物质资本扩大有利于文化产品的生产和供给。①

■ 1.3　中国式现代化的具体标准

党的二十大确定了全面建成社会主义现代化强国的宏伟蓝图，并明确了"两步走"战略。第一步是在 2035 年之前基本实现社会主义现代化。第二步是到 21 世纪中叶建成富强、民主、文明、和谐、美丽的社会主义现代化强国。② 这一"两步走"战略不仅是一次重大的飞跃，也是对以往发展战略的继承与发展。在党的十九大上，对第三步战略中的 2020 年至 21 世纪中叶的发展历程进行了更为细致的两阶段划分，明确以 2035 年为重要时间节点，为未来的发展设定了清晰且切实可行的阶段性目标。③

仔细分析各阶段的发展目标，可以发现，中国现代化建设的最终目标是建设社会主义现代化强国，在中间各个阶段，中国不断明确并调整自身的定位，以期达到中等发达国家（经济体）的水平。然而，关于中等发达国家（经济体）的具体标准，不同的国际组织有着不同的划分依据和分类方法。比较有影响力的分类来自世界银行等 4 个国际组织。世界银行根据收入水平将全球经济体划分为四个类别：高收入、中高收入、中低收入和低收入。国际货币基金组织将全球经济体划分为两个类别，分别是新兴及发展中经济体和先进经济体。联合国则采用了不同的分类方法，将全球经济体分为发展中经济体、转型经济体和发达经济体三个类别。而经济合作与发展组织本身就是一个由发达经济体组成的组织。

划分就是分类，对于数据进行划分实际上就是统计上的分类。统计上有很多种分类方法，比较复杂的方法有聚类分析、决策树、随机森林等，

---

① 陈立旭. 论文化产品的社会效益和经济效益 [J]. 中国社会科学, 1998 (5): 96 – 105.

② 习近平. 高举中国特色社会主义伟大旗帜 为全面建设社会主义现代化国家而团结奋斗——在中国共产党第二十次全国代表大会上的报告 [EB/OL]. 中国政府网, 2022 – 10 – 25.

③ 韩保江, 李志斌. 中国式现代化: 特征、挑战与路径 [J]. 管理世界, 2022 (11): 29 – 42.

这些方法基于多指标对某些统计对象进行分类。本书不准备采用这么复杂的办法进行分类，而且世界银行等国际组织对经济体进行划分的标准也没有这么复杂，通常采用人均国内生产总值进行划分。一般而言，人均国内生产总值与某一经济体的其他指标紧密相关，例如，人均国内生产总值高的经济体通常教育水平、医疗水平都比较高。本书借鉴这一思想，仅考虑这一指标。对单指标进行分类就可以使用比较简单的统计办法，如数据分布。中等发达国家是一个概念，该概念应该有相对的概念，例如，初等发达国家、高等发达国家。某一个中等收入经济体的发展历程应该是先进入初等发达经济体的范围，经过一段时间的发展之后再进入中等发达经济体的范围，然后再经过一段时间的发展之后进入高等发达经济体的范围。数据的分布通常呈现正态分布的特点，中间区域的数据较多，而两侧的数据较少，因此，中等发达经济体的数量应该多于初等、高等发达经济体的数量。

　　本书提出按照四等分法对发达经济体进行分类。具体来说，初等发达经济体为前 25% 的经济体，高等发达经济体为后 25% 的经济体，中等发达经济体为中间 50% 的经济体。于是需要对所有的发达经济体的数据进行排序，然后使用四分位数进行分类，下四分位数以下的经济体为初等发达经济体，上四分位数以上的经济体为高等发达经济体，下四分位数到上四分位数之间的经济体为中等发达经济体。也就是当人均国内生产总值指标达到发达经济体的下四分位数时即进入了中等发达经济体的范围，达到发达经济体的上四分位数时即进入了高等发达经济体的范围。有了这一明确的划分标准，便可为党的二十大提出的"两步走"战略设定具体的人均 GDP 参照。在 2020~2035 年的第一阶段，目标是超越部分发展中经济体以及约 15%~25% 的发达经济体，力争在 2035 年前后接近或达到发达经济体的下四分位数水平，从而基本实现现代化。随后的第二阶段，即 2036~2050 年，将再次努力超越约 15%~25% 的发达经济体，使自身经济水平接近或达到发达经济体的中位数水平，建成一个富强、民主、文明、和谐、美丽的社会主义现代化强国。表 1.3 是四大国际组织界定的发达经济体的数据分布情况，为了避免出现异常值，仅包括经济总量 100 亿美元的经济体。

表 1.3 　　　　　　　　四大国际组织划分的发达经济体的情况　　　　　　单位：美元

项目	数据特征	世界银行	国际货币基金组织	联合国	经济合作与发展组织
中等发达 经济体	最大值	112941.5	112941.5	112941.5	112941.5
	上四分位数	55909.4	56702.9	55822.8	55683.1
	中位数	44986.0	48039.1	43379.1	41681.1
	下四分位数	34014.7	39696.4	34978.5	33261.1
	最小值	21217.8	28856.0	22773.9	13819.9

资料来源：PWT 10.0。

综合分析四个国际组织的数据，可以观察到四分位数的差距其实并不大，它们基本上处于同一数量级。在下四分位数中，经济合作与发展组织的数值最低，为 33261.1 美元，而国际货币基金组织的数值最高，达到 39696.4 美元，两者之间的差距约为 19.3%。观察上四分位数，差距显著缩小。经济合作与发展组织的数值最低，为 55683.1 美元，而最高的国际货币基金组织为 56702.9 美元，差距为 1.8%。考虑到这些数据，可以将四个国际组织划分的下四分位数和上四分位数作为界定中等发达国家人均 GDP 的范围。因此，中等发达国家的人均 GDP 大致位于 33261.1 ~ 39696.4 美元至 55683.1 ~ 56702.9 美元。

1.4　本章小结

我国现代化建设的终极愿景是构建一个社会主义现代化强国。在实现这一宏伟蓝图的战略构想中，我国经常将中等发达国家作为对标目标。为了更精确地定位这一目标，本书创新性地运用统计学的四分位数原理，对全球发达经济体进行细致划分。将发达经济体中，下四分位数至上四分位数之间的区域，界定为中等发达经济体的范畴。基于这一划分标准，可以为党的二十大提出的"两步走"发展战略，确立更为明确的人均 GDP 指标。第一步，到 2035 年，力争使人均 GDP 接近或达到发达经济体的下四分位数水平，以此作为基本实现现代化的重要标志；第二步，从 2036 ~ 2050 年，将进一步努力，使人均 GDP 接近或提升至发达经济体的中位数水平,从而全面建成社会主义现代化强国。为确保这些目标的科学性和可行性,本书深入分析了世界银行等国际组织的权威数据,详细了解了发达经济体人均 GDP 的分布情况。通过严谨的测算,本书确定了在中国特色社会主义现代化进程中,人均 GDP 所需达到的具体标准,这些标准将为未来的发展方向提供明确的指引,激励全体人民为实现中华民族的伟大复兴而共同努力。

中国式现代化进程中的
中国经济增长的预计

相较于发达国家，发展中国家在经济增长方面通常拥有独特的后发优势。作为全球最大的发展中国家之一，中国自改革开放以来，便深入挖掘并充分利用这一优势，实现经济的迅猛腾飞。当前，中国依然蕴藏着巨大的后发潜力，预示着其经济增长仍将保持强劲的势头。通过持续发挥后发优势，中国有望在未来维持较高的经济增长速度。

2.1 基于总量思想的中国经济增长的预计

2.1.1 后发优势与中国未来经济增长

后发优势是研究发展中经济体追赶发达经济体的重要理论之一。后发优势指的是发展中经济体相对于发展经济体拥有很多后发优势。具体来说，例如，在技术进步上，发达经济体在进行科技研发时面临的是未知的领域，需要进行试错，试错需要大量的人力成本、物力成本和财力成本，第一架飞机的发明、第一台电子计算机的出现、第一种抗生素的出现等都进行了大量的试错才得以成功。而对于发展中经济体，这些试错都不需要了，或者仅需要一小部分，技术路线提前由发达经济体尝试了，只需要沿着现有的技术路线推进，把从研究报告、论文或者是过期专利中获知的技术知识落实就可以，可以节省大量的成本，迅速产生社会经济效益。例如，现在某一个发展中经济体需要生产青霉素来抗菌，其各方面的性质早已进行了充分的研究，纳入使用也很长时间，该专利早已过期，生产工艺非常成熟。只需要把厂房建起，工人进行简单的培训，迅速投入生产，很快就可以投向市场。[①]

另外，需要指出的是，后发优势是一种比较的范畴，具体而言是基于发展中经济体相对于发达经济体的差距而带来的可能的优势。之所以说是可能的优势，是因为这种优势不一定成为现实，需要一定的条件。从近代以来的经济体发展来看，许多发展中经济体并未实现利用后发优势实现经济迅速发展，逐步赶上发达经济体，甚至超过发达经济体[②]。统计数据显示，"二战"之后，只有日本等几个经济体从发展中经济体变为发达经济体。绝大多数经济体无法实现这种跨越，甚至目前的经济社会发展水平还逐步降低。成功的经济体之所以能成功，主要是符合两方面的条件。

一方面是有效的市场体制。市场是进行资源配置的最有效方式，市场可以发现价格，可以调剂余缺，可以促进资源流动。在人类历史上曾经诞生过多种资源配置方式。原始社会的公平分配制建立在生产力水平比较低下的基础之上，个人的力量根本无法在当时的环境下生存，需要通过公平分配保障更多的个体生存，进而利用集体的力量来获取更多的生存资料。奴隶社会、封建社会诞生了市场的萌芽，但是市场相对还不成熟，更多的是自给自足，经济的发展主要仰仗于资源的多寡，于是土地的争夺最激烈，也最容易引发社会矛盾，甚至社会动荡。进入资本主义社会和社会主义社会后，生产力得到了更高层次发展，剩余产品必须进行流通才能实现

① 樊纲．"发展悖论"与"发展要素"——发展经济学的基本原理与中国案例［J］．经济学动态，2019（6）：148-151．

② 林毅夫．有为政府参与的中国市场发育之路［J］．广东社会科学，2020（1）：5-7．

价值，市场经济的发展成为必然。但是，市场并不都是有效的。资本主义国家每隔一段时间就会出现经济危机，伴随经济下滑、失业增加、财政赤字等现象，这种市场就不是有效的。社会主义国家最开始实行计划经济体制，由国家来确定生产什么、怎样生产、生产多少，这时的市场也不是有效的。①

另一方面是有为政府。政府是经济社会的管理者，在人类历史上诞生过许多伟大的文明，许多文明都没落了，甚至消失了。伟大文明之所以出现，一定是当时有一个有为的政府；反之，伟大文明之所以没落，也一定有一个无为的政府。从中国历史上看，在每一个封建王朝的后期，土地兼并、贫富差距、横征暴敛等社会问题困扰着当时的统治者，统治者或许知晓这些问题没有能力去处理，或许知晓这些问题根本不愿意去处理。这些无为的处理方式，造成了剧烈的社会动荡，经济发展根本无从谈起。从现实中来看，经济发展缓慢的经济体的政府通常是无为政府，政府对当前经济发展缺乏足够的掌控力，无法制定有效的经济发展政策，或者即使制定了也实施不了。更有部分经济体长期处于战争状态，经济个体连自己的生存都保证不了，根本不可能投入生产过程来促进经济发展。

中国作为典型的发展中经济体，具备发挥后发优势的必要条件。一方面，市场是有效的。改革开放以来，中国积极推进市场经济建设，市场目前在资源配置中起决定性作用。另一方面，政府是有为的，中国政府积极维护社会稳定，妥善处理社会矛盾，科学调控经济走势。可以预见，未来一段时期，中国将积极发挥后发优势，推动中国经济持续稳定增长。②

2.1.2 后发优势推动经济增长的经验表现

图 2.1 显示了与美国相比的世界发展中经济体的数据分布情况。可

① 郭熙保. 后发优势与中国经济的高速增长 [J]. 武汉大学学报（哲学社会科学版），2008（5）：613

② 林毅夫. 百年未有之大变局下的中国新发展格局与未来经济发展的展望 [J]. 北京大学学报（哲学社会科学版），2021（5）：32-40.

以发现，收敛性基本不存在，比美国发展水平低的发展中经济体的经济增速有高的，也有低的，甚至相当一部分经济体的人均国内生产总值的增速为负值。按照后发优势理论，这些比美国发展水平低的国家经济增速应该高于美国，发展水平越低的经济体的人均国内生产总值增速越高，发展水平越高的经济体的人均国内生产总值增速越低。这也验证了上述所提出的，后发优势的发挥需要必要条件，这些发展中经济体并不具备这些条件，其后发优势根本无法得到发挥，人均国内生产总值也无法得到提高。[①]

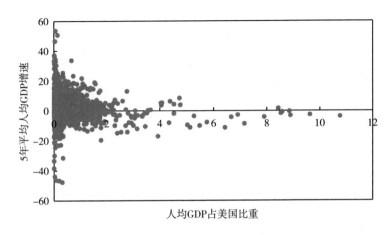

图 2.1 发展中经济体数据分布情况

资料来源：PWT 10.0。

相对于绝对收敛，在对经济体经济增长的讨论中，"俱乐部"收敛更有实际价值。之所以出现这种情况，是因为世界各个经济体的资源禀赋、文化风俗有很大的差别，很难强行将这些经济体的经济增长进行归一化处理。而对于"俱乐部"经济体而言，这些经济体的各方面条件都比较接近，更容易出现收敛趋势。许多经济学家在研究中国经济增长问题时通常建议将东亚经济体作为一个俱乐部进行处理，具体包括日本、韩国和中国

---

① 中国社会科学院宏观经济研究中心课题组. 未来 15 年中国经济增长潜力与"十四五"时期经济社会发展主要目标及指标研究［J］. 中国工业经济，2020（4）：5-22.

台湾地区三个经济体。①②③ 观察图 2.2，可以发现这三个经济体的人均国内生产总值增速收敛趋势非常强。

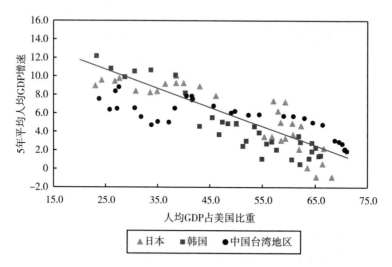

图 2.2 日本、韩国、中国台湾地区数据分布情况
资料来源：PWT 10.0。

2.1.3 21 世纪中叶前中国人均国内生产总值预测

从购买力平价理论来看，2019 年中国人均国内生产总值不到 1.4 万美元，大约相当于美国人均国内生产总值的 22%。④ 观察日本、韩国、中国台湾地区的人均国内生产总值变化情况，大约相当于 20 世纪 50 年代中期的日本，20 世纪 80 年代中期的韩国和 20 世纪 70 年代初的中国台湾地区。分析这三个经济体往后 31 年的人均国内生产总值变化情况，如图 2.3 所示。可以看出，三个经济体的变化大致相似，均呈现波动中下降趋势。具

---

① 林毅夫，文永恒，顾艳伟. 中国经济增长潜力展望：2020 – 2035、2035 – 2050 [J]. 金融论坛，2022（6）：3 – 15.

② 白重恩，张琼. 中国经济增长潜力预测：兼顾跨国生产率收敛与中国劳动力特征的供给侧分析 [J]. 经济学报，2017（4）：1 – 27.

③ 张军，徐力恒，刘芳. 鉴往知来：推测中国经济增长潜力与结构演变 [J]. 世界经济，2016（1）：52 – 74.

④ 资料来源：PWT 10.0。

体来看，日本在30年内的经济增速后半段平均超过3%，前半段平均超过8%，总体平均接近6%。韩国后半段超过2%，前半段超过6%，平均超过4%。中国台湾地区后半段超过4%，前半段超过6%，平均超过5%。如果直接类比这三个经济体，那么中国31年内的经济增速在后半段应该在2%~4%，前半段应该在6%~8%，总体在4%~6%。

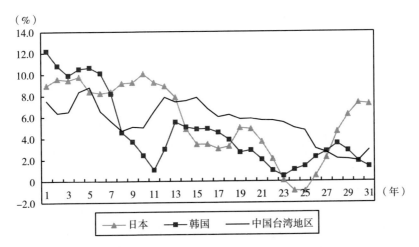

图 2.3　三个经济体自基准年份往后31年人均国内生产总值增长情况
资料来源：PWT 10.0。

直接类比法相对不是十分准确，参考以往学者的研究成果，建立四种模型对21世纪中叶前的中国人均国内生产总值的情况进行预测，具体模型如下所示①②③：

$$g_{t+1} = \alpha + \beta Ratio_t + \varepsilon_t \qquad (2-1)$$

$$g_{t+1} = \alpha \left(Ratio_t \right)^{\beta} + \varepsilon_t \qquad (2-2)$$

$$g_{t+1} = \alpha + \beta \ln \left(Ratio_t \right) + \varepsilon_t \qquad (2-3)$$

$$g_{t+1} = \alpha \times \beta^{Ratio_t} + \varepsilon_t \qquad (2-4)$$

①　林毅夫，文永恒，顾艳伟.中国经济增长潜力展望：2020－2035、2035－2050 [J]. 金融论坛，2022（6）：3－15.
②　白重恩，张琼.中国经济增长潜力预测：兼顾跨国生产率收敛与中国劳动力特征的供给侧分析 [J]. 经济学报，2017（4）：1－27.
③　张军，徐力恒，刘芳.鉴往知来：推测中国经济增长潜力与结构演变 [J]. 世界经济，2016（1）：52－74.

第 $t+1$ 期中国人均国内生产总值增速使用 g_{t+1} 来表示,第 t 期中国人均国内生产总值与美国人均国内生产总值的比值使用 $Ratio_t$ 表示,假定美国长期人均国内生产总值的增速为 2% 左右,使用上述模型进行模拟(见表 2.1)。

表 2.1　　　　　　　　　　各种模型模拟结果

模型	线性模型 g_{t+1}	幂函数模型 $\ln(g_{t+1})$	半对数模型 g_{t+1}	指数模型 $\ln(g_{t+1})$
$Ratio_t$	−0.171 *** (−13.310)			−037 *** (−8.780)
$\ln(Ratio_t)$		−1.592 *** (−8.180)	−7.412 *** (−12.56)	
$Constant$	13.774 *** (20.800)	7.601 *** (10.120)	33.856 *** (14.830)	3.325 *** (15.180)
F	177.270	66.900	157.65	77.03
R^2	0.661	0.429	0.634	0.463

注:*** 表示通过 0.01 的显著性水平检验。

经过对四种模型(线性函数模型、幂函数模型、半对数函数模型和指数函数模型)的模拟效果进行综合评估,可以发现这些模型均展现出了良好的预测性能。核心解释变量的系数均显著,且系数值均为负,这表明模型的稳健性相当可靠。从可决系数来看,线性模型最好,半对数模型次之,指数模型再次之,幂函数模型最后,均大于 0.4,说明解释力比较强。使用这四种模型对中国人均国内生产总值进行预测,如表 2.2 和表 2.3 所示。前半段人均国内生产总值的增速均在 6% 以上,后半段人均国内生产总值增速均在 3% 以上,总体来看,人均国内生产总值的增速在 5% 以上。

表 2.2　　　　　　　21 世纪中叶前中国人均 GDP 潜在增长率　　　　单位:%

模型	2020~2035 年	2036~2050 年	2020~2050 年
线性模型	7.6	3.6	5.7
幂函数模型	6.7	3.5	5.4
半对数模型	7.5	3.7	5.7
指数模型	7.4	3.4	5.4

表 2.3　　　　　　　　　21 世纪中叶前中国人均 GDP 潜在增长

模型		2020 年	2025 年	2030 年	2035 年	2040 年	2045 年	2050 年
线性模型	人均 GDP(美元)	15386	23739.7	33918.2	44929.1	55851.1	66286.7	76328.5
	占比（%）	23.8	33.3	43	51.6	58.1	62.5	65.2
幂函数模型	人均 GDP(美元)	16019	25166.7	33739.2	42328.4	51205.1	60544.8	70486
	占比（%）	24.8	35.3	42.8	48.6	53.3	57.1	60.2
半对数模型	人均 GDP(美元)	15516.2	24109.7	33824.9	44127.4	54695.7	65414.1	76314.3
	占比（%）	24	33.8	42.9	50.7	56.9	61.7	65.2
指数模型	人均 GDP(美元)	15683	24750.3	34087.7	43358.8	52614.1	62007.3	71704.6
	占比（%）	24.3	34.7	43.2	49.8	54.8	58.5	61.2

在 2020～2035 年间，人均 GDP 维持较高的增长速度，在 2036～2050 年间保持中等增速，中国的人均 GDP 预计将实现迅速增长。具体来说，基本上每隔 5 年，人均 GDP 就会跃上一个万美元的新台阶。同时，每经过 10 年，中国人均 GDP 占美国人均 GDP 的比重将提高 10%。预计在 2035 年，中国的人均 GDP 将达到 42328.4～44929.1 美元，占美国人均 GDP 的比重约为 50%。而到了 2050 年，人均 GDP 将进一步提升至 70486～76328.5 美元，占美国的比重将超过 60%。通过与表 1.3 所列的发达经济体人均 GDP 数据进行对比，可以发现，到 2035 年，中国的人均 GDP 将远超 33261.1～39696.4 美元的下四分位数水平，接近 41681.1～48039.1 美元的中位数水平。到了 2050 年，中国的人均 GDP 将突破 55683.1～56702.9 美元的上四分位数水平。

这样的直接比较确实存在一个问题，即没有将标准的变化纳入考量。发达经济体也是持续增长的，数据表明，发达经济体的长期人均 GDP 增速约为 2%。基于这一增长速度，可以对发达经济体人均 GDP 的数据分布进行预测，预测结果如表 2.4 和表 2.5 所展示。考虑到这一增速，到 2035 年，中国的人均 GDP 预计将基本达到 45660.4～54494.7 美元的发达经济体人均 GDP 的下四分位数水平。而到了 2050 年，中国的人均 GDP 将进一步提升，接近 77009.5～88756.5 美元的水平，这大致相当于发达经济体人均 GDP 的中位数水平。这里需要特别强调的是，中国拥有庞大的人口基数，达到 14 亿人。因此，中国式现代化的实现将是人类发展史上的壮丽篇章。预计到 2035 年，中国的 GDP 总量将达到美国 GDP 总量的两倍左右；而到了 2050 年，这一比例将进一步提升至 2.3 倍左右。届时，中国的经济总量有可能占全球的近 40%，这与麦迪森（Maddison，2009）对公元元年开始的中国 GDP 占世界比重的估算基本一致。到那时，中华民族将实现伟大复兴的梦想。中国将当之无愧地被誉为"富强、民主、文明、和谐、美丽的社会主义现代化强国"。①

表 2.4　　　　　2035 年发达经济体人均 GDP 数据分布预测　　　　　单位：美元

经济体	数据特征	世界银行	国际货币基金组织	联合国	经济合作与发展组织
中等发达经济体	最大值	155044.5	155044.5	155044.5	155044.5
	上四分位数	76751.6	77840.9	76632.7	76441.0
	中位数	61756.1	65947.4	59550.2	57219.2
	下四分位数	46694.9	54494.7	48018.0	45660.4
	最小值	29127.5	39613.1	31263.7	18971.8

表 2.5　　　　21 世纪中叶前发达经济体人均 GDP 数据分布预测　　　　　单位：美元

经济体	数据特征	世界银行	国际货币基金组织	联合国	经济合作与发展组织
中等发达经济体	最大值	208669.5	208669.5	208669.5	208669.5
	上四分位数	103297.6	104763.6	103137.6	102879.5
	中位数	83115.6	88756.5	80146.7	77009.5
	下四分位数	62845.2	73342.6	64625.9	61452.8
	最小值	39201.8	53314.0	42076.8	25533.5

■ 2.2　中国未来经济增长的结构讨论

对于经济增长的讨论通常从两个角度来进行。第一个角度是总量的讨

---

① Maddison A. Statistics on World Population，GDP and Per Capita GDP 1 – 2008 AD［M］. International Monetary Fund，2009.

论，集中于经济整体的发展水平如何，使用指标如总体国内生产总值情况，人均国内生产总值情况。第二个角度是结构的讨论，集中于经济体内部的结构分析。尤其是对于中国这样的大规模经济体，结构讨论更加必要。如增长动力之间的调整，投资、消费、净出口在不同的发展阶段对经济增长的促进作用是不同的，某一个发展阶段可能需要使用投资来促进经济增长，另一个发展阶段就可以需要消费来促进经济增长。如产业结构之间的调整，国民经济分为不同的产业，在不同的情况下产业发展的重点也不一样。现有研究也证实了结构调整对经济增长的促进作用。经济结构的调整可以促进效率的提高，资源从低效率的经济部分转移到高效率的部分，对经济增长有显著的促进作用。[1][2][3][4]

2.2.1　生产函数模拟

从生产过程来看，生产要素是投入，而经济产出是产出，随着生产要素的逐渐投入，产出不断增加[5][6][7][8][9][10]。常用的生产函数是柯布道格拉斯

① Lewis A. Economic Development with Unlimited Supply of Labor [J]. The Manchester School of Economics and Social Studies, 1954, 22 (2): 139-191.

② Denison E. Why Growth Rates Differ: Postwar Experience in Nine Western Countries [M]. The Brookings Institution, 1967.

③ Kuznets S. Economic Growth of Nations: Total Output and Production Structure. Cambridge [M]. Harvard University Press, 1971.

④ 魏杰, 汪浩. 结构红利和改革红利: 当前中国经济增长潜力探究 [J]. 社会科学研究, 2016 (1): 28-33.

⑤ Solow R. M. A Contribution to The Theory of Economic Growth [J]. The Quarterly Journal of Economics, 1956, 70 (1): 65-94.

⑥ Solow R. M. Technical Change and The Aggregate Production Function [J]. The Review of Economics and Statistics, 1957, 39 (3): 312-320.

⑦ Arrow J. K. The Economic Implications of learning by Doing [J]. Review of Economic Studies, 1962, 29 (3): 155-173.

⑧ Romer P. M. Endogenous Technological Change [J]. Journal of Political Economy, 1990, 98 (5): 71-102.

⑨ Aghion P., Howitt P. A Model of Growth through Creative Destruction [J]. Econometrica, 1992, 60 (2): 323-351.

⑩ Jones C. I. Sources of U. S. Economic Growth in a World of Ideas [J]. American Economic Review, 2002, 92 (3): 220-239.

形式，如下：

$$Y = AK^{\alpha}L^{\beta} \qquad (2-5)$$

其中，Y、A、K、L 分别表示总产出、全要素生产率、资本存量和劳动力。生产函数的两端取对数形式，如下：

$$\ln Y = \ln A + \alpha \ln K + \beta \ln L \qquad (2-6)$$

使用日本等三个经济体的数据进行模拟，如下[①]：

$$\ln Y = 3.496 + 0.97\ln A + 0.63\ln K + 0.36\ln L$$

$$31.37^{***} \quad 38.75^{***} \quad 61.18^{***} \quad 19.91^{***}$$

$$R^2 = 0.996 \qquad F = 15741.27^{***} \qquad (2-7)$$

模型的模拟结果比较优良，所有的解释变量均检验显著，可决系数接近于1。全要素生产率、资本、劳动力的投入产出弹性分别为 0.97、0.63 和 0.36。

2.2.2 全要素生产率

对全要素生产率进行分析，日本等三个经济体全要素生产率对经济增长的促进作用非常明显。从各自的全要素生产率与美国的全要素生产率对比分析，三个经济体全要素生产率占美国比重在基准年份之后都出现快速上涨（见图 2.4）。从日本情况来看，基准年份往后的 31 年间，全要素生产率占比年均提高接近 1%，占比从超过 40% 提高到超过 70%，累计提高了接近 30 个百分点。从韩国的情况来看，基准年份往后 31 年间，全要素生产率年均提高 0.2%，累计提高了接近 20 个百分点。从中国台湾地区的情况来看，基准年份往后的 31 年间，全要素生产率占比年均提高接近 1 个百分点，累计提高了超过 20 个百分点。

---

① 本章模型中 *** 表示通过 0.01 的显著性水平检验。

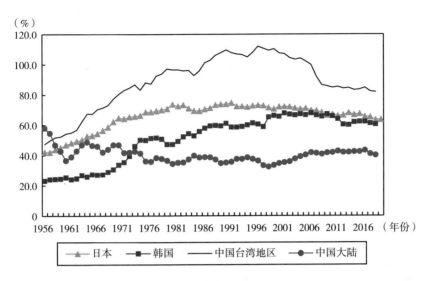

图 2.4　日本、韩国、中国台湾地区、中国大陆全要素生产率占美国情况
资料来源：PWT 10.0。

从中国大陆的全要素生产率来看，中国大陆离美国仍存在较大差距。从 20 世纪 50 年代中期到 2019 年来看，中国大陆全要素生产率与美国全要素生产率的比值基本在 30%~60%，目前这一比例稳定在 40%。这种情况一方面说明差距仍然存在，另一方面也说明具有巨大的潜力。假如像东亚俱乐部的其他经济体一样，中国大陆全要素生产率在 21 世纪中叶能达到美国 60%~80% 的水平，那么中国大陆的经济增速将因为全要素生产率的提升而提高 1% 左右。

2.2.3　人均资本存量

与全要素生产率的情况类似，日本等三个经济体人均资本存量对经济增长的促进作用也非常明显。从各自的人均资本存量与美国的人均资本存量对比分析，三个经济体人均资本存量占美国比重在基准年份之后都出现快速上涨（见图 2.5）。从日本情况来看，基准年份往后的 31 年间，人均资本存量占比年均提高接近 1.5%，占比从不到 20% 提高到超过 60%，累计提高了接近超过 40 个百分点。从韩国的情况来看，基准年份往后 31 年间，人均资本存量年均提高接近 3%，占比从不到 20% 提高到超过 100%，累计提高了超过 80 个百分点。从中国台湾地区的情况来看，基准年份往后的 31 年间，人均资本存量占比年均提高接近 1.4 个百分点，占比从刚过 10% 提高到超过 50%，累计提高了超过 40 个百分点。

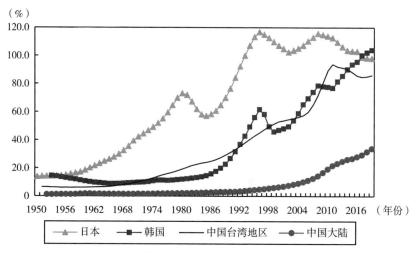

图 2.5　日本、韩国、中国台湾地区、中国大陆人均资本存量占美国情况
资料来源：PWT 10.0。

改革开放之后，中国大陆借助国内比较高的储蓄率及大力引进外资实现了资本的原始积累，人均资本存量得到迅速提高。40 年时间，中国大陆人均资本存量实现了 8% 以上的增速，同期美国人均资本存量的增速不到 2%，于是中国大陆人均资本存量占美国人均资本存量的比重由不到 2% 提升到超过 30%。但是也必须注意到，从中国大陆的人均资本存量来看，中国大陆离美国仍存在较大差距。这意味着中国大陆有较大的增长潜力，假如像东亚俱乐部的其他经济体一样，中国大陆人均资本存量在 21 世纪中叶能达到美国 60% 的水平，那么中国大陆的经济增速将因为人均资本存量的提升而提高 2.5% 左右。

2.2.4　劳动力

从劳动力来分析，东亚经济体在"二战"之后的崛起与劳动力资源密不可分。劳动力在这些经济体的作用主要包括以下几点。一是丰富的劳动力资源，使得劳动力成本比较低，劳动密集型产业如服装、鞋袜等从发达经济体转移时优先考虑这些经济体。二是劳动力比较勤劳。东亚文化提倡勤劳节俭，吃苦耐劳，劳动生产率比较高。三是劳动力素质较高。东亚文化普遍重视教育，东亚劳动力的文化知识水平较高，能够支撑产业的转型升级。[①] 日本等三个经济体劳动力对经济增长的促进作用也非常明显。从各自的劳动力增长情况来看，三个经济体人劳动力在基准年份之后都出现快速增长（见图 2.6）。从日本情况来看，基准年份往后的 31 年间，劳动力年均增长超过 1%。从韩国的情况来看，基准年份往后 31 年间，劳动力年均增长接近 2%。从中国台湾地区的情况来看，基准年份往后的 31 年间，劳动力年均增长超过 2%。作为世界上人口最多的国家之一，中国大陆也有丰富的劳动力资源。但是与俱乐部的其他成员类似，中国大陆的老龄化程度也迅速提高，因此，发挥劳动力的作用已不能从总量着手，必须从结构来着手。

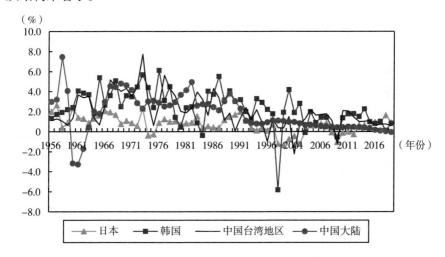

图 2.6 日本、韩国、中国台湾地区、中国大陆劳动力增长情况
资料来源：PWT 10.0。

① Bloom D. E., Williamson J. G. Demographic Transitions and Economic Miracles in Emerging Asia [J]. World Bank Economic Review, 1998, 12 (3): 419–456.

分析日本等三个经济体的就业结构变化情况，三个经济体的第一产业就业人口均呈现下降趋势，第三产业就业人口均呈现上升趋势，同时第二产业就业人口比重保持了较高比重（见表2.6）。具体来看，1955～2019年，日本第三产业就业人口占比提升了接近40%，第一产业占比降幅接近40%。1980～2019年，韩国第三产业就业人口占比提升了超过30%，第一产业占比降幅接近30%。1980～2010年，中国台湾地区第三产业就业人口占比提升了20%，第一产业占比降幅超过10%。日本、韩国、中国台湾地区第二产业就业人口占比均在20%以上，中国台湾地区超过了30%。

表2.6　　　　日本、韩国、中国台湾地区就业结构变化情况　　　单位：%

年份	日本			韩国			中国台湾地区		
	第一产业	第二产业	第三产业	第一产业	第二产业	第三产业	第一产业	第二产业	第三产业
1955	41.2	23.4	35.5						
1960	32.7	29.1	38.2						
1970	19.3	34.1	46.6						
1980	10.9	33.6	55.4	34.0	29.0	37.0	18.8	42.4	38.8
1985	9.3	33.2	57.5	24.9	30.8	44.3	17.5	41.6	41.0
1990	7.2	33.5	59.4	17.9	35.4	46.7	12.8	40.8	46.3
1995	6.0	31.3	62.7	12.4	33.3	54.3	10.5	38.7	50.7
2000	5.2	29.5	65.3	10.6	28.1	61.2	7.8	37.2	55.0
2010	4.2	25.2	70.6	6.6	25	68.4	5.2	35.9	58.8
2019	3.4	24.2	72.4	5.1	24.6	70.3			

注：中国台湾地区1980年数据为1981年数据。

资料来源：张军，徐力恒，刘芳. 鉴往知来：推测中国经济增长潜力与结构演变［J］. 世界经济，2016（1）：52－74；世界银行网站数据。

改革开放后，中国大陆就业人口占比的变化趋势与三个东亚经济体基本相同，第一产业就业人口占总人口的比重呈现下降趋势，40年时间下降接近50个百分点，第三产业就业人口占总人口比重呈现上升趋势，40年时间上升接近40个百分点，第二产业就业人口占总人口比重也呈现上升趋势，40年时间上升超过10个百分点，也就是第一产业的就业人口逐步向第二产业和第三产业转移，目前第三产业就业人口已成为我国就业人口最多的产业（见图2.7）。

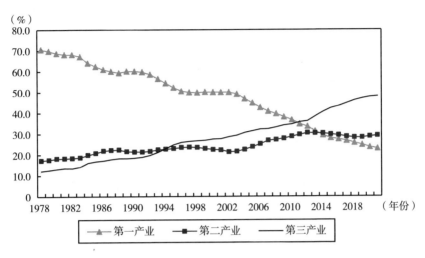

图 2.7　中国大陆就业结构变化情况

资料来源：《中国统计年鉴》。

参考俱乐部成员日本、韩国、中国台湾地区的情况，中国大陆第三产业就业人口占总人口的比重有望进一步上升 10% ~ 20% 。目前，中国大陆三大产业的劳动生产率存在较大差异，尽管自 1978 年以来第一产业的劳动生产率增速高于第二产业、第三产业，但是目前第二产业、第三产业的劳动生产率仍然是第一产业的 4 倍左右。随着劳动力进一步从第一产业转向第二产业和第三产业，预计将贡献 0.5% 的经济增长（见表 2.7）。

表 2.7　　　　　　　中国大陆劳动生产率变化情况　　　　　　　　单位：万元

项目	1978 ~ 1985 年	1986 ~ 1990 年	1991 ~ 1995 年	1996 ~ 2000 年	2001 ~ 2005 年	2006 ~ 2010 年	2011 ~ 2015 年	2016 ~ 2021 年
一产	0.05	0.08	0.15	0.24	0.48	0.92	1.94	3.58
二产	0.29	0.43	0.86	1.64	3.88	6.5	10.8	15.97
三产	0.2	0.33	0.59	0.96	2.57	4.82	8.43	13.27

资料来源：《中国统计年鉴》。

综合分析全要素生产率、资本和劳动力情况，中国大陆经济增速预计将比美国高 4% ，假定美国长期经济增长的速度仍为 2% ，那么中国大陆经济增速预计为 6% 。考虑中国人口数量在 21 世纪中叶前将下降，中国大陆的经济增速也将维持在5%以上。这一结论与前面的总量预测基本相同。①

2.3 走中国式经济增长之路

40多年来，中国走出了一条不同于其他国家的经济增长之路，一条完全属于自己的经济增长之路。当前中国已经进入了新阶段，机遇与压力并存，进行现代化建设仍然必须坚定不移地走中国式经济增长之路。②

2.3.1 积极发挥文化的引领作用

文化是一个国家一个民族的灵魂，是最深沉的力量。中华文明泱泱五千年传承至今，是世界上唯一没有中断的文明。人类历史上曾经非常有影响力的古埃及文明、古巴比伦文明、古印度文明都中断了，部分文明不仅中断甚至无法再进行识别。中华文明之所以能延续至今，离不开中华优秀传统文化的凝聚力、向心力和约束力。在漫长的历史演进当中，中华优秀传统文化逐渐积累下来并代代相传，是中国人民人生观、世界观、价值观的集中反映，天人合一、厚德载物、自强不息等也成为中国人民共同的为人处世原则。

作为无产阶级解放事业指导思想的马克思主义，其直接思想来源是西方，不能直接套用在中国的解放事业上，照搬照抄不可能取得成功，结果只能是失败。中国始终基于中国国情，坚持大国定位，坚定自信，独立自主来引进马克思主义。③ 中国引进马克思主义过程就是马克思主义中国化的过程，中国共产党找到了马克思主义中国化的最有效方案和途径。中华

---

① United Nations Department of Economic and Social Affairs. Population Division. World Population Prospects 2022 ［R/OL］. United Nations，2022.

② 刘伟，陈彦斌. 2020－2035 年中国经济增长与基本实现社会主义现代化［J］. 中国人民大学学报，2020（4）：54－68.

③ 李娟. 国外关于中国改革开放史若干问题的研究述评［J］. 国外社会科学，2021（4）：38－48.

优秀传统文化的长期实践性成为马克思主义中国化的最佳结合点，既保证了马克思主义的指导地位，又为中国人民广泛接受。目前中国已经形成了以马克思主义为指导，以中华优秀传统文化为主体，兼容并蓄世界其他优秀文化精华的中国特色社会主义文化体系。

现代化建设的新阶段必须充分发挥文化的引领作用，否则会对建设事业造成严重的打击，超级大国苏联解体的一个重要原因就是背离了马克思主义，放弃了党对意识形态的领导权，造成了严重的信仰混乱和信念危机。随着中国经济建设逐步走向深入，与世界各地文化交流也将日益紧密，好的东西会进来，坏的东西也可能进来，西方文化中的糟粕会持续渗透，可能会引起一定程度的思想混乱，进而影响经济的平稳较快增长。在中国式现代化的征程当中，推动经济建设必须在中国共产党的坚强领导下坚持中国特色社会主义文化的引领作用，走中国特色社会主义文化道路，增强文化自信，以中国特色社会主义文化来建构中国独特的精神世界，激发全民族文化创新创造活力，为中国经济平稳较快增长提供精神力量。

2.3.2　全面深化体制机制改革

1978 年以来，中国这个世界上人口最多的发展中国家开始了"史无前例的伟大实验"，做到了"风景这边独好"。与许多国家的激进式改革不同，中国式的渐进改革基于中国国情，妥善处理了各种关系，消除了中国经济增长的各种障碍，为各种要素积极性的发挥提供了良好环境，可以说改革为中国腾飞提供了关键助力，离开了改革中国经济不可能高速发展长达 40 多年。未来在中国式现代化征程中，中国仍然需要全面深化改革，继续建设有效市场和有为政府。从有效市场建设来看，中国要继续推进市场体系改革，继续推进所有制、分配制度改革，充分发挥市场的资源配置作用。从有为政府建设来看，政府要继续履行社会经济管理者的职责，稳定社会发展，保护经济建设。通过有效市场和有为政府的建设，做到"看不见的手"与"看得见的手"的协调配合，实现经济平稳较快增长，为中国式现代化建设提供基础支撑。[①]

2.3.3　加快建设创新型国家

　　技术创新已经成为经济增长的重要动力，长期的技术进步可以帮助经济体摆脱经济增长极限，推动经济长期稳定增长。[②] 在人类的发展史上，中国作为四大文明古国之一，科学技术水平长期领先于世界。这主要是因为在工业革命之前，技术发明主要来源于劳动生产过程中的偶然发现，中国劳动者比较多，以经验为基础的技术发明方式占有优势，生产力水平也高于世界其他地区。当中国使用统一的文字、度量衡和货币，进入农耕文明时，许多世界其他地区还处于游牧文明。直到 1820 年，中国都是世界上最大的经济体，GDP 占世界的接近 1/3。但是，近代以来中国相继错过了工业革命、电气革命等多次科技革命，经验总结式科技进步的速度远远落后于科学实验式科技进步的速度，中国的经济增长速度也越来越慢，造成了近代中国的落后，到 1952 年中国占世界 GDP 比重仅 1/20。[③] 这种状况直到新中国成立之后，特别是改革开放以来才得以改观。中国大力推动科技创新，在科技投入、载体建设、人才培养方面投入了大量的人力物力，科技进步迅速，为中国经济腾飞贡献了巨大的力量。

　　目前，科技进步的速度越来越快，将对全球经济版图产生深远的影响，能否紧跟世界科技创新的步伐，甚至引领科技创新的步伐，将决定中国经济的长期平稳较快增长的速度。应当加大科技创新投入，根据长期发展战略，提高科技研发支出占国内生产总值的比重。推进大项目、大平台建设，建设更多的国之重器，推动原始创新，不断提高中国在世界科研话

---

　　① 中国共产党第十八届中央委员会. 中共中央关于全面深化改革若干重大问题的决定 [EB/OL]. 中国政府网，2013 – 11 – 15.

　　② 钟春平. 创新驱动战略与创新型国家建设：现实、政策选择及制度保障 [J]. 福建论坛·人文社会科学版，2018（6）：28 – 36.

　　③ Maddison A. Statistics on World Population, GDP and Per Capita GDP 1 – 2008 AD [M]. International Monetary Fund, 2009.

语权。优化科研创新环境，为人才培养，产业发展营造更好的氛围。[①]

2.3.4　始终坚持共享增长原则

在发展中国家所面临的诸多挑战中，福利问题确实是一个深层次的、核心的问题。福利不仅仅关乎个体的生活质量，更在宏观层面上与整个社会的稳定、经济增长的可持续性紧密相连。"中等收入陷阱"之所以能够产生，一个非常重要的原因是贫富两极分化，不满情绪在这种分化中不断加强，社会动荡、政治腐败、经济停滞形成了恶性循环。深陷"中等收入陷阱"的拉丁美洲国家和东南亚国家普遍面临贫富两极分化的情况。实现共同富裕是社会主义的本质要求，共同富裕以社会公平为保障。改革开放之后，中国在确保社会稳定有序的基础上，打破体制束缚，渐进式推动经济转轨，解放和发展了生产力，实现了长达 40 多年的经济高速增长，形成了社会发展与经济增长的双向互动、双向促进。未来一段时期，中国必须继续坚持"稳定压倒一切"的基本方针，全体国民的现代化是中国式现代化的核心要义，让全体国民共享经济增长成果，持续优化收入分配机制，确保社会财富分配保持合理差距，深化社会公平理念，为国家的和谐稳定奠定坚实基础。[②]

另外，作为世界上最大的发展中国家之一，中国拥有丰富的资源、劳动力和庞大的国内市场，这意味着与量较小的经济体相比，中国的经济增长有其自身的特点。体量较小的经济体通过资源禀赋、地理区位、部分产业优势就可以实现经济增长，但是这种经验对于体量较大的经济体并不适用。对于大体量经济体而言，如果少部分人是富裕的，而大部分人是不富裕的，完整的现代经济分工体系无法得到有效支撑，规模效益受到严重制约。中国式现代化，必须是涵盖全体 14 亿人民的现代化进程。在这个过程中，每一位国民都能共享经济增长带来的物质财富，共同迈向富足、高品

---

① 中共中央 国务院国家创新驱动发展战略纲要 [EB/OL]. 中国政府网, 2016 - 05 - 19.

② 李文. 扎实推进全体人民共同富裕的中国式现代化建设 [J]. 当代中国史研究, 2022 (6)：19 - 26.

质的现代化生活。随着消费规模的不断扩大和消费结构的持续优化，中国将充分挖掘并释放巨大的消费潜力。这将有助于更好地发挥规模经济效应，为长期经济增长注入源源不断的内生动力，进而形成健康、可持续的良性循环。①

2.3.5　着力加强各维度协调发展

中国式现代化以物质文明为基础，必须保持足够的经济增长速度，不过仅仅从物质文明角度去理解也是不全面的。实现物质文明和精神文明的共同发展，是中国共产党对于现代化理论的重要贡献，也是马克思主义关于物质文明和精神文明辩证统一思想在新时代的新表述。中国式现代化进程必须同时重视物质生产和精神生产，用精神力量为经济增长提供长期动力。从现代化与环境保护的关系来看，西方现代化采用先污染、后治理模式，先确保经济增长，经济增长产生的环境污染由全人类承担，工业革命时期产生的温室气体仍然影响着目前全球变暖趋势。中国作为后发国家，要坚持绿色增长，可持续增长。②

另外，推动中国与世界发展共赢。中国是世界上最大的单一市场，2020 年中国 GDP 超过 100 万亿元人民币，达到 102.6 万亿元人民币，其中，最终消费支出为 55.7 万亿元人民币，占 54.3%，资本形成总额为 43.1 万亿元人民币，占 43.1%，货物和服务净出口为 2.7 万亿元，占 2.6%，也就是以最终消费支出和资本形成总额为代表的内需已经成为中国经济发展的主导力量。但是，外需对中国经济增长仍然很重要。2020 中国占世界比重为 18.2%，国际市场占比仍然超过 80%，2020 年中国货物和服务净出口为 18.9 万亿元，占 GDP 的比重为 18.4%。③ 因此，要进一步加强同国际的联系，推动人类命运共同的建设，让世界得益于中国发

---

① 何显明. 共同富裕：中国式现代化道路的本质规定 [J]. 浙江学刊, 2022（2）：4-14.

② 邢云文. 基于共同富裕逻辑的经济增长模式探索 [J]. 上海交通大学学报（哲学社会科学版）, 2022（5）：51-58.

③ 国家统计局. 中国统计年鉴 [M]. 北京：中国统计出版社, 2023.

展，中国也能更加充分地利用全球市场和资源，为自身的经济发展注入新的活力与动力。

2.4　本章小结

与先行国家相比，后发国家拥有一种独特的优势，即后发优势，这有助于它们更为迅速地实现经济增长。通过汲取先行国家的技术外溢，后发国家能够选择最适合自身发展的技术路径和商业模式，从而在降低发展成本的同时，实现更高的产出效益。然而，后发优势并非自然而然就能转化为实际生产力，它需要得到有效市场和有为政府的双重支撑。幸运的是，中国在这两个方面都具备了有利条件。首先，中国的市场机制运行有效，充分发挥了市场在资源配置中的决定性作用，中国特色社会主义市场经济保持稳定增长。其次，中国政府积极有为，通过不断探索和实践，政府的服务水平和管理能力得到了显著提升。在有效市场和有为政府的共同作用下，中国的后发优势有望得到充分发挥。展望未来，有理由相信，中国经济将在很长一段时期内保持平稳较快的增长态势。

采用相对人均 GDP 对标法，精心构建了指数函数模型、半对数函数模型、幂函数模型、线性函数模型，对中国 2050 年之前的经济增长趋势进行深入分析和预测。根据这四种模型的预测结果，2020~2035 年，中国人均 GDP 增长率预计将达到 6.7%~7.6%。而在 2036~2050 年，人均 GDP 增长率预计将稳定在 3.4%~3.7%。从更长远的角度来看，2020~2050 年整个时期，中国人均 GDP 增长率预计将维持在 5.4%~5.7% 的稳健水平。具体到关键的时间节点，模型预测显示，到 2035 年，中国人均 GDP 将有望基本达到 45660.4~54494.7 美元的水平，这一水平相当于发达经济体人均 GDP 下四分位数的水平。进一步展望未来，到 2050 年，中国人均 GDP 将有望接近 77009.5~88756.5 美元的中位数水平，这标志着中国在经济实力上的显著提升和全球地位的进一步巩固。考虑到中国是一个拥有 14 亿人口的大国，这一预测结果无疑为中国实现党的二十大确立的"两步走"发展目标注入了强大信心。第一步，到 2035 年，中国将基本实现社会主义现代化，为国家的全面繁荣和人民的共同富裕奠定坚实基础。第二步，到 2050 年，中国将建成一个富强、民主、文明、和谐、美丽的社会主义现代化强国，为世界贡献中国智慧和中国力量。

第2篇 中国经济增长的收敛性

各个领域都存在收敛性，经济增长理论一个非常重要的论断就是经济体的经济增长速度存在收敛性。有些研究认为"中等收入陷阱"就是收敛性的具体体现。自中国实施改革开放的伟大国策，特别是党的十八大以来，中国经济建设取得了举世瞩目的成就，经济总量目前稳居世界第二位。《中国统计年鉴》数据显示，2022年人均GDP超过8万元人民币，处于中高等收入水平。目前，国际上对于中国能否突破"中等收入陷阱"还存在一些争论，认为中国整体经济增长将趋于收敛。作为世界上最大的发展中国家之一，中国具有经济结构合理、文化自信保障等条件，具有巨大的整体潜力，中国必将顺利跨越"中等收入陷阱"，实现中华民族伟大复兴。

作为经济理论的结论之一，不同经济体经济增长存在收敛性，这个符合人们的一般感觉。不过从中国城市经济增长情况来看，中国不同城市经济增长之间似乎不存在收敛性。经济增速与人均GDP的线性关系很有可能是正的。深入讨论人口增速、科技进步和经济增速的三者之间的关系，可以更好地描述正线性关系。也就是说，中国城市的经济增长符合收敛性的一般规律，经济增速的差异是因为不同城市的生产要素是不同的。

对经济增长收敛性进行计量检验一般采用截面数据或时间序列数据建立计量模型来验证，但是收敛性计量模型检验存在诸多不足。从收敛性的基本概念出发，利用数据分布思想进行经济增长收敛性判断，可以对影响经济增长的各种因素进行非常全面地反映，同时对研究假定的各种缺陷有效避免，从而得出更加科学准确的结论。

整体来看，中国经济仍然具备较大的潜力，与世界其他经济体相比，中国经济增长尚未达到"收敛"阶段，中国一定能跨越"中等收入陷阱"。从内部来看，中国城市经济增长呈现"俱乐部收敛"特征。

第 3 章

中国必将跨越"中等 收入陷阱"

　　自人类文明产生之后，人类发展面临的核心问题就是经济增长问题。梳理人类发展历史可以发现，人类经济曾长期处于低增长率阶段，"吃饭"问题始终是几百万年人类面临的头等问题，这种情况直到近代以来随着科技革命推动生产力大发展才得以改变。整体来看，基于科技革命之后的经验数据，现有的研究成果都在试图分析有些地区、国家经济增速较慢，有些地区、国家经济增速较快的具体原因；部分发展中国家进入中等收入阶段之后难以进入高等收入阶段，经济增速出现了持续停滞的原因又是什么。

　　对经济增长模型的开拓性研究始于索罗（Solow，1956，1957）的讨论，他将产出、资本、劳动、知识四个变量纳入经济增长模型，研究了美国的经济增长情况，发现知识变量的贡献远高于资本、劳动，人均产出87.5%的增长来源于知识贡献[1][2]。阿罗（Arrow，1962）的研究结论也支持了知识的重要作用，他发现飞机的生产数量的立方根与飞机生产时间呈

---

　　① Solow R. M. A Contribution to The Theory of Economic Growth [J]. The Quarterly Journal of Economics, 1956, 70 (1): 65 – 94.

　　② Solow R. M. Technical Change and The Aggregate Production Function [J]. The Review of Economics and Statistics, 1957, 39 (3): 312 – 320.

现反比例关系，即使在飞机的生产过程中没有明显革新，他将这种进步定义为"干中学"（learning by doing）或"边投资边学"（learning by investing）。卢卡斯（Lucas，1988）研究了人力资本的作用，认为人力资本可以减弱资本的边际报酬递减，在一定程度上对技术进步形成替代，对经济增长具有显著的正效应，最终促进人均产出的增长[①]。其他研究拓展了上述结论。统筹来看，对经济增长来源的讨论可以总结为人口、资本、制度变革、技术进步等方面。

从经济增长数据上看，某一经济体的经济增长数据需要满足一定的条件才能定义为经济增长呈现收敛性。收敛性是一个较为广泛的概念，在数学上，收敛性意味着存在确定的极限。例如，对于生物个体而言，作为其生物指标的体重就不能无限制的增大，随着体重越来越大，需要更多的骨骼和力量来支撑体重，但是体重增加的速度快于骨骼和力量增加的速度，最终趋于平衡。物理领域中某一物体运动的速度也不能无限制的加快，运动速度越快，面临的阻力也越大，最终趋于平衡，而且目前的科技水平也表示，物体的运动速度不能超过光速。化学领域中，化学物质的转化率也将趋于平衡，即使温度、催化剂等外在条件发生改变，转化率可以得到提高，但是不能无限制的提高，最终将达到极限。收敛性的数学表示为：

$$\lim_{x \to a} f(x) = A \text{ 或} \lim_{x \to \infty} f(x) = A \tag{3-1}$$

分别表示 $x \to a$ 时 $f(x)$ 收敛于 A 和 $x \to \infty$ 时 $f(x)$ 收敛于 A。概率收敛也是一种常见的收敛，如下：

$$\lim_{n \to \infty} P\left(\left| \frac{1}{n} \sum_{i=1}^{n} X_i - \frac{1}{n} \sum_{i=1}^{n} E(X_i) \right| < \varepsilon \right) = 1 \tag{3-2}$$

这意味着，随着变量个数的增多，变量的均值将依照概率收敛于期望的均值。收敛性也是经济学研究的重要规律之一，经济学研究中的均衡分析就是一种非常重要的收敛性概念。例如，对于消费者均衡的形成也是逐渐形成的过程，需要需求与供给相等，需求可能大于供给也可能小于供

① Lucas R. E. On the Mechanism of Economic Development [J]. Journal of Monetary Economics, 1988, 22 (1): 3-42.

给，经过不断地调整，最终才能形成均衡。其他如生产者均衡、货币市场均衡、产品市场均衡也是如此。[①②]

　　有些研究认为"中等收入陷阱"是经济增长收敛性的具体体现。2022年，中国国内生产总值（GDP）为 121 万亿元，同比增长 3.0%。按照中国 14.1 亿人口计算，人均 GDP 为 8.57 万元人民币，按照平均汇率计算，折合 1.33 万美元[③]。人均 GDP 的持续提高，说明中国经济既有了量的扩大，也实现了质的提升。但是，国际上仍有极少数人认为对中国未来经济发展持否定态度，认为"中等收入陷阱"是中国经济增长的巨大障碍，难以突破。本章将对此问题进行讨论，指出中国必将跨越"中等收入陷阱"。

3.1　"中等收入陷阱"的内涵

3.1.1　世界经济体的划分

　　以国民收入为标准，世界银行将世界所有经济体划分为四个组别，分别是高收入、中上收入、中低收入、低收入。该标准自推出之后获得了世界上的广泛认可，美国在对外贸易政治制定中，欧盟、经济合作与发展组织（OECD）确定援助标准都参考这个标准。由于经济状况是不断变化的，该标准也逐步进行调整（见表 3.1）。1987 年，高收入标准为大于 6000 美元，中高收入标准为 1941～6000 美元，中低收入标准为 481～1940 美元，低收入标准为小于等于 480 美元，到 2018 年，高收入标准提高到大于 12375美元，中高收入标准为 3996～12375 美元，中低收入标准为 1026～3995 美元，低收入标准为小于等于 1025 美元。相应等级的经济体数量也出现了变

　　① 周国富，夏祥谦. 中国地区经济增长的收敛性及其影响因素——基于黄河流域数据的实证分析［J］. 统计研究，2008（11）：3-8.

　　② 朱国忠，乔坤元，虞吉海. 中国各省经济增长是否收敛［J］. 经济学（季刊），2014（3）：1171-1194.

　　③ 中华人民共和国 2022 年国民经济和社会发展统计公报［R］. 国家统计局，2022.

化，1987 年分别为 41 个、27 个、45 个、49 个，2018 年分别为 80 个、60 个、47 个、31 个。

表 3.1　　　　1987 年、2018 年世界银行对世界经济体的划分

分组	1987 年		2018 年	
	范围（美元）	数量（个）	范围（美元）	数量（个）
高收入	>6000	41	>12375	80
中高收入	1941－6000	27	3996－12375	60
中低收入	481－1940	45	1026－3995	47
低收入	≤480	49	≤1025	31
总和	—	162	—	218

注：余芳东. 世界银行关于国家收入分类方法及问题探讨［J］. 中国统计，2016（6）：32－35.

3.1.2 "中等收入陷阱"

"中等收入陷阱"最初由世界银行提出。2006 年，世界银行对经济体的发展情况进行分析之后发现部分经济体到达中等收入阶段之后，始终处于该阶段，无法到达高等收入水平。世界银行指出，低收入国家拥有较低的人力成本，高收入国家拥有较强的创新能力，而中等收入国家在两者的双重竞争之下，经济增速放缓，同时出现一系列社会问题。[1][2] 佐利克对"中等收入陷阱"的界定更加简单，中等收入国家进入高收入阶段更加困难的现象就是"中等收入陷阱"[3]。

自概念提出以来，巨大的争议一直伴随着"中等收入陷阱"，一些研究认为该概念是错误的。江时学（2011）认为，经济体经济增长体现在方方面面，仅仅依靠人均国民收入一个指标来对经济体进行划分过于简单、草率[4]。王绍光（2018）认为，从定义上看，"陷阱"具有一些固有特征，

---

① 权衡，罗海蓉. "中等收入陷阱"命题与争论：一个文献研究的视角［J］. 学术月刊，2013（11）：86－96.
② An East Asian Renaissance：Ideas for Economic Growth［R］. World Bank，2024.
③ 江时学. 真的有"中等收入陷阱"吗［J］. 世界知识，2011（7）：54－55.
④ 江时学. "中等收入陷阱"被"扩容"的概念［J］. 国际问题研究，2013（2）：122－131.

如自我增强、自发延续、难以突破等，"陷阱"并不适用于中等收入阶段。历史上很多国家都曾处于中等收入阶段，这个阶段可能长达百年，但是这些国家最终都进入了高收入阶段。例如，比利时、荷兰、英国、智利、乌拉圭，这些国家处于中等收入阶段的时间都在百年以上，分别为 107 年、128 年、108 年、101 年、124 年，最终这些国家都进入了高收入国家行列（见表 3.2）。而且在中等收入阶段的经济体普遍呈现经济增速上涨趋势，中高收入阶段的经济增速为 3.1%，中低收入阶段的经济增速为 1.9%，提升了 1.2%，相应的停留时间分别为 64 年和 80 年，时间缩短了 16 年[①]。

表 3.2　　　　　　　　　　部分经济体发展情况

经济体	LM	LMT	LMG	UM	UMT	UMG	H
巴拿马	1945 年	66	2	2011 年	—	—	—
比利时	1854 年	107	1.2	1961 年	12	4.4	1973 年
波兰	1950 年	50	2.2	2000 年	—	—	—
德国	1874 年	86	1.5	1960 年	13	3.4	1973 年
哥伦比亚	1946 年	67	1.9	2013 年	—	—	—
荷兰	1827 年	128	1	1955 年	15	3.3	1970 年
美国	1860 年	72	1.7	1941 年	21	1.8	1962 年
墨西哥	1942 年	62	2.1	2004 年	—	—	—
委内瑞拉	1925 年	23	5.7	1948 年	—	—	—
乌拉圭	1870 年	124	1	1994 年	18	2.6	2012 年
匈牙利	1925 年	73	1.6	2001 年	—	—	—
叙利亚	1950 年	46	2.5	1996 年	—	—	—
英国	1845 年	108	1.2	1953 年	20	2.5	1973 年
智利	1891 年	101	1.3	1992 年	13	3.7	2005 年
平均	—	80	1.9	—	16	3.1	—

注：高收入使用 H 表示，中高收入使用 UM 表示，中低收入使用 LM 表示；中高收入停留的时间使用 UMT 表示，中低收入阶段停留的时间使用 LMT 表示；中高收入阶段的年均增长率使用 UMG 表示，中低收入阶段的年均增长率使用 LMG 表示；平均值为简单算术平均数。

资料来源：王绍光."中等收入陷阱"是个伪命题［J］.文化纵横，2018（6）：104–111.

　　但另一方面，很多发展中国家进入中等收入阶段之后经济增长停滞不

---

① 王绍光."中等收入陷阱"是个伪命题［J］.文化纵横，2018（6）：104–111.

前又是一个现实情况，因此，不少学者仍然肯定该概念的现实意义。德怀特·帕金斯（2017）认为，总体来看，"中等收入陷阱"对于世界发展而言是个发展难题①。"中等收入陷阱"不同程度影响了菲律宾、印度尼西亚、泰国、马来西亚等国的发展。②③④ 拉丁美洲国家同样如此，"中等收入陷阱"是许多拉丁美洲国家必须面对的重大问题。⑤⑥

3.2　部分国家落入"中等收入陷阱"的原因

对于现有的经济体进行分析，尽管对于深陷"中等收入陷阱"的经济体，原因多种多样，整体来看，科技创新不足、产业升级困难、政治社会动荡、社会福利失衡是其中最重要的原因。

3.2.1　科技创新不足

科技创新是经济增长中最活跃的因素，陷入"中等收入陷阱"的国家往往科技创新能力比较匮乏。拉丁美洲资源禀赋较好，该地区的国家经济增长严重依赖于资源，科技创新积极性不足。英国《经济学家》杂志提出一个非常生动的例子，阿根廷牛肉是世界顶级的，只需要以烧烤作为主要烹调方法即可，不需要进行进一步的深加工来提高附加值⑦。委内瑞拉、圭亚那拥有丰富的石油资源，依靠石油开采，这些国家在某一段时期都获

① 德怀特·帕金斯. 后发大国跨越"中等收入陷阱"的战略选择［J］. 湖南师范大学社会科学学报，2017（3）：8 – 13.
② 黄继炜，全毅. 东盟国家落入"中等收入陷阱"的原因与教训［J］. 当代经济管理，2014（7）：92 – 97.
③ 吴崇伯，钱树静. 印度尼西亚的中等收入陷阱问题分析［J］. 南洋问题研究，2017（3）：79 – 93.
④ 熊琦. 菲律宾陷入"中等收入陷阱"的原因探析［J］. 南洋问题研究，2017（3）：94 – 104.
⑤ 郭濂. 拉丁美洲为何跌入"中等收入陷阱"［J］. 中国党政干部论坛，2015（7）：94 – 101.
⑥ 高京平，齐佳楠. 巴西为什么落入"中等收入陷阱"［J］. 人民论坛，2017（19）：102 – 103.
⑦ 向骏. 阿根廷为何难脱"中等收入陷阱"［J］. 南风窗，2014（16）：82 – 84.

得了较高的经济增速。而东南亚国家由于经济基础薄弱，对科技创新的投入比较少，对科技创新投入占国内生产总值的比重进行分析，印度尼西亚、菲律宾、泰国、马来西亚的分别为 0.08%（2009 年）、0.11%（2007 年）、0.21%（2007 年）、0.63%（2006 年）①。

3.2.2　产业升级困难

在近代，西方国家迫使东南亚国家、拉丁美洲国家成为其殖民地、半殖民地。经过几百年的发展之后，这些国家在政治、经济、文化等方面呈现对西方国家的依赖与盲从。从产业结构上来看，殖民地、半殖民地时期与独立之后，这些国家的产业结构升级非常困难。在殖民地、半殖民地时期，东南亚国家、拉丁美洲国家是西方国家的原材料产地和商品倾销地，其产业结构不断固化。独立之后，依赖于资源和成本推动经济发展仍然是这些国家的增长模式，一旦资源枯竭、成本上升，也就是到达中等收入阶段之后，这些国家的发展动力就会严重不足，陷入"中等收入陷阱"。而且，长期的殖民历史使得这些国家产业发展中通常工业基础薄弱，难以实现工业化到后工业化的顺利变迁。

3.2.3　政治社会动荡

东南亚国家、拉丁美洲国家经历的殖民地、半殖民阶段给这些国家带来了深刻的烙印，对这些国家发展的影响非常深远。这些国家独立之后，首先面临的问题是选择什么样的发展道路。被殖民的历史让这些国家对西方国家的感情非常复杂，一方面，这些国家需要彰显民族独立，另一方面，又对西方国家的政治、经济、文化非常向往。在这种选择中，往往迷失了自身，出现剧烈的政治社会动荡。东南亚国家、拉丁美洲国家独立之

---

① 黄继炜，全毅. 东盟国家落入"中等收入陷阱"的原因与教训［J］. 当代经济管理，2014（7）：92-97.

后普遍经历了文人执政与军政府交替统治的局面，这种情况在某些国家仍然存在，各种不稳定因素使得外来生产要素没有信心，内部生产要素外流，经济不可能得到稳定发展。

3.2.4 社会福利失衡

社会福利是经济发展的重要基础，不过社会福利与经济发展必须保持协调，否则社会福利有可能变成经济发展的阻力。贫富差距过大是拉丁美洲国家普遍面临的情况，联合国开发计划署研究显示，阿根廷（2004），玻利维亚（2002）、巴西（2004）、智利（2003）、哥伦比亚（2003）、墨西哥（2004）、秘鲁（2003）、委内瑞拉（2003）的基尼系数分别为0.513、0.601、0.570、0.549、0.586、0.461、0.520、0.482，最穷的10%人口分别仅占有社会财富的0.9%、0.3%、0.9%、1.4%、0.7%、1.6%、1.3%、0.7%，远远超过警戒水平。"民粹主义"成为这些国家政府在应对过大的社会不平等压力时的最终方向，实施强制保护就业、保护工资、普惠福利、限制民资和外资等一系列政策，导致社会支出不断攀升，20世纪90年代初平均社会福利支出高达41.8%，90年代末上升到47.8%，部分国家甚至高达60%以上。① 高额的福利支出给政府财政带来了沉重的负担，如果经济出现一定程度的波动，这种高福利状态必将难以为继。以委内瑞拉为例，委内瑞拉是石油储量最丰富的国家，探明石油储量占世界的17.5%，位居世界第一。② 仅依靠石油资源开采就可以为委内瑞拉带来巨额财富，但是财富的积累并未形成科技创新和基础设施建设，而是直接变为社会福利。国际油价下跌之后，社会福利难以维持，经济危机成为必然。2018年相比于2013年，委内瑞拉国内生产总值下降了47.8%，截至2018年底，外汇储备仅为88亿美元，外债总额却高达1288亿美元，2018

---

① 郭濂. 拉丁美洲为何跌入"中等收入陷阱"[J]. 中国党政干部论坛, 2015 (7): 94–101.
② 英国石油公式. BP世界能源统计年鉴2019 [R]. bp中国, 2020.

年全年通货膨胀率高达 130060%。[①]

3.3　中国跨越"中等收入陷阱"的条件

根据目前的人均 GDP 水平，中国处于中高收入阶段，离高收入水平非常近。按照目前的经济增长速度，在一段时期之后，中国将进入高收入阶段。这主要是因为中国具有科技创新活跃、经济结构合理、政治社会稳定、文化自信保障等特点，一定能顺利突破"中等收入陷阱"。

3.3.1　科技创新活跃

科技创新是第一生产力，改革开放之后，中国将科技创新战略作为发展的基本国策之一，在科技投入、人才培养、载体建设方面取得了长足进步。如图 3.1 所示，在经费投入方面，2018 年中国研发经费投入已经接近 20000 亿元人民币，比 1995 年增长了 50 多倍，占国内生产总值的比重超过 2.2%，比 1995 年提高了 1.6%。与其他地区、国家相比较，在 20 世纪 90 年代，欧盟 28 国、OECD 研发经费支出占 GDP 比重远远领先于中国，到 2018 年欧盟 28 国研发经济支出占 GDP 比重已经落后于中国，中国与 OECD 国家的差距已经非常小。在人才培养方面，中国接受高等教育的人数迅速增加，2018 年 10 万人在校大学生数量为 2658 人，相对于 1990 年的 326 人，增长了 7 倍。在载体建设方面，中国大学的整体实力在全世界不断提高，中国部分高校的整体排名已经进入了前 100，甚至前 30 名。[②]

---

① 谢文泽. 中国—委内瑞拉双边关系发展 70 年回顾与评价［J］. 拉丁美洲研究，2019（5）：19－41.

② Academic Ranking of World Universities 2019［EB/OL］. SHANGHAIRANKING，2020.

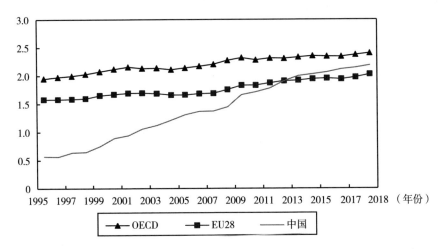

图 3.1　1995～2018 年研发经费支出情况

资料来源：国家统计局. 中国统计年鉴［M］. 北京：中国统计出版社，2023.

3.3.2　经济结构合理

自 1978 年以来，改革开放的红利推动中国经济迅速增长，总量快速扩大，2022 年，中国 GDP 总量超过 120 万亿元，是 1978 年的 300 多倍。另外，相比于许多快速增长的经济体，中国的产业结构比较合理，第一产业、第二产业、第三产业的增加值分别为 88345 亿元、483164 亿元、638698 亿元，三产比重分别为 7.3∶39.9∶52.8。第一产业虽然占比不足 10%，但是仍然是国民经济的基础，2022 年全年粮食产量为 68653 万吨，同比增加 368 万吨，增产 0.5%；全年猪牛羊禽肉产量 9227 万吨，同比增长 3.8%。第二产业是国民经济的关键支撑，2022 年全部工业增加值 401644 亿元，比上年增长 3.4%，原煤产量 45.6 亿吨，增长 10.5%；钢材产量 134033.5 万吨，增长 0.3%。[①] 第三产业已经成为国民经济主导产业，占比超过 50%（见图 3.2）。

---

① 国家统计局. 中国统计年鉴［M］. 北京：中国统计出版社，2023.

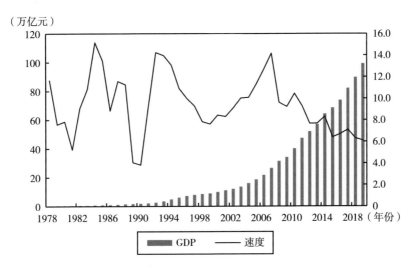

图 3.2　1978~2019 年中国 GDP 总量及增速情况

资料来源：国家统计局. 中国统计年鉴 [M]. 北京：中国统计出版社，2023.

3.3.3　政治社会稳定

　　自古以来中华民族就不断追求国泰民安、安居乐业的政治社会环境。历史上文景之治、贞观之治等每一次经济大发展都建立在安定的政治社会基础之上，人民群众集中发展生产力必须基于政治社会安定的大环境。在新中国成立之后，中国共产党领导全国各族人民结束了近代以来中国混乱的政治社会局面，奠定了国民经济平稳发展的基础。党的十八大以来，党中央下定决心，持续推进改革，不断消除发展的各方面障碍。一是持续推进有效市场建设，市场是经济发展的基础，通过建立健全各项规章制度，稳固了市场在资源配置中的决定性作用，为生产力发展的活力的提高提供了良好的环境。二是持续推进有为政府建设，经过长期的积极探索，作为发展的管理者、服务者，无论是平稳的发展态势，还是面临经济危机的冲击，中国政府目前处理各方面的事务更加成熟、稳定。①

---

　　① 王新新，杜曙光. 中国破解"中等收入陷阱"的条件分析 [J]. 理论学刊，2013（8）：43－47.

3.3.4　文化自信保障

作为四大文明古国之一，相比于世界上其他文明都出现中断，甚至消失了，中华文明一直传承至今，是世界上唯一没有中断的文明。在中华文化的影响之下，中华民族形成了具有自身特点的精神世界，屹立于世界民族之林。在中华文化的指引之下的中国人民无论面对任何局面都努力进行创新生产。当前，在党中央的坚强领导之下，中国各方面都呈现蓬勃发展的态势，勤劳勇敢的中国人民在中华民族伟大复兴的关键时刻必将全身心地投身于社会主义现代化建设。

3.4　本章小结

宏观经济运行中，经济增长、充分就业、国际收支平衡、物价稳定是核心的四个目标。作为发展中国家，经济增长是四个目标中最重要的目标，经济增长是另外三个目标的基础，充分就业、物价稳定和国际收支平衡都必须基于稳定的经济增长。在经济增长历程中，"中等收入陷阱"是发展中国家需要面对的障碍，部分东南亚国家、拉丁美洲国家在进入中等收入阶段之后，长期难以进入高等收入阶段。中国具有科技创新活跃、经济结构合理、政治社会稳定、文化自信保障等条件，必将进入高等收入阶段，跨越"中等收入陷阱"。

第**4**章

中国城市经济增长的收敛性

4.1 经济增长的收敛性

收敛性在经济增长领域应用的开创新贡献来自拉姆齐（Ramsey，1928）和索罗（Solow，1956，1957）的研究①②③。在边际报酬递减，规模报酬不变的情况下，可以构建以下宏观经济模型：

$$\begin{cases} Y = F(K,L) = AK^{\alpha}L^{\beta}, \alpha + \beta = 1 \\ \dot{K} = I - \delta K \\ I = sF(K,L) \end{cases} \qquad (4-1)$$

其中，α, β, δ, s 均为大于零的常数，可得：

$$\dot{k} = s \cdot f(k) - (n+\delta) \cdot k \qquad (4-2)$$

于是：

① Ramsey F. P. A Mathematical Theory of Saving [J]. Economical Journal, 1928 (38): 543 –559.

② Solow R. M. A Contribution to the Theory of Economic Growth [J]. The Quarterly Journal of Economics, 1956, 70 (1): 65 –94.

③ Solow R. M. Technical Change and the Aggregate Production Function [J]. The Review of Economics and Statistics, 1957, 39 (3): 312 –320.

$$k = \left[k\left(0\right)^{\beta} - \frac{s}{n+\delta} \right] e^{-\frac{s\beta t}{n+\delta}} + \frac{s}{n+\delta} \tag{4-3}$$

随着时间的期数的增多，平均资本存量 k 将逐渐达到极限，也就是：

$$\lim_{t \to \infty} k = \frac{s}{n+\delta} \tag{4-4}$$

即 k^* 平均资本存量 k 的极限，如图 4.1 所示。达到均衡点时，平均资本存量 k 为常数 k^*，同时：

$$y = \frac{Y}{AL}, 即 \ y = k^{\alpha} \tag{4-5}$$

可知：

$$g_Y = g_A + g_L \tag{4-6}$$

也就是说，收敛性的外在表现在于科技进步增速和人口增速，以及 $g_A + n$ 与经济增速 g_Y 相等。

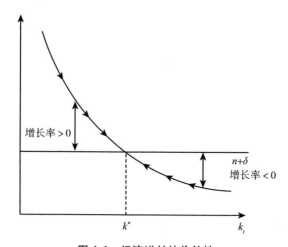

图 4.1　经济增长的收敛性

■ 4.2　经济增长收敛性的计量检验

上述索罗模型对经济增长收敛性的讨论有一个问题，索罗模型对经济增长的讨论是理想状态，经济变量是连续的，但是实际情况中，经济增长数据是离散的。也就是说，理论探讨和实际情况出现一定程度的矛盾。目前常用的解决方式是，对于现实中的数据使用计量模型进行检验，一般能够分时间序列数据和截面数据两种情况进行检验。

对于时间序列数据，假如其他条件保持不变，成本比较低，资源禀赋比较好，平均资本存量比较低，此时经济增速比较高。随着经济不断增长，成本越来越高，原有资源禀赋的优势越来越弱。这时平均资本存量不断增高，经济增速不断降低，最终收敛于 $g_A + n$。也就是，对某一经济体经济增速情况进行讨论就可以确定收敛性是否存在。构建二次线性函数模型：

$$GDPG_T = \alpha + \beta T + \gamma T^2, T = 1, \cdots, n \qquad (4-7)$$

式（4-7）中，$GDPG_T$、T 分别代表某一地区第 T 年的 GDP 速度和时间。倘若有一个经济增速为正的经济体，一种情况是经济增速处于上升阶段，二阶项的系数 γ 小于零，同时一阶项的系数 β 大于零，这时经济增速虽然在提高，但是提高的幅度越来越小；另一种情况是在经济增速的下降阶段，二阶项的系数 γ 大于零，同时一阶项的系数 β 小于零，这是经济增速虽然在下降，但是下降幅度越来越小。这时经济增长存在收敛性。[①]

对于截面数据，根据式（4-3）~式（4-6）构建的宏观经济增长模型，是否存在收敛性可以由下式来检验：

$$\frac{\partial(\dot{k}/k)}{\partial k} = \frac{s \cdot [f'(k) - f(k)/k]}{k} < 0 \qquad (4-8)$$

也就是说，假如其他条件相同，对于平均资本存量不同的经济体，平均资本存量 k 越大的经济体经济增速将低于平均资本存量 k 越小的经济体。于是，可以通过讨论不同经济体的经济增速的不同就可以检验收敛性[②][③]，建立如下线性回归模型：

---

① 周少甫，陈哲. 人口流动对中国经济增长收敛性影响——基于空间溢出角度的研究 [J]. 云南财经大学学报，2020（2）：49-59.

② 安景文，孟真，梁志霞，潘莹雪. 京津冀都市圈经济增长收敛性测度 [J]. 城市问题，2019（4）：66-71，103.

③ 李子奈，潘文卿. 计量经济学（第四版）[M]. 北京：高等教育出版社，2015.

$$GDPG_i = \alpha + \beta \times PCGDP_i, i = 1, \cdots, n \qquad (4-9)$$

式（4-9）中，$GDPG_i$、$PCGDP_i$ 分别代表 i 地区的 GDP 速度、人均 GDP，如果最终模型的斜率 β 大于零，也就是人均 GDP 与地区经济增长速度为正相关关系，人均 GDP 较高地区的经济增速高于人均 GDP 越低地区的经济增速，这种情况下不存在收敛性。如果最终模型的斜率 β 小于零，也就是人均 GDP 与地区经济增长速度为负相关关系，人均 GDP 较高地区的经济增速低于人均 GDP 越低地区的经济增速，这时收敛性是存在的。

■ 4.3 中国城市经济增长收敛性的检验矛盾

城市发展是人类文明的重要表现形式。自 1978 年之后，城市发展在中国经济持续壮大中提供了有效支撑，以深圳为例，在改革开放初期，深圳只是一个小渔村，经过几十年发展，深圳发展成为国际性的大都市。目前北京、上海、深圳经济总量、地方一般公共预算收入分别占全国的 10.1% 和 8.8%[①]。于是，准确把握中国城市的经济增长特征就具有非常重要的意义。

参考中国不同区域代表性城市的不同发展情况，依照科学性、可获得性原则，选择北京、重庆、深圳、南京、武汉、青岛等 16 个城市进行研究讨论。表 4.1 显示了 16 个城市人均国内生产总值增速对数和经济增长速度的排序情况，图 4.2 显示了 16 个城市人均国内生产总值对数和经济增长速度散点图。观察表 4.1 和图 4.2，收敛性似乎不是这些城市的发展规律。人均国内生产总值对数和经济增长速度似乎是正相关关系。北京、深圳、杭州等城市的人均国内生产总值增速对数、经济增长速度都比较高，哈尔滨、兰州、南宁等城市的人均国内生产总值对数、经济增长速度都比较低（见表 4.2）。

---

① 国家统计局. 中国统计年鉴［M］. 北京：中国统计出版社，2023.

表 4.1　　　　　城市人均国内生产总值对数、经济增速排序情况

城市	人均 GDP 对数	经济增速
南宁	16	12
重庆	15	4
哈尔滨	14	16
兰州	13	13
成都	12	2
郑州	11	1
宁波	10	9
武汉	9	7
青岛	8	15
上海	7	8
杭州	6	3
北京	5	6
长沙	4	11
南京	3	10
广州	2	14
深圳	1	5

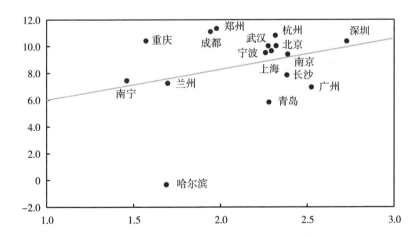

图 4.2　城市人均 GDP 对数和经济增速散点图

表 4.2　　　　　城市人均 GDP 对数和经济增速线性关系

统计量	Pearson 线性相关系数	P 值
人均 GDP 对数	0.29	0.28

测算人均国内生产总值和经济增长速度的相关系数，Pearson 线性相关

系数是正数，为 0.29，不过没有通过显著性检验，P 值为 0.28。测算结论和经验感觉矛盾，一般来说，人均国内生产总值越低，通常意味着较低的发展成本，经济增长速度也越高。反之，人均国内生产总值越高，通常意味着较高的发展成本，经济增长速度也越低。Solow 模型等经济增长模型都证明了经济增长收敛性是基本结论。另外，虽然"存在即合理"过于绝对，但是需要指出的是，任何理论都必须有效地对现有经济实践进行解释和指导。如果该理论无法对现有经济实践进行解释和指导，那么理论错误的可能性更大，很多情况下必须进行修正或者完全舍弃。

4.4 中国城市经济增长收敛性的再讨论

可以从中国城市经济增长的影响因素来分析上面发现的直观感觉、经济理论与中国城市经济增长实践之间是否是矛盾的。根据索罗模型，产出、资本、人力、科技进步 4 个变量是生产函数的组成部分，这 4 个变量共同决定了产出的增长。

4.4.1 城市经济增长的影响因素

4.4.1.1 城市经济增长影响因素讨论

由于科技进步的数据是无法获取的，首先使用面板模型讨论产出与资本、人口的情况，先不讨论科技进步变量的影响。相比于时间序列和截面数据，面板数据可以反映更多的信息，因而与使用时间序列数据和截面数据的线性回归模型相比，面板数据模型可以得出更科学的结论。一般形式的面板数据模型如下所示：

$$y_{it} = \xi_{it} + x_{it}\alpha_{it} + \mu_{it}, i = 1, 2, \cdots, N, t = 1, 2, \cdots, T \qquad (4-10)$$

其中，ξ_{it}、α_{it}、N、T 分别是模型的常数项、解释变量 x_{it} 的系数、截面成员个数和观测时期数。面板模型可以分为变系数模型、不变系数模型和变截距模型，根据结构变化、个体影响所具有的不同表现形式来确定：

$$\begin{cases} y_{it} = \xi + x_{it}\alpha + \mu_{it} \\ y_{it} = \xi_{it} + x_{it}\alpha + \mu_{it} \quad ,i=1,2,\cdots,N,t=1,2,\cdots,T \\ y_{it} = \xi_{it} + x_{it}\alpha_{it} + \mu_{it} \end{cases} \quad (4-11)$$

由于需要考虑个体影响的不同，考虑使用变截距模型来进行讨论：

$$\ln GDP_{it} = \xi_{it} + \alpha\ln K_{it} + \beta\ln L_{it} + \mu_{it} \quad (4-12)$$

经济产出用地区生产总值来表示，为 GDP_{it}；资本影响用固定资产投资来表示，为 K_{it}；人力影响用人口来表示，为 L_{it}。资本的人口的影响程度为回归系数 α 和 β，当 α 和 β 小于零时，经济产出与资本、人口投入量是负线性关系，经济产出随着资本、人口投入量的增加而减少，随着资本、人口投入量的减少而增加。当 α 和 β 大于零时，经济产出与资本、人口投入量是正线性关系，经济产出随着资本、人口投入量的增加而增加，随着资本、人口投入量的减少而减少。由于模型是对数形式，回归系数 α 和 β 实际上是投入产出弹性，也就是资本产出弹性和人口产出弹性：

$$\ln GDP = -3.01 + 0.73\ln K + 0.83\ln L$$
$$-9.72^{***} \quad 97.44^{***} \quad 16.67^{***}$$
$$R^2 = 0.97 \quad F = 1476.71^{***} \quad (4-13)$$

从模拟结果来看，模拟结果还不错，决定系数超过了 0.9，接近于 1，说明解释变量可以解释大部分被解释变量，而且所有变量均显著[①]。

4.4.1.2　全要素生产率测度

通过以上的分析可以看出，与其他较复杂的模型相比，索罗模型尽管比较简单，构建的模型可决系数非常高，参数非常显著，可以有效地对中国城市经济增长进行解释。另外，也必须指出的是，由于缺乏科技进步的数据，科技进步变量 A 并没有进行讨论。对于科技进步的讨论可以采用多种方法，比较简单的方法是 Solow 余值。从优点来看，Solow 余值计算简

---

① 本章模型中 ***、**、* 分别表示通过 0.01、0.05、0.1 的显著性水平检验。

单，应用广泛，缺点是过于粗糙，测算的精度比较低。相对于 Solow 余值，Malmquist 指数更加准确，可以使用 Malmquist 指数测算全要素生产率来反映科技进步。[1][2][3]

$$M_{oc}(x^t, y^t, x^{t+1}, y^{t+1})$$

$$= TE\Delta(x^t, y^t, x^{t+1}, y^{t+1}) \times T\Delta(x^t, y^t, x^{t+1}, y^{t+1}) \times S\Delta(x^t, y^t, x^{t+1}, y^{t+1})$$

$$= \frac{D_o^{t+1}(x^{t+1}, y^{t+1})}{D_o^t(x^t, y^t)} \times \left[\frac{D_o^t(x^{t+1}, y^{t+1})}{D_o^{t+1}(x^{t+1}, y^{t+1})} \frac{D_o^t(x^t, y^t)}{D_o^{t+1}(x^t, y^t)} \right]^{1/2}$$

$$\times \left[\frac{D_{oc}^t(x^{t+1}, y^{t+1})/D_o^t(x^{t+1}, y^{t+1})}{D_{oc}^t(x^t, y^t)/D_o^t(x^t, y^t)} \frac{D_{oc}^{t+1}(x^{t+1}, y^{t+1})/D_o^{t+1}(x^{t+1}, y^{t+1})}{D_{oc}^{t+1}(x^t, y^t)/D_o^{t+1}(x^t, y^t)} \right]^{1/2}$$

$$(4-14)$$

规模效率变化用 $S\Delta(x^t, y^t, x^{t+1}, y^{t+1})$ 来反映，技术水平变化用 $T\Delta(x^t, y^t, x^{t+1}, y^{t+1})$ 来反映，纯技术效率变化用 $TE\Delta(x^t, y^t, x^{t+1}, y^{t+1})$ 来反映。表 4.3 显示了科技进步排序结果。哈尔滨等城市排序较低，南京等城市排序较高。

表 4.3　　　　　人口增速等变量与城市经济增速排序情况

城市	人口增速 + 科技进步	人口增速	科技进步	经济增速
哈尔滨	16	16	14	16
南宁	15	7	16	12
上海	14	14	9	8
北京	13	15	2	6
兰州	12	13	12	13
重庆	11	11	13	4
青岛	10	10	11	15
南京	9	12	1	10
武汉	8	8	8	7

①　Charnes A., Cooper W. W., Golany B., Seiford L. Foundations of Data Envelopment Analysis for Pareto-Koopmans Efficient Empirical Production Functions [J]. Journal of Econometrics, 1985, 30 (1): 91 - 107.

②　魏权龄. 数据包络分析 [M]. 北京：科学出版社，2004.

③　Färe R., Grosskopf S., Norris M., Zhang Z. Y. Productivity Growth, Technical Progress, and Efficiency Change in Industrialized Countries [J]. American Economic Review, 1994, 84 (1): 66 - 83.

续表

城市	人口增速 + 科技进步	人口增速	科技进步	经济增速
宁波	7	9	4	9
郑州	6	6	6	1
长沙	5	3	15	11
广州	4	5	5	14
杭州	3	4	10	3
成都	2	2	7	2
深圳	1	1	3	5

4.4.2 中国城市经济增长与人口增速、科技进步的线性关系

通过汇总人口增速、科技进步、经济增速的排序情况，变量之间的相互关系可以比较清晰地看出。青岛等城市的科技进步速度和经济增速都比较低，深圳等城市的科技进步速度和经济增速都比较高，所以科技进步速度和经济增速都是正线性关系。兰州等城市的人口增速和经济增速都比较低，郑州等城市的人口增速和经济增速都比较高，所以人口增速和经济增速可能也是正线性关系。

测算变量间的 Pearson 线性相关系数，如表 4.4 所示，科技进步与经济增速的线性相关系数为 0.38，P 值为 0.15。人口增速与经济增速的相关系数超过了 0.4，为 0.47，P 值为 0.07。通过 Pearson 线性相关系数可以确定人口增速、科技进步与经济增速的关系是正线性的，人口增速、科技进步越高，经济增速也越高（见图 4.3）。[1]

表 4.4 人口增速等变量与城市经济增速的线性相关性

统计量	Pearson 线性相关系数	P 值
人口增速	0.47	0.07
科技进步	0.38	0.15
人口增速 + 科技进步	0.56	0.02

---

[1] 达摩达尔·N. 古扎拉蒂，唐·N. 波特. 计量经济学基础 [M]. 费建平译. 北京：中国人民大学出版社，2011.

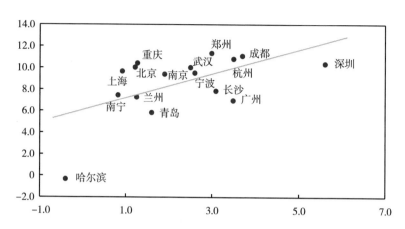

图4.3　城市经济增速与人口增速 + 科技进步散点图

Solow 模型显示均衡时人口增速、科技进步之和与经济增速是相等的，因此研究人口增速、科技进步之和与经济增速的相互关系更有价值。对人口增速 + 科技进步进行排序，人口增速 + 科技进步越低的城市如青岛、哈尔滨的经济增速也越低，人口增速 + 科技进步越高的城市如郑州、成都、杭州的经济增速也越高，也就是人口增速 + 科技进步与经济增速有可能是正相关关系，测算相关系数，相关系数超过了 0.5，为 0.56，P 值为 0.02。而且需要特别指出的是，Solow 模型作为数理模型，其函数是连续的，而实际经济运行中不太可能出现特别完美的结果，因此，有足够的理由相信，中国城市的人口增速与科技进步的和与经济增速是正线性关系。

这说明中国城市经济增长与经典经济增长理论是相符的，前面讨论的经济理论与经济实践不存在矛盾。可以得出结论，收敛性规律仍然能比较好地模拟中国城市经济增长。青岛等城市人口增长、科技进步较慢，于是经济增速较慢，深圳等城市的人口增长、科技进步较快，经济也高速增长。这也就是说，生产要素的不同导致经济增速出现了较大差异。

■ 4.5　本章小结

测算中国城市人均 GDP 与经济增速之间的 Pearson 线性相关系数，该系数大于零，经济增速越高的城市人均 GDP 也越高，说明二者更有可能是正线性关系。这个现象似乎与经济理论相矛盾，也和人们的直观感觉相矛盾。深入研究发现，人口增速与科技进步的和与中国城市经济增速呈现正线性关系，也就是中国城市经济增长与经典经济增长理论是一致的，存在收敛性。为了推动中国城市经济平稳增长，应当提高资本、人力等要素。

加强物质资本积累。作为经济增长的关键要素，物质资本是 Solow 模型、Ramsey 模型等模型构建的基础，物质资本的积累水平将决定经济发展水平。改革开放之后，中国城市经济迅速增长，其重要原因就是物质资本积累水平的提高。当前中国已经改变了改革开放前期物质资本匮乏的局面，但是以新能源、新材料为代表的战略性新兴产业仍然必须基于雄厚的物质资本积累。加强人力资本积累。城市经济腾飞离不开人力资本，中国城市经济的高速发展必须投入足够的劳动力资源，特别是未来中国城市将大力发展高水平制造业、现代服务业。中国目前已经进入老龄化社会，人力资本供给的压力将越来越大。未来应继续调整生育政策，一定程度上鼓励生育，提高人口增长率。另外，要大力发展文化事业、教育事业、卫生事业，提高劳动力素质。

加快科技进步。与其他生产要素相比，科技要素是最有活力的。1978年以来，中国科技进步速度大大加快，为中国城市经济腾飞提供了巨大助力。当前新一轮科技革命正在推进，要把科技创新摆在发展战略的中心位置，建立健全科技发展促进政策，优化科技创新环境，不断提高科技创新的贡献。推进制度创新。制度红利是中国经济持续发展的重要动力，目前中国城市各方面的成本与发展初期相比都有了巨大提高，比较优势正在下降，而且世界保护主义正在抬头，外部环境的不确定性正在加大。必须锐意推动改革，消除经济增长中的体制机制障碍，不断为经济增长提供更多地制度红利。

第5章

基于数据分布思想的
经济增长收敛性讨论

第4章使用计量方法检验了中国城市经济增长的收敛性,但是收敛性计量模型检验存在诸多不足,本章尝试基于数据分布思想建立一种新的检验方法。

5.1 基于数据分布的经济增长收敛性检验

在实际的经济运行中,极限收敛通常比较难以符合,使用计量模型来确定是否存在收敛现象通常会面临一定的困难。相对于极限收敛,更有可能出现的现象是概率收敛,也就是某一个指标的概率越小,集中趋势越弱,通常也意味着收敛性越弱,某一个指标的概率越大,集中趋势越强,通常也意味着收敛性越强。

5.1.1 数据分布界定经济增长收敛性

定义5.1: 数据分布的集中程度与数据的收敛趋势呈现正线性关系,

数据集中程度越弱，则数据收敛趋势越弱，数据集中程度越强，则数据收敛趋势越强。也就是说，如果随机变量 $X = (X_1, X_2, \cdots, X_P)$ 的实际数据是集中的，那么该变量是收敛的。

数据分布可以有泊松分布、Γ 分布、正态分布等形式，对于这些分布而言，每一种分布实际上都是一种数据的集中，因此，可以得出泊松分布收敛、正态分布收敛等。

5.1.2　正态分布存在广泛性

尽管数据的分布形式很多，正态分布是最常见的分布[1]。"熵增定律"说明在自然界中，相对于有序，更常见状态是无序。之所以出现这种现象，主要是任何现象都受到大量的因素影响。某一种因素的影响通常是有限的，但是大量的随机独立因素综合在一起，最终会导致事物呈现正态分布的规律。中心极限定理是这一思想的重要表现。中心极限定理有多种形式，比较常见的是李雅普诺夫定理。[2][3] 随机变量序列 $\{X_n\}$ 是独立的，$E(X_k) = \mu_k$，$D(X_k) = \sigma_k^2$，令 $B_n^2 = \sum\limits_{k=1}^{n} \sigma_k^2$，若 $n \to \infty$ 时存在正数 δ，使得

$$Z_n = \frac{\sum\limits_{k=1}^{n} X_k - \sum\limits_{k=1}^{n} \mu_k}{B_n} \sim N(0,1)，则：$$

$$Z_n = \frac{\sum\limits_{k=1}^{n} X_k - \sum\limits_{k=1}^{n} \mu_k}{B_n} \sim N(0,1) \tag{5-1}$$

即，$\sum\limits_{k=1}^{n} X_k \sim N(\sum\limits_{k=1}^{n} \mu_k, B_n^2)$，也就是随机变量符合正态分布。从李雅普诺夫定理可以看出，在大样本的情况之下，无论随机变量原来服从何种分布，只要满足一定的条件，随机变量的和近似服从正态分布。鉴于正态

① 朱建平. 应用多元统计分析 [M]. 北京：科学出版社，2006.

② 安德森. 无序——理论物理学的一个前沿 [J]. 自然杂志，1981（2）：83-87；160.

③ 李沅柏. 无序世界与物理学 [J]. 现代物理知识，1990（2）：12-15.

分布是最普遍的，正态收敛可以定义如下。

定义 5.2：假如随机变量 $X = (X_1, X_2, \cdots, X_P)$ 符合正态分布，密度函数为：

$$f(x_1, x_2, \cdots, x_P) = \frac{1}{(2\pi)^{p/2} |\Sigma|^{1/2}} \exp\left[-\frac{1}{2} (x - \mu)^T \Sigma^{-1} (x - \mu) \right]$$

$$(5 - 2)$$

可以定义该变量是正态收敛的。

5.1.3 经济增长数据符合正态分布

宏观经济学研究问题，这与微观经济学有很大的不同。微观经济学所研究的单个劳动者、单个生产者、单个消费者，影响因素相对单一。而宏观经济学研究的问题本身就受到多种因素的影响，如对于经济增长问题，除了常规的技术进步因素，文化等因素都会影响经济增长，其模型如下：

$$Y = F(X_1, X_2, \cdots, X_n) \qquad (5 - 3)$$

一般情况下，每一个影响因素的变化都在一定的范围内，也就是变异性是比较有限的。与李雅普诺夫条件是相符的，于是正态分布可以较好地模拟大样本情况下的经济增长变量。

5.1.4 使用数据分布来判断经济增长收敛性

呈现"钟型"是正态分布的最大特点，边缘数据较少，中心数据较多（见图 5.1）。从均值两侧若干个标准差范围内的数据来看，均值两侧三个标准差之内集中了超过 99% 的数据，均值两侧两个标准差之内集中了超过 95% 的数据，均值两侧一个标准差之内集中了超过 68% 的数据[1]。

---

[1] 盛骤，谢式千，潘承毅. 概率论与数理统计（第四版）[M]. 北京：高等教育出版社，2008.

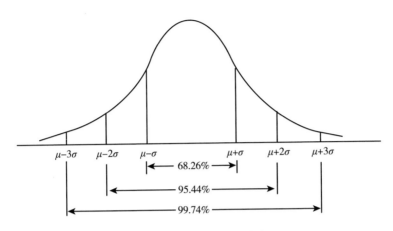

图 5.1　正态分布概率密度

定义 5.3：与正态分布相比，假如随机变量 $X = (X_1, X_2, \cdots, X_P)$ 集中趋势高于正态分布，也就是一定范围内的数据量占比较大，那么随机变量为强收敛；假如集中趋势低于正态分布，也就是一定范围内的数据量占比较小，那么随机变量为弱收敛。

作为数据分布，正态分布的判断可以使用 Shapro-Wilk 检验、Kolmogorov-Smimov 检验、χ^2 拟合检验等相对精确的方法，也可以使用 Q-Q 图、P-P 图、偏度、峰度等相对粗糙的办法。但是，通常的情况是正态分布的统计检验对于正态的微小偏离非常的敏感，于是拒绝正态分布假设成为大概率事件。也就是，在实际情况中，经验数据通常很难完全符合正态分布，强收敛情况和弱收敛情况出现的概率更大。[①]

5.1.5　使用数据分布检验的优点

模型驱动研究范式虽然是主流的经济学研究范式，但是该范式存在固有的缺陷，进而影响研究的科学与否。一是以简单的模型模拟复杂的经济学问题。经济关系通常非常复杂，仅仅依靠简单的数学模型来模拟往往会

---

① 威廉·M. 门登霍尔，特里·L. 辛里奇. 统计学 [M]. 关静等译. 北京：机械工业出版社，2018.

遗漏很多变量。二是计量模型需要借助于大量的计量检验。但是，计量检验的基础是研究假设，很多研究假设过于苛刻，很难满足。如果研究假设不成立，后续的研究也就没有基础，结论的参考价值大大下降。

与计量模型不一样，数据分布思想依据数据本身的情况进行讨论。一是可以准确模拟经济运行，看似仅仅讨论了一个指标，实际上该指标建构于多个指标的综合之上，更加科学。二是不需要进行研究假定，通过数据分布状况来做出判断，而不需要建立模型，这样少数异常值的影响就比较小。

全面分析，计量模型检验表面看起来非常复杂，实际上比较单一，只讨论了某几个变量的某几个关系，理论基础比较薄弱。与计量模型检验不同，数据分布检验表面上看起来非常简单，实际上更加科学，更能准确而全面地得出结论。

5.2 实证分析

对中国城市数据进行讨论，相关数据来源于《中国统计年鉴》《中国城市统计年鉴》。下面分别使用计量模型检验和数据分布检验两种方法对人均 GDP 和经济增速的关系进行讨论。收敛可以分成绝对收敛和条件收敛两种类型。绝对收敛指的是不考虑任何其他的条件，不同经济个体的经济增速呈现收敛的现象。[1][2] 不过城市发展的差距是非常大的，科技条件、资本条件、资源禀赋有所不同，尤其是对于当数据样本比较大时，差别的影响就有可能非常大，使得绝对收敛往往难以达到。于是，可以在不同的条件下讨论经济增长的收敛性，这种收敛称之为条件收敛。将中国城市分成东部地区、中部地区、西部地区三个区域进行讨论，综合讨论分析这些区域的城市经济增长是否符合条件收敛。

---

① Baumol W. J. Productivity Growth, Convergence, and Welfare: What the Long Run Data Show [J]. American Economic Review, 1986, 76 (5): 1072 - 1085.

② Long B. D. Productivity Growth, Convergence, and Welfare: Comment [J]. American Economic Review, 1988, 78 (5): 1138 - 1154.

5.2.1　计量模型检验

5.2.1.1　截面数据

先做出散点图进行观察，仅有东部地区呈现微弱的线性关系。相比较来看，全国、中部地区、西部地区的人均 GDP 和经济增速的线性关系都不显著（见图 5.2 和表 5.1）。数据要么非常分散，要么聚集在一起。

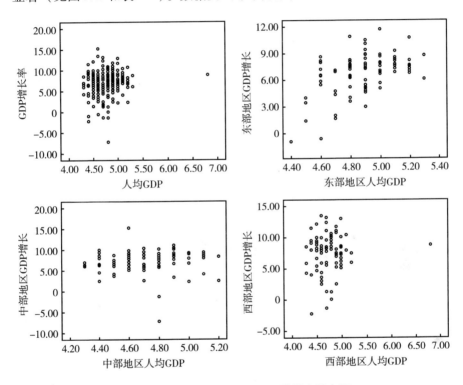

图 5.2　城市人均 GDP 与 GDP 增长率散点图

表 5.1　　　　　　　　　　　城市截面数据情况

变量	全国	西部地区	中部地区	东部地区
α	0.613	3.511	4.384	− 19.245 ***
β	1.397 **	0.089	0.606	5.35 ***
F	5.165 **	0.728	0.236	29.373 ***
R^2	0.018	0.08	0.002	0.24

注：***、** 分别表示通过 0.01、0.05 的显著性水平检验。

可以看出对于截面数据的模拟结果简直是灾难性的。全国、西部地区、中部地区的线性关系非常微弱。另外，需要注意的是，人均 GDP 与经济增速都是正数，系数都是也为正数，说明人均 GDP 和经济增速是正相关关系，收敛关系根本不存在。而且，西部地区系数、中部地区系数、整体假设检验都未通过。[①]

5.2.1.2　时间序列数据

根据时间序列数据收敛的界定，如果随着平均资本存量的逐渐提高，经济增速应该最终趋于常数，那么存在收敛性。从 1979～2018 年，全国、西部地区、中部地区、东部地区的 GDP 增长率都是波动的，变化情况比较一致，看不出收敛趋势（见图 5.3）。建立一元非线性回归模型进行模拟，表 5.2 显示了模拟结果。

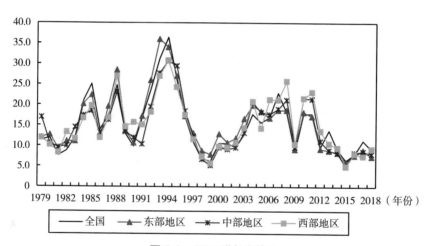

图 5.3　GDP 增长率情况

表 5.2   时间序列数据模拟结果

变量	全国	东部地区	中部地区	西部地区
α	11.853 ***	11.545 ***	11.863 ***	10.646 ***
β	0.707 *	0.931 **	0.628 *	0.789 **

---

① 杰弗里·M. 伍德里奇. 计量经济学导论 [M]. 费建平译. 北京：中国人民大学出版社，2010.

续表

变量	全国	东部地区	中部地区	西部地区
γ	-0.021**	-0.027***	-0.018**	-0.021**
F	3.17*	6.288*	2.827*	3.252**
R^2	0.15	0.259	0.136	0.153

注：***、**、*分别表示通过0.01、0.05、0.1的显著性水平检验。

时间序列数据的模拟结果也是灾难性的。所有模型的人均 GDP 的二阶项系数均为负数，而一阶项均为正数，均显著，说明存在收敛性。但是，全国、东部地区、中部地区、西部地区的可决系数分均比较低，说明自变量仅能解释因变量的极小部分，绝大部分信息无法解释，模型说服力不足。

5.2.2　数据分布检验

首先对是否符合正态分布进行判断，χ^2 拟合检验法是比较常用的办法，该检验的原假设残差是正态的，于是可以构建如下统计量：

$$\chi^2 = \sum_{i=1}^{k} \frac{n}{p_i}\left(\frac{f_i}{n} - p_i\right)^2 = \sum_{i=1}^{k} \frac{f_i^2}{np_i} - n \qquad (5-4)$$

这个统计量符合自由度为 $(k-1)$ 的 χ^2 分布。经过检验，均都未通过显著性检验，正态分布特征不明显。[1] 不过正如上文所分析的，经验数据通常难以完全符合正态分布。使用本章构建的数据分布判断办法，可以发现，全国、西部地区、中部地区、东部地区数据的集中趋势都明显超过正态分布的集中趋势，也就是全国、西部地区、中部地区、东部地区的经济增长呈现收敛趋势。综合对比两种方法，基于数据分布的经济增长收敛性检验得出了更加科学的结论（见图5.4）。[2]

---

①② 吴喜之. 复杂数据统计方法——基于 R 的应用（第二版）[M]. 北京：中国人民大学出版社，2013.

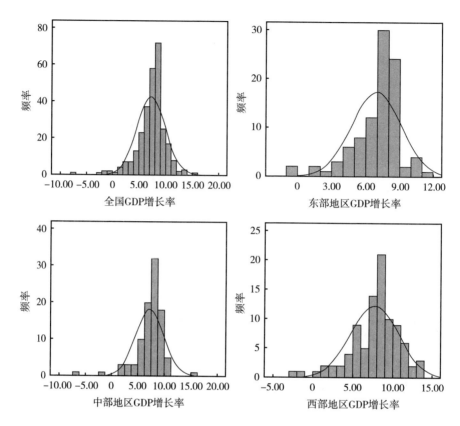

图5.4 GDP 增长率的数据分布图

5.3 本章小结

　　作为最为重要的自然规律之一，收敛性在经济学研究领域也是广泛存在的，如对于经济增长收敛性的讨论。计量方法检验是比较常用的检验方法，针对时间序列数据、截面数据都可以检验是否存在收敛性。针对时间序列数据，随着平均资本存量的变化，经济增长率也随之发生变化，经济增速逐渐平稳，说明单个经济体的经济增速是收敛的。针对截面数据，人均 GDP 与经济增速呈现负相关关系，人均 GDP 越低的地区经济增速越高，人均 GDP 越高的地区经济增速越低。但是，计量模型检验存在一些不足之处，模型的构造通常比较简单，是否能够完全模拟复杂的经济关系需要进一步讨论，另外，线性回归模型还有很多假设，这些假设通常也难以满足。

　　根据数据分布规律，随着样本数量的增多，数据往往呈现正态分布，越往边缘数据越少，越往中心数据越多。于是可以依据经济增长数据分布特征来界定经济增长的收敛性。使用经济增长数据分布检验来确定是否经济增长存在收敛性直接从数据本身的情况出发，依据数据本身做出判断。从表面上看比较简单，实际上其建构在身后的科学理论之上，有中心极限定理等科学定理作为支撑。而计量模型检验收敛性，从表面上看比较复杂，实际上其思想比较简单，仅仅讨论了几个系数。总体来看，经济增长收敛性的数据分布检验更加科学。

第3篇
动力与中国经济增长

梳理中国经济增长的动能，中国经济增长动能可以分为宏观、中观、微观三个层面，总体来看，三个层面都出现了积极的变换，也存在一些值得关注的问题。确保未来中国经济平稳较快增长必须采取积极有效措施，统筹宏观、中观、微观三个层面新旧动能转换。

改革开放之后，消费、投资、净出口作为经济增长的"三驾马车"推动中国经济快速增长，中国宏观调控政策也一直基于"三驾马车"进行调控。从目前的情况来看，中国经济增长的"三驾马车"都面临一定的压力，投资效益下降、出口竞争力下滑、消费乏力等问题不同程度地存在。未来中国宏观调控的着力点是扩大消费并优化投资结合和出口结构。联立方程模型是研究宏观经济的常用模型，构建该模型模拟中国经济增长状况，研究发现税收等宏观调控工具通过消费等变量对中国经济增长产生了较为重大影响。为了实现中国经济长期平稳较快增长，要综合运用货币政策和财政政策。鉴于"三驾马车"对中国经济增长的巨大推动作用及目前存在的一些问题，以后需要进一步促进这三者作用的发挥。未来应该扩大消费影响，增强投资作用，加强对外联系，优化宏观调控政策。

　　国民经济可以分成不同的行业，行业就是经济增长的中观层面动力。通过测算感应度和影响力系数，可以发现，第一产业和第三产业的作用弱于第二产业，不过目前第二产业出现一定程度的竞争力下滑，最终给中国经济增长带来压力。房地产行业是中国近期行业发展的热点行业，讨论比较多。研究发现，目前中国经济增长趋缓主要是因为以制造业和采掘业为代表的第二产业发展趋缓。房地产行业尽管对中国经济增长影响较大，但是该行业对中国经济增长尚没有决定性作用。未来要统筹发展三次产业。坚定不移夯实第二产业，加强实体经济支撑；要不断推进第一产业发展，夯实国民经济基础；要加快第三产业发展，为经济增长注入新活力；要化解土地财政，促进房地产业持续健康发展。

　　从微观层面来看，经济增长的微观动力可以分为劳动力、科技创新、资源配置机制三种。2010 年之后，中国人口结构不断发生变化，人口红利逐渐减小，不过中国国民受教育水平大幅度提高，人才红利逐渐显现。科技进步是经济增长中最活跃的因素，中国企业目前研发投入在量和质上都有明显的提升，为中国经济增长提供了非常重要的支撑力量。中国的资源配置机制逐渐确定为中国特色社会主义市场经济，使得看得见的手和看不见的手协调互动，最终实现经济平稳较快增长。未来要激发要素活力，调整生育政策，延续人口红利，提高人口素质，增强人才红利。科技创新方面，加大创新投入，优化环境，增强经济个体创新能力。资源配置改革方面，要继续全面深化改革。

第6章

宏观层面中国经济增长的动力

　　中美双方于 2021 年 3 月在美国安克雷奇进行了高层对话，中方发出了鲜明的声音"中国的发展壮大是不可阻挡的"。近期以来，中国经济总量不断扩大，占世界经济总量的比重不断提高，目前已经稳稳居于世界第二位，仅次于美国。1978 年中国国内生产总值不到 1500 亿美元，美国为 2.3 万亿美元，中国占世界比重仅 1.7%，美国占世界比重为 27.4%，中国仅相当于美国的 6.4%。2009 中国国内生产总值突破 5 万亿美元，达到 5.1 万亿美元，美国为 14.4 万亿美元，中国占世界比重为 8.4%，美国占世界比重为 23.9%，中国相当于美国的 35.3%。2014 中国国内生产总值突破 10 万亿美元，达到 10.5 万亿美元，美国为 17.5 万亿美元，中国占世界比重为 13.2%，美国占世界比重为 22.1%，中国相当于美国的 59.8%。2020 年中国国内生产总值达到 14.9 万亿美元，美国为 20.8 万亿美元，中国占世界比重为 17.7%，美国占世界比重为 24.8%，中国经济总量相当于美国经济总量的比重超过 70%，达到 71.4%（见图 6.1）。[①]

---

　　① IMF. World Economic Outlook ［EB/OL］. INTERNATIONAL MONETARY FUND, 2021.

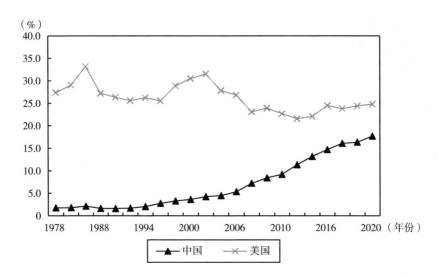

图6.1 中国、美国国内生产总值占世界比重

支出法、收入法、生产法是国民经济核算的三种方法，三种方法的侧重角度各有不同。支出法从使用的角度讨论财富的最终流向，划分为以净出口为代表的外需，以资本形成、消费为代表的内需。

▮ 6.1 经济增长的"三驾马车"

资本形成、消费和净出口是宏观经济增长的三大动力，一般使用"三驾马车"来对三者进行形象化的比喻。众多学者对中国经济增长的"三驾马车"进行了深入研究。例如，沈利生（2009）通过拆分竞争型投入产出表为非竞争型，并利用相关模型测算了"三驾马车"对经济增长的拉动作用[1]。郭庆旺等（2014）则探讨了投资、消费和净出口之间的"比例失衡"问题，中国长期的高速增长正是源于认为这种"三驾马车"的比例关系失衡[2]。此外，高铁梅等（2007）和张文军（2007）也运用联立方程等

---

[1] 沈利生. "三驾马车"的拉动作用评估 [J]. 数量经济技术经济研究，2009（4）：139 – 151.

[2] 郭庆旺，赵志耘. 中国经济增长"三驾马车"失衡悖论 [J]. 财经问题研究，2014（9）：3 – 18.

模型对"三驾马车"进行了实证研究①。其他学者对"三驾马车"的作用也进行了有益探索。按照当年价格测算，1978～2022年中国经济年均增速达到14.4%。"三驾马车"作出了重要的贡献，资本形成年均增长为14.4%，消费年均增长为13.7%，净出口由-11.4亿元增长到39493.7亿元。对整体贡献率进行测算，1978～2022年，净出口最低，为4.6%，投资居中，为38.2%，消费最高，为57.2%（见图6.2）。②③

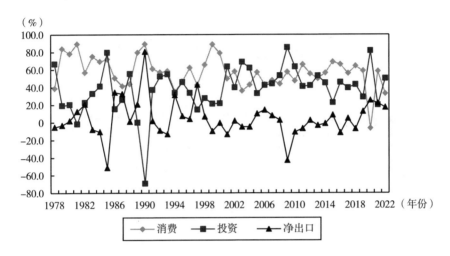

图 6.2　三大需求贡献率

资料来源：国家统计局.中国统计年鉴［M］.北京：中国统计出版社，2023.

分年看"三驾马车"的贡献率，基本呈现前期、后期存在较大波动，中间比较平稳。改革开放初期，我国经济尝试各方面的改革，相当一部分政策设计都是摸着石头过河。最近一段时期，相继出现了经济危机和新冠疫情，对经济增长产生了较大的冲击。

改革开放40多年以来，"三驾马车"对我国经济增长的拉动作用是不断发生变化的，不是一成不变的，资本形成、净出口占国内生产总值的比重不断上升，消费占国内生产总值比重不断下降。1978～2022年，资本形

①　高铁梅，梁云芳，何光剑.中国季度宏观经济政策分析模型——对宏观经济政策效应的模拟分析［J］.数量经济技术经济研究，2007（11）：3-14.

②　国家统计局国民经济核算司.中国国民经济核算［M］.北京：中国统计出版社，2002.

③　中华人民共和国国家统计局.中国统计年鉴2013［M］.北京：中国统计出版社，2013.

成占国内生产总值的比重上升了 5.1 个百分点，由 38.4% 上升到 43.5%，净出口占国内生产总值的比重上升了 3.6 个百分点，由 −0.3% 上升到 3.3%，消费占国内生产总值的比重下降了 8.7 个百分点，由 62.1% 下降到 53.2%（见图 6.3）。

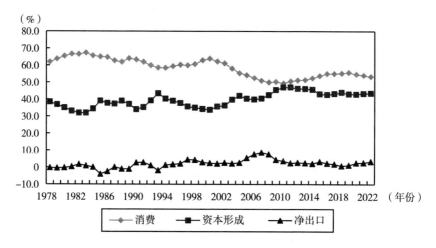

图 6.3　三大需求占比

资料来源：国家统计局．中国统计年鉴［M］．北京：中国统计出版社，2023．

■ 6.2　"三驾马车"与中国经济增长的进一步讨论
——基于联立方程模型的分析

科学有效的宏观调控政策是中国宏观经济稳定发展的重要保证，必须精准掌握宏观调控的重点、力度、节奏。作为研究经济联系的重要方法，联立方程系统（simultaneous equation system）依据经济理论，可以有效反映经济系统中各因素、各部分的数量关系。联立方程系统建立之后，能够使用该模型对经济运行进行有效模拟，其模拟结果可以用于经济走势分析及政策制定。[1]

---

[1]　高铁梅主编．计量经济分析方法与建模——EViews 应用及实例［M］．北京：清华大学出版社，2006．

联立方程的开拓性探索源于克莱因（Klein）构建的多方程模型，他构建的模型包括恒等方程和行为方程各 3 个[1]。我国学者也使用该模型对经济问题进行了研究。高铁梅等（2007）为了描述中国宏观经济运行的短期和长期情况，构建了 32 个方程的联立方程模型，该模型包括 7 个模块，可以用于模拟中国季度宏观经济政策[2]。张龙等（2010）对我国货币政策和财政政策的效应的研究也基于联立方程模型[3]。冯涛等（2010）在研究中不仅关注了内部经济因素，还将外部环境作为一个重要考量，构建了适应开放经济条件的季度宏观经济联立方程模型。通过运用情景分析方法，他们深入模拟了不同宏观政策对经济产生的具体影响[4]。张庆国（2021）引入金融发展水平和创新水平等指标对联立方程模型进行了调整，模拟了政府引导基金对非引导类投资基金的引导效果[5]。胡亚南等（2020）利用空间面板联立方程模型研究了技术进步、对外贸易和经济增长之间的传导机制、区域差异以及空间溢出效应等问题[6]。参考上述研究成果，构建包含联立方程宏观计量模型研究中国经济增长与消费、投资、净出口之间的关系。

6.2.1　模型的结构

本书构建的联立方程模型共 6 个方程，3 个行为方程，3 个恒等式，分为消费、投资、进出口 3 个模块。

---

① 威廉·H. 格林. 计量经济分析 [M]. 北京：中国人民大学出版社，2010.

② 冯涛，杨达. 我国宏观经济政策效应的模拟分析——基于季度宏观经济联立方程模型 [J]. 东北大学学报（社会科学版），2010（4）：304-310.

③ 高铁梅，梁云芳，何光剑. 中国季度宏观经济政策分析模型——对宏观经济政策效应的模拟分析 [J]. 数量经济技术经济研究，2007（11）：3-14.

④ 张龙，白永秀. 我国财政政策与货币政策及其配合效应模拟分析配合效应模拟分析 [J]. 数量经济技术经济研究，2010（10）：16-26.

⑤ 张庆国. 中国政府引导基金投资引导效果实证分析——基于联立方程模型 [J]. 财政科学，2021（1）：34-46.

⑥ 胡亚南，王金天，田茂再. 对外贸易、技术进步与经济增长——基于空间面板联立方程的实证研究 [J]. 数理统计与管理，2020（5）：771-787.

6.2.1.1 消费

政府消费和居民消费是消费的两大组成部分，其中，政府消费相对比较恒定，主要是因为政府消费由政府预算来决定，于是可以假定该变量为外生的。与政府消费不同，居民消费受到多种因素的影响，可以认为其是内生的，收入是最主要的因素。一方面，整体经济状况。整体经济状况越差，居民收入也越差，整体经济状况越好，居民收入也越好。另一方面，收入分配。营业利润、劳动者报酬、生产税净额、固定资产折旧是收入法核算国内生产总值的 4 个部分。国民收入中的一部分将以税收的形式转移到政府，于是居民收入与国民收入存在一定的比例关系。另外，消费者均具有一定的消费习惯，往期的消费具有非常大的惯性来影响下一期的消费。如下：

$$
\begin{cases}
household_t/p_{1t} = \alpha_0 + \alpha_1 dgdp_t/p_{0t} + \alpha_2 household_{t-1}/p_{1t} + u_t \\
consume_t/p_{1t} = household_t/p_{1t} + government_t/p_{1t}
\end{cases}
\quad (6-1)
$$

$household$ 用于衡量居民消费变量，$dgdp$ 用于衡量扣税之后的国内生产总值变量，$consume$ 用于衡量消费变量，p_{0t} 用于衡量国内生产总值价格指数变量，p_{1t} 用于衡量居民消费价格指数变量。

6.2.1.2 投资

投资之所以发生主要是因为通过投资可以获得资本的积累，进而获得未来的收益。是否进行投资取决于多种因素，一般认为重要的影响因素有两个。一是与消费相同，投资也有惯性。一个项目从立项，到建设，到最终产生效益，需要长时间的投资，于是本期的投资额度与上期的投资额度有比较大的关联关系。二是投资的成本大小。投资是为了获得收益，成本是收益的减少因素，如果成本较高，那么投资的积极性必然下降，可以使用贷款利率来衡量资金成本，公式如下：

$$
invest_t/p_{2t} = \alpha_0 + \alpha_1 loanrate + \alpha_1 invest_{t-1}/p_{2t} + u_t \quad (6-2)
$$

$investment$ 用于衡量投资变量、$loanrate$ 用于衡量贷款利率变量、p_{2t} 用于衡量固定资产投资价格指数变量。

6.2.1.3 净出口

中国的经济腾飞与世界紧密相关。中国是世界最大的市场之一，广袤的国土与众多的人口意味着中国具有巨大的消费能力，但是这并不意味着中国可以脱离世界而存在。1978 年，中国对外开放，通过对外开放中国引进了大量的资本、技术和管理经验。世界的发展与中国的发展融为一体，推动了中国经济长期稳定增长。反之，如果中国与世界的联系减弱，中国的经济增长必将受到较大影响。用汇率和代表国家的国内生产总值来描述世界联系，公式如下：

$$netex_t/p_{3t} = \alpha_0 + \alpha_1 WDgdp_t + \alpha_2 exra_t + u_t \tag{6-3}$$

$netex$ 用于衡量净出口变量，$WDgdp$ 用于衡量世界国内生产总值变量，$exra$ 用于衡量人民币汇率变量，p_{3t} 用于衡量净出口价格指数变量。

基于以上方程，建立最终的联立方程模型：

$$\begin{cases} household_t/p_{1t} = \alpha_0 + \alpha_1 dgdp_t/p_{0t} + \alpha_2 household_{t-1}/p_{1t} + u_t \\ invest_t/p_{2t} = \alpha_0 + \alpha_1 loanrate + \alpha_2 invest_{t-1}/p_{2t} + u_t \\ netex_t/p_{3t} = \alpha_0 + \alpha_1 WDgdp_t + \alpha_2 exra_t + u_t \\ consume_t/p_{1t} = household_t/p_{1t} + government_t/p_{1t} \\ gdp_t = consume_t + invest_t + netex_t \\ dgdp_t = gdp_t \cdot (1-t) \end{cases} \tag{6-4}$$

6.2.2 模型的估计

参数估计使用三阶段最小二乘法来进行，具体结果如下。

6.2.2.1 消费

$$household_t/p_{1t} = 0.26 + 0.044 dgdp_t/p_{0t} + 0.791 household_{t-1}/p_{1t} \tag{6-5}$$
$$1.723^{***} \quad 2.504^{**} \qquad 5.819^{***}$$

从模拟结果来看，整体情况比较优良。扣除税收的国内生产总值变量、上期居民消费变量的系数均显著[1]。居民消费变量与扣除税收的国内生产总值变量的系数大于零，这说明居民消费变量与扣除税收的国内生产总值变量、消费习惯变量都是正线性关系。

6.2.2.2　投资

$$invest_t/p_{2t} = 1.32 - 0.197loanrate + 1.128invest_{t-1}/p_{2t} \qquad (6-6)$$
$$2.436^{**} \quad -2.403^{**} \qquad 53.805^{***}$$

投资方程的整体模拟情况也比较优良。上期投资变量与贷款利率变量的系数均显著。投资变量的系数大于零，这说明投资与上期投资是正线性关系。贷款利率变量的系数为负值，这说明投资与贷款利率是负线性关系。

6.2.2.3　净出口

$$netex_t/p_{3t} = -6.619 + 0.0346WDgdp_t + 0.13exra_t + u_t \qquad (6-7)$$
$$-3.015^{***} \quad 4.591^{***} \qquad 1.056$$

从净出口方程的总体情况来看，所构建的模型模拟情况不佳，其他国家的经济情况变量的系数显著，而汇率变量的系数不显著。其他国家的经济情况变量的系数大于零，这说明净出口与其他国家的经济状况呈现正线性关系。汇率变量的系数大于零，这说明净出口变量与汇率变量呈正线性关系。

6.2.3　情景分析

采用情景分析方法对不同宏观政策进行模拟是联立方程模型的另一个重要应用。一方面可以讨论宏观经济政策的效果，用于宏观经济政策优化调整的参考。另一方面可以观察该模型运行机制是否与经济理论相符，能

---

① 本章模型中 ***、**、* 分别表示通过 0.01、0.05、0.1 的显著性水平检验。

否有效模拟实际经济状况。讨论内生变量在外生变量的变化下的反映，考虑 6 种情形，税率、世界经济、人民币、贷款利率、政府消费等变量均变化 1%，复合政策是人民币、贷款利率、政府消费各变化 1%，如表 6.1 所示。

表 6.1	情景分析情况			单位：%
类别	GDP	消费	投资	净出口
税率提高 1%	− 0.02	− 0.04	0	0
世界经济增长 1	0.34	0.05	0	6.61
人民币贬值 1	0.04	0.01	0	0.86
贷款利率提高 1	− 0.15	− 0.02	− 0.27	0
政府消费增加 1	0.15	0.36	0	0
复合政策	0.04	0.35	− 0.27	0.86

资料来源：高铁梅主编. 计量经济分析方法与建模——EViews 应用及实例［M］. 北京：清华大学出版社，2006.

税率提高 1%，主要作用于消费模块，由于税率的提高，经济单位消费量减少 0.04%，最终导致国内生产总值下降 0.02%。世界经济增长 1%，主要作用于净出口模块，净出口提高 6.61%，最终导致国内生产总值提高 0.34%，消费提高 0.05%。人民币贬值 1%，主要作用于净出口模块，人民币贬值意味着中国的产品更加便宜，而外国的商品更加昂贵，净出口提高 0.86%，最终导致国内生产总值提高 0.04%，消费提高 0.01%。贷款利率提高 1%，主要影响投资模块，投资下降 0.27%，最终导致国内生产总值下降 0.15%，消费下降 0.02%。政府消费增加 1%，主要影响消费模块，消费增加 0.36%，最终导致国内生产总值增加 0.15%。假如外生变量同时变化，如人民币贬值 1%、贷款利率提高 1%、政府消费增加 1%，消费、投资、净出口三个模块都将受到影响，净出口增加 0.86%，投资下降 0.27%，消费增加 0.35%，最终国内生产总值提高 0.04%。

6.3 "三驾马车"目前出现的问题

改革开放初期，"三驾马车"均发挥了重要的拉动作用。目前"三驾马车"的拉动作用受到很多不确定因素的影响。

6.3.1 投资效益变化

固定资产投资的产出效益不是恒定的，近期与以往相比呈现下降趋势。如图 6.4 所示，1981～1983 年国内生产总值与固定资产投资相比，单位固定资产投资创造的国内生产总值超过了 4 单位，平均 1 元固定资产投资能够创造 4.6 元国内生产总值。1984～2000 年当年国内生产总值与固定资产投资相比，单位固定资产投资创造的国内生产总值超过了 3 单位，平均 1 元固定资产投资能够创造 3.3 元国内生产总值。2001～2008 年当年国内生产总值与固定资产投资相比，单位固定资产投资创造的国内生产总值下降到 2～3 单位，平均 1 元固定资产投资能够创造 2.5 元国内生产总值。2009～2017 年当年国内生产总值与固定资产投资相比，单位固定资产投资创造的国内生产总值下降到 2 单位以下，平均 1 元固定资产投资能够创造 1.9 元国内生产总值。2018 年当年国内生产总值与固定资产投资相比，平均 1 元固定资产投资能够创造 2.1 元国内生产总值。目前来看，投资存在两方面问题。

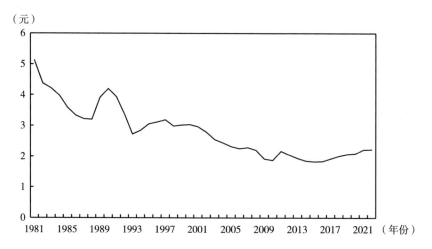

图 6.4　1981～2021 年单位固定资产投资 GDP 产出

资料来源：国家统计局. 中国统计年鉴［M］. 北京：中国统计出版社，2023.

6.3.1.1　固定资产投资增速下滑

改革开放初期，我国经济的高投入特征非常明显，1982~2022 年固定资产投资平均增速高达 21.4%（见图 6.5）。2000 年之后，受到金融、房地产等虚拟经济的带动，固定资产投资也维持了较高的增速。近年来，受到新冠疫情的影响，固定资产投资增速已经回落到个位数。

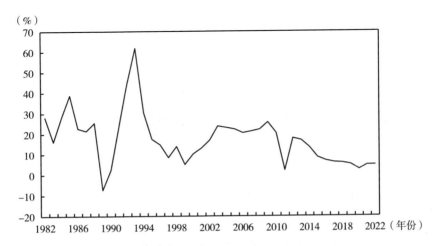

图 6.5　1982~2022 年固定资产投资增速情况
资料来源：国家统计局. 中国统计年鉴［M］. 北京：中国统计出版社，2023.

6.3.1.2　投资虚拟化

2000 年之后，随着制造业成本的上升，制造业盈利能力受到很大影响。虚拟经济行业如金融、房地产等的盈利能力要高得多。大量的资金进入金融、房地产领域，1999~2011 年房地产投资占固定资产投资的比重由 13.7% 上升到 27.3%，上升了 13.6 个百分点（见图 6.6）。之后在国家宏观调整政策下，房地产占固定资产投资的比重呈现下降趋势，2022 年为 23.6%，比 2022 年下降了 3.7 个百分点，仍然占比较高。

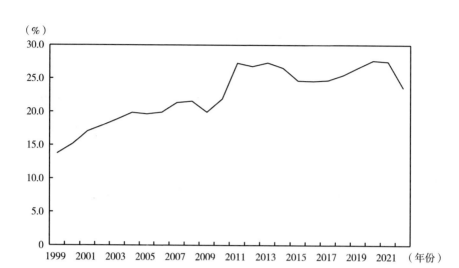

图 6.6 1999～2021 年房地产投资占固定资产投资比重情况
资料来源：国家统计局. 中国统计年鉴 [M]. 北京：中国统计出版社，2023.

6.3.2 出口竞争力变化

实行对外开放，加强与国际社会的联系是中国经济持续增长的重要原因。中国获得了国外的管理理念、技术和资金，通过补偿贸易、来样生产、来件装配、来料加工等方式，促进了中国制造业发展，提高了对外贸易。1978～2022 年货物净出口总额由 355 亿元提高到 418011.6 亿元，2022年是 1978 年的 1177.4 倍，外贸依存度由不足 10% 提高到超过 60%（见图 6.7）。

从货物外贸依存度的变化趋势来看，1978～2022 年呈现倒 "U"型。2006 年之前呈现上升趋势，2006 年之后呈现下降趋势。中国目前出口的竞争力在下降，外贸依存度是其中一个表现。从出口结构来看，高新技术产品占 14.6%，不到 20%。出口竞争力下降的原因很多，成本是重要的因素之一，目前物力、人力、财力等各方面成本均呈现上涨趋势。

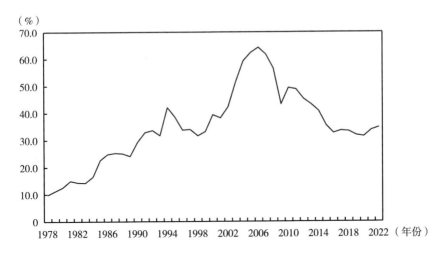

图 6.7　1978 ~ 2022 年中国货物外贸依存度

资料来源：国家统计局. 中国统计年鉴 ［M］. 北京：中国统计出版社，2023.

6.3.2.1　物力成本呈现上升趋势

近年来，原料成本呈现出显著的上涨趋势。1990 ~ 2022 年，以 1990 年为基准，到 2022 年，工业生产者购进价格指数已经飙升至 1990 年的 5.6 倍，涨幅高达惊人的 463.6%（见图 6.8）。这一数据清晰地揭示了原料成本在这段时间内的巨大变化。

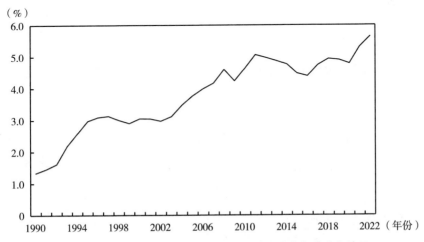

图 6.8　1990 ~ 2022 年定基工业生产者购进价格指数变化情况

资料来源：国家统计局. 中国统计年鉴 ［M］. 北京：中国统计出版社，2023.

6.3.2.2 人力成本呈现上涨趋势

中国经济发展的一个非常重要的原因是充足的劳动力资源，特别是第二产业和第三产业的发展。改革开放初期，大量的劳动力在第一产业，第二产业、第三产业的发展需要大量的劳动力，于是在中国工业化进程中，大量的劳动力由第一产业转移到第二产业，之后在中国城镇化过程中，大量的劳动力再由第二产业转移到第三产业。同时，在劳动力供给有限的情况下，随着劳动力需求增加，劳动力成本必然上升，1999～2022 年，城镇非私营单位就业人员平均工资由 8319 元上涨到 106837 元，上涨了 11.8 倍[①]。人力成本的上涨给经济个体的发展造成了巨大压力。

6.3.2.3 财务成本比较高

借贷资金来维持企业的正常运转是企业经营普遍采取的方式。资金的借贷需要付出一定的成本——利息。由于虚拟经济的收益更高，资金更倾向于流入虚拟经济，实体经济的成本随之上涨。尤其是对于中小型企业，特别是民营中小型企业，利率高企带来了巨大的财务成本压力。

6.3.2.4 税收成本压力

统筹分析，国内生产总值中，政府收入占比较高。宏观税负可以分为窄口径、中口径和宽口径三种。窄口径和中口径分别测算税收收入和财政收入占国内生产总值的比重。宽口径再加上社保基金、政府性基金等基金收入，统计政府可以控制的收入占国内生产总值的比重，目前这一比重已经超过 30%，高于发展中国家平均值，甚至高于部分发达国家[②]。经济个

---

①② 国家统计局. 中国统计年鉴 [M]. 北京：中国统计出版社，2023.

体需要承担这些成本，例如，我国企业需要缴纳的税收有车船使用税、契税等几十种，还包括很多其他费用。较高的税负让企业的发展面临较大的压力，竞争力也受到较大影响。

6.3.3 消费乏力

消费可以分为居民消费和政府消费两部分，1978～2022 年，政府消费占总消费比例上升了 9 个百分点，由 21.2% 上升到 30.2%，居民消费下降了 9 个百分点，由 78.8% 下降到 69.8%（见图 6.9）。

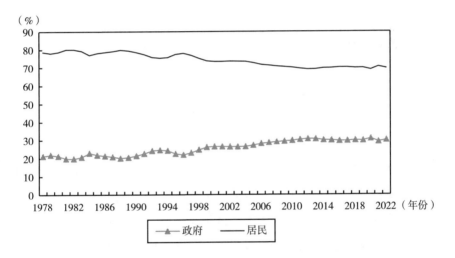

图 6.9 1978～2022 年居民消费和政府消费占比情况

资料来源：国家统计局. 中国统计年鉴 [M]. 北京：中国统计出版社，2023.

收入水平的高低是居民消费的决定性因素。2001～2021 年，中国人均国内生产总值和人均可支配收入的增长速度是基本一致的，这表明中国经济增长成果给居民带来了巨大的实惠（见图 6.10）。不过，收入还必须从结构上加以分析。中国的基尼系数一直比较高，而且相当数量的家庭的资产并不多，这些都影响了消费潜力的进一步发挥。

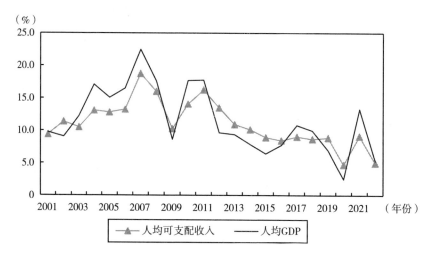

图6.10　2001～2021年人均国内生产总值和人均可支配收入的增长变化

资料来源：国家统计局. 中国统计年鉴［M］. 北京：中国统计出版社，2023.

6.4　本章小结

本章重点讨论了"三驾马车"对中国经济增长的巨大推动作用及目前存在的一些问题，以后需要进一步促进这三者作用的发挥。

第一，扩大消费。外需对中国经济腾飞提供了重要的支撑作用，但是目前中国的税收压力较大，原材料成本、劳动力成本持续提高，商品的国际竞争力受到很大影响，外需对中国经济增长的推动作用越来越小，必须扩大内需，要先提高消费。收入是消费的最大影响因素，当前提高居民消费要从收入来着手。一是提高初次分配中劳动报酬的占比，要不断提高劳动报酬的分配占比。二是提高再分配对保持收入平衡格局的重要作用。调节过高收入者收入，扩大中等收入者收入，提高过低收入者收入，形成橄榄型收入局面。

第二，增强投资作用。投资是中国经济增长的关键因素。对于发展中国家，资本贫乏是经济增长的重要障碍，许多国家无法保证经济增长的重要因素就是资本贫乏。中国较高的储蓄率为中国的初期资本积累提供了有效的支持，实现了科技跨越。针对目前投资效益下降的问题，需要做好两方面工作：一是推动实体经济发展，引导投资流向实体经济领域，提高其收益率；二是持续推进市场经济建设，完善相关法律法规，充分发挥市场的决定性作用，打造良好的营商环境。

第三，加强对外联系。对外联系是中国经济发展的核心动力之一，中国从国外引进了先进管理理念、资金和技术，激发了中国经济潜能，中国和世界实现了双赢。不过目前税收成本、财务成本、人力成本、物力成本的不断攀升，影响了出口产品的国际竞争力。这就需要：一方面，不断深化改革，减少企业税收和财务压力；另一方面，提高产品的技术附加值，改变原有大而广的出口格局。

第四，优化宏观调控政策。通过消费、投资、净出口三个模块。税收、人民币汇率、贷款利率等宏观调控工具具有巨大的作用。中国未来的经济平稳较快增长仍然需要充分发挥这些宏观调控工具的作用。一是不断优化货币政策，推动汇率市场化和利率市场化改革；二是不断优化财政政策，促进资源更多流向具有更大效益、更大潜力的领域；三是做好货币政策和财政政策的协调配合。

第7章

中观层面、微观层面中国经济增长的动力

7.1 中观层面中国经济增长的动力

国民经济可以分成不同的行业，行业就是经济增长的中观层面动力。一般将国民经济行业分为第一、第二、第三三大行业，各个行业之间是相互联系的。

7.1.1 产业结构变化及投入产出分析情况

从三次产业结构变化来看，1978～2020年，第三产业增加值与国内生产总值相比，比重呈现不断上升趋势，1978年为24.6%，2020年为54.5%，提高了29.9%，年均提高0.7%（见图7.1）。第二产业增加值与国内生产总值相比，2020年为37.8%，1978年为47.7%，下降了9.9%，年均下降0.2%，比重呈现缓慢下降趋势。第一产业产值与国内生产总值相比，2020年为7.7%，1978年为27.7%，下降了20个百分点，年均下降0.5%。

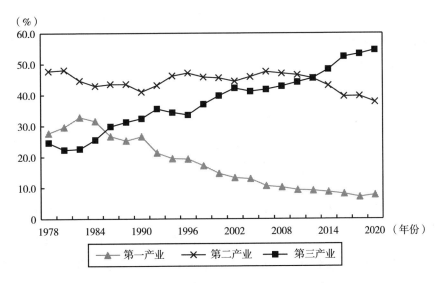

图 7.1　1978 ~ 2020 年中国三次产业结构情况

资料来源：国家统计局. 中国统计年鉴［M］. 北京：中国统计出版社，2020.

　　投入产出分析表对于行业的分析非常有效，该方法可以构建中间流量矩阵，可以清晰地说明投入行业、投入量、产出行业、产出量，从而明确地解释投入和产出过程。[①] 前向联系与后向联系在投入产出分析中经常被用来分析行业的重要程度。前向联系用于衡量消耗或使用其产品的行业与行业本身的依存和联系。后向联系用于衡量供给其投入的行业与行业本身的依存和联系。前向联系可以使用感应度系数或前向系数来进行定量化的测算，后向联系可以使用影响力系数或后向系数来进行定量化的测算。[②]

　　感应度系数为：

$$\theta_i = \frac{\dfrac{1}{n}\sum_{i=1}^{n} \tilde{g}_{ij}}{\dfrac{1}{n^2}\sum_{j=1}^{n}\sum_{i=1}^{n} \tilde{g}_{ij}}, i = 1,2,\cdots,n \qquad (7-1)$$

　　θ_i 为矩阵 $(I-H)^{-1}$ 的元素，矩阵 $(I-H)^{-1}$ 也被称为完全感应系数矩

　　① Leontief W. W. Quantitative Input and Output Relations in the Economic System of the United States ［J］. The Review of Economics and Statistics, 1936, 18 (3)：105 - 125.

　　② 陈锡康，杨翠红. 投入产出技术 ［M］. 北京：科学出版社，2011.

阵。θ_i 测算了第 i 个行业单位增加值的增加对其他行业的推动作用大小。感应度系数大于1、等于1、小于1，分别表示行业的推动作用大于、等于、小于平均水平。

影响力系数为：

$$\delta_j = \frac{\dfrac{1}{n}\sum_{i=1}^{n}\tilde{b}_{ij}}{\dfrac{1}{n^2}\sum_{j=1}^{n}\sum_{i=1}^{n}\tilde{b}_{ij}}, j = 1, 2, \cdots, n \qquad (7-2)$$

其中，$\tilde{b}_{ij}$ 为矩阵 $(I-A)^{-1}$ 的元素，矩阵 $(I-A)^{-1}$ 也被称为列昂惕夫逆矩阵。δ_j 测算了第 j 个行业单位最终需求的增加对其他行业拉动作用的大小。影响力系数大于1、等于1、小于1，分别表示行业的拉动作用大于、等于、小于平均水平。

分别测算感应度系数和影响力系数。感应度系数显示，前5位分别为开采辅助活动和其他采矿产品等行业，全是第二产业的行业。影响力系数显示，前5位分别为计算机、视听设备等行业，也全部属于第二产业（见表7.1）。测算三次产业的感应度系数，分别为1.03、1.04、0.91，影响力系数分别为0.71、1.1、0.82（见表7.2）。从感应度系数和影响力系数，可以发现，第二产业的推动、拉动作用都比较高，第三产业的推动、拉动作用都比较低，第一产业推动作用较高，拉动作用都较低。

表7.1　　　　　　　　　行业的影响力系数和感应度系数

行业	感应度	排名	行业	影响力	排名
开采辅助活动和其他采矿产品	3.35	1	计算机	1.43	1
石油和天然气开采产品	3.25	2	视听设备	1.39	2
有色金属矿采选产品	3.09	3	通信设备	1.38	3
黑色金属矿采选产品	2.91	4	广播电视设备和雷达及配套设备	1.36	4
废弃资源和废旧材料回收加工品	1.94	5	文化、办公用机械	1.34	5

资料来源：国家统计局. 中国统计年鉴［M］. 北京：中国统计出版社，2020.

表 7.2	产业的影响力系数和感应度系数	
产业	感应度系数	影响力系数
第一产业	1.03	0.71
第二产业	1.04	1.1
第三产业	0.91	0.82

通过测算感应度系数和影响力系数，可以发现，第二产业对中国经济增长的推动和拉动作用都比较强，不过目前第二产业出现一定程度的竞争力下滑，最终给中国经济增长带来了一定压力。

7.1.2　行业的贡献率分析

分析各行业对国民经济的推动作用还可以使用贡献率指标，贡献率可以表示为：

$$Con_{it} = \frac{\Delta Val_{it}}{\Delta GDP_t} \times 100\% \qquad (7-3)$$

其中，第 t 时期 GDP 增量为 ΔGDP_t，第 t 时期第 i 行业的增加值增量为 ΔVal_{it} 表示。

整体来看三次产业贡献率，2000~2022 年第三产业贡献率呈现波动中逐渐上升的态势，2000 年为 37.4%，2022 年为 54.7%；第二产业贡献率出现了比较明显的下降，2000 年为 56.9%，2022 年为 38.9%，下降了 18 个百分点；第一产业贡献率则基本稳定，略微有所上升，2000 年为 5.6%，2022 年为 6.5%（见表 7.3）。

表 7.3			部分年份各行业贡献率			单位：%	
年份	第三产业	第二产业	第一产业	工业	金融	批发零售	房地产
2000	37.4	56.9	5.6	54.3	3.3	6.1	26.0
2001	36.2	59.6	4.1	56.9	3.8	6.0	4.3
2002	49.0	46.4	4.6	42.0	4.1	8.9	4.2
2003	46.5	49.4	4.1	44.3	3.9	7.9	3.1
2004	39.0	58.0	3.1	51.6	3.5	8.1	1.3

续表

年份	第三产业	第二产业	第一产业	工业	金融	批发零售	房地产
2005	40.8	51.8	7.4	47.6	2.1	5.3	10.3
2006	44.3	50.5	5.2	43.1	5.4	9.0	4.1
2007	45.9	49.7	4.4	42.3	7.5	11.4	4.6
2008	47.3	50.1	2.7	43.8	8.0	11.2	0.2
2009	46.2	48.6	5.2	43.4	6.1	13.7	4.8
2010	43.7	52.3	4.0	40.7	8.6	11.1	15.3
2011	39.0	57.4	3.6	49.6	4.4	12.3	2.2
2012	43.9	52.0	4.1	45.9	5.0	11.4	2.1
2013	45.0	50.0	5.0	41.9	7.4	11.7	3.3
2014	47.3	48.5	4.2	40.5	8.5	12.4	1.2
2015	49.9	45.6	4.5	36.9	9.1	13.0	31.2
2016	55.9	39.7	4.4	32.7	15.6	9.2	6.5
2017	60.0	36.0	4.0	28.3	5.7	11.0	3.8
2018	61.1	34.2	4.6	30.2	5.5	11.2	2.0
2019	61.5	34.4	4.1	30.2	5.6	9.9	2.0
2020	63.5	32.6	4.0	26.8	8.6	9.4	77.1
2021	46.3	43.3	10.4	34.9	20.4	-4.0	1.9
2022	54.7	38.9	6.5	37.9	3.9	12.3	-6.4

资料来源：国家统计局. 中国统计年鉴 [M]. 北京：中国统计出版社, 2023.

再继续对行业进行细分，工业贡献率的下降导致了第二产业贡献率的下降，2000 年工业贡献率高达 54.3%，也就是工业对中国经济增长的贡献超过一半，而到了 2022 年贡献率仅有 37.9%，下降了 16.4 个百分点。进行贡献率讨论能够发现，第三产业和第一产业对国民经济的贡献正在逐步代替第二产业，这不是正常现象。根据产业结构变迁规律，整体产业结构呈现由第一产业转移的第二产业再转移到第三产业的趋势。第二产业的变化主要出现在工业化阶段第二产业占比逐渐上升，后工业化阶段第二产业占比下降。目前，中国第二产业贡献率下降伴随了第一产业贡献率上升，而第一产业的科技进步速度往往比较低，那么这种现象的出现只能解释为中国第二产业的竞争力呈现下降趋势。观察 1999～2022 年中国规模以上工业企业的数量，可以发现，近年来规模以上工业企业数量的增长速度趋缓（见图 7.2）。

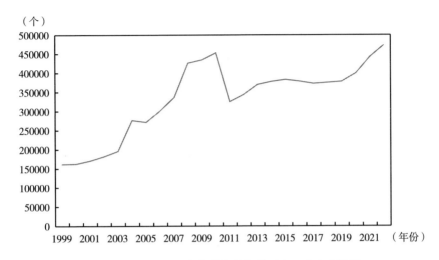

图 7.2 1999～2021 年部分年份规模以上工业企业数量

资料来源：国家统计局. 中国统计年鉴［M］. 北京：中国统计出版社，2023.

图 7.3 显示了 2000～2022 年规模以上工业企业利润总额增速情况。长时间序列显示规模以上工业增加值增速指标呈现了一定程度的下滑趋势。第二产业对中国经济增长举足轻重，随着第二产业，尤其是工业的下滑，中国整体经济增长必然出现下滑趋势。

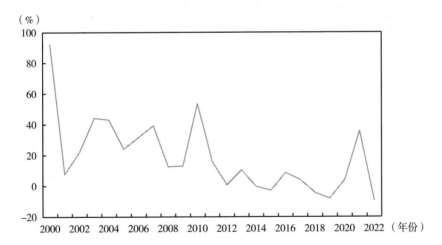

图 7.3 2000～2022 年部分年份规模以上工业企业利润总额增速情况

资料来源：国家统计局. 中国统计年鉴［M］. 北京：中国统计出版社，2023.

7.2 基于收入法框架的房地产业对中国经济增长的贡献分析

在对中国经济增长的讨论中还必须讨论房地产行业,有一种观点认为,净出口是中国经济增长的外在动力,房地产是中国经济增长的内在动力。中国近几年经济增长趋缓与房地产发展缓慢密不可分,相当一批房地产公司发展陷入了困境。表7.3测算的各行业贡献率显示,单独从房地产业来看,房地产对中国经济增长的贡献率除了极个别的年份之外,贡献率并不高,即使与第三产业中国的批发零售业和金融业相比也存在一定差距,更不用说与工业贡献率比较差距更大。

通过前面的分析,能够得出结论,房地产还无法对中国经济形成绝对性的支撑作用,那么房地产业发展对各参与要素的回报率又是怎样呢?在国民经济核算中,收入法从供给的角度,分析资本、管理、人力等生产要素通过参与生产过程获得的收益。运用收入法框架对房地产的影响进行分析,房地产的收益主要影响三大参与方,营业利润由资本拥有者获得,工资收入由劳动者获得,财政收入上交给政府。

7.2.1 营业利润

对于房地产公司而言,参与生产经营活动的最终目的是获取营业利润。一般来说,房地产发展的情况不好,其获取的营业利润就比较低,房地产发展的情况好,其获取的利润就比较高。中国的房地产虽然有所波动,近期以来也有过高速发展时期,房地产公司的利润应该比较高。但是从近期各房地产公司的经营状况来看,财务杠杆是推动房地产的发展的重要因素,其利润并没有想象的那么高。

7.2.2　吸纳就业

国民经济分为 20 个行业门类，从城镇就业人员来看，制造业、建筑业、教育就业人员占总就业人员的比重排名前三位，分别为 22.4%、11.9%、11.7%。房地产行业吸纳的就业并不多，排名第 11 位，仅占 2.3%。其他行业与房地产行业相比，吸纳就业要多得多，制造业、建筑业、教育就业人员是房地产就业人员的 7.3 倍、3.9 倍、3.8 倍。从第三产业的细分行业来看，第三产业中就业人员排名前三的行业为公共管理、社会保障和社会组织、教育、卫生和社会工作，就业人员占总就业人员的比重分别为 11.9%、11.7% 和 6.7%（见图 7.4）。

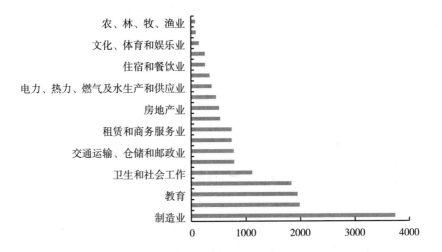

图 7.4　2022 年城镇非私营单位就业人数情况

资料来源：国家统计局. 中国统计年鉴［M］. 北京：中国统计出版社，2023.

7.2.3　财政收入

有一种讨论认为，中国房地产的发展来源于地方政府的推动，原因在于地方政府可以从房地产的发展中获得财政收入。房地产行业发展对财政收入的影响可以分为窄口径、中口径、宽口径三种口径。[①]

窄口径指的是房地产发展带来的税收收入，可以分为间接税、直接税两类。间接税主要是与房地产业有关的税收，例如，房地产企业的房产税、企业所得税。直接税主要是房地产发展带来的直接税收，例如，契税、耕地占用税、土地增值税、城镇土地使用税。吴灿燕等（2009）的研究发现，在 2007 年，浙江省地方政府财政收入中的 15.29% 来自房地产业产生的间接税收，地方政府财政收入中的 9.35% 来自房地产业产生的直接税收，也就是地方政府财政收入中的 24.64% 来自房地产产生的间接税收与直接税收。[②]

中口径除了包含窄口径的统计范围，还纳入了土地出让金。土地出让金之所以会成为地方政府的财政支柱源于中国进行的税收改革。在 1994 年分税制改革之前，在整体财政收入中，地方政府占财政收入的大部分，中央政府占财政收入的小部分，结果中央政府的财力比较小。分税制改革之后，中央政府占财政收入的比重大大提高，地方政府占财政收入的比重大大降低，而地方政府的事权却没有减少，这就导致财权和事权不统一。于是地方政府为了完成事权，必须拓展财源，土地出让金迅速成为地方政府财政的重要来源。[③] 闫衍（2023）估计 2022 年土地相关税收为 1.9 万亿元，占一般公共预算收入的 20% 左右，国有土地使用权出让收入 6.7 万亿元，占政府性基金预算收入的 90% 左右[④]。

宽口径将财政收入的口径进一步扩大，除了中口径的统计范围，进一步纳入了土地的隐性收入，如土地可以用于进行抵押贷款，这部分资金在一定时间内地方政府是可以支配的。现有的数据显示，在中国房地产迅速发展的同时，用于抵押贷款的土地面积大幅度增加。[⑤] 刘守英等（2005）研究发现，在东南沿海的一些县市，在基础设施的资金来源中，土地抵押

① 李尚蒲，罗必良. 我国土地财政规模估算 [J]. 中央财经大学学报，2010（5）：12 – 17.
② 吴灿燕，陈多长. 浙江省土地财政问题实证研究 [J]. 财经论丛，2009（3）：34 – 40.
③ 蒋省三，刘守英，李青. 土地制度改革与国民经济成长 [J]. 管理世界，2007（9）：1 – 9.
④ 闫衍. 我国土地财政的演化、困局与应对 [J]. 当代金融研究，2023（7）：13 – 27.
⑤ 杨圆圆. 土地财政规模估算及影响因素研究 [J]. 财贸经济，2010（10）：69 – 76.

贷款提供的资金占到了大部分①。

📊 7.3　微观层面中国经济增长的动力

经济增长的微观动力可以分为劳动力、科技创新、资源配置机制三种。从劳动力要素来看，劳动力要素是中国经济增长的微观要素之一，人口在中国经济发展中作出了巨大贡献。作为世界上人口最多的国家之一，中国人口占世界人口的比重长期维持在 20% 左右。改革开放前中期，计划生育国策实施之后，中国未成年人口占总人口比重迅速下降，劳动力人口占总人口比重迅速上升，人口红利开始显现，大量的劳动力人口使得中国的人力成本比较低，中国制造的产品国际竞争力非常强。但是，近年来，中国老龄化到来，老年人口占总人口比重迅速上升，劳动力人口占总人口比重不断下降，人口红利逐渐减小，劳动力成本逐渐上升。但另一方面，中国人口的受教育程度不断上升，人才红利开始显现，很大程度上弥补了人口红利的减少。

科技进步是经济增长中最活跃的因素，近期的科技进步有力支撑了中国经济腾飞。目前企业已经取代政府成为科技创新的主导力量，在 20 世纪 90 年代企业筹集的科技经费占总科技经费的比重不足 50%，到 2019 年，这一比重已经上升到 3/4 左右。自 2004 年以来，欧盟开始发布《欧盟产业研发投入记分牌》，根据 2020 年的报告，在 2500 家公司中，中国上榜企业约占 20%，总研发投入同比增长超过 20%。中国公司中，华为排名最高，阿里巴巴、中国建筑、中国石油等企业也进入了前 100 名（见表 7.4）。可以看出，中国企业目前研发投入在量和质上都有明显的提升，而且民营企业和国有企业一样，都非常重视科技研发，为中国经济增长提供了非常重要的支撑力量。

---

① 刘守英，蒋省三. 土地融资与财政和金融风险——来自东部一个发达地区的个案 [J]. 中国土地科学，2005（10）：3-9.

表7.4　　　　　　　　　　　　部分公司研发投入情况

排名	公司	国家	研发强度（%）	研发投入（亿欧元）	增长（%）
1	谷歌	美国	16.1	231.6	24.4
2	微软	美国	13.5	171.5	14.2
3	华为	中国	15.3	167.1	31.2
4	三星	韩国	8.8	155.2	8.3
5	苹果	美国	6.2	144.4	13.9
26	阿里巴巴	中国	8.5	54.9	15.1
46	腾讯	中国	8.1	38.7	32.5
54	中国建筑	中国	1.6	27.9	37.5
66	百度	中国	17.1	23.4	16.3
73	中国铁建	中国	2	21.1	42.8
74	中国铁路	中国	1.9	21	22.9
78	中国石油	中国	0.6	20	11.2
81	上汽	中国	1.9	18.8	-7.2
95	中兴	中国	14.4	16.6	13.7

资料来源：The 2020 EU Industrial R&D Investment Scoreboard ［EB/OL］. European Commission，2021.

中国的资源配置机制逐渐确定为中国特色社会主义市场经济，原有计划经济逐渐被放弃。相对于计划经济体制，市场经济体制更能发挥市场要素的潜力，更可以调动市场要素的积极性。另外，中国的市场经济体制是具有中国特色的市场经济体制。与西方的市场经济体制不同，中国特色的市场经济体制严格依据中国国情，充分考虑中国自身特点。世界上许多国家在建设市场经济过程中照搬照抄西方经验，"华盛顿共识""休克疗法"大行其道，自由化、私有化大力盲目推进，造成国家混乱。中国绝不照搬照抄西方经验，将有为政府和有效市场相结合，使得看得见的手和看不见的手协调互动，最终实现经济平稳较快增长。

另外，也应该关注到。微观层面的动力也出现了一些需要关注的方面。从劳动力要素来看，中国老龄化逐渐加深。改革开放初期，中国未成年人口占总人口比重超过1/3，目前中国未成年人口占总人口比重已不足

20%，下降了十几个百分点。与此同时，中国 65 岁以上老龄人口占总人口比重已超过 10%。① 按照目前的趋势，中国的未成年人口占总人口比重将进一步下降，老年人口占总人口比重将进一步上升，劳动力压力会进一步加大。

在科技创新方面，中国企业科技创新与部分国家、地区差距仍然存在，从《2020 年欧盟产业研发投入记分牌》来看，中国企业研发总投入增速虽然高于美国，但是总量约相当于美国的 1/3 左右。中国在资源配置机制改革方面存在较大的区域差距，主要体现在改革方面的南北差距和东西差距。北部地区和中西部地区的市场经济发展落后于南部地区和东部地区，经济发展水平也对应了市场经济发展差距，北部地区和中西部地区经济发展水平低于南部地区和东部地区。

▋ 7.4　本章小结

从经济长期平稳发展来看，中观和微观层面都应该采取有效措施强化发展动力，为经济发展提供有效支撑。

从中观层面来看，要统筹发展三次产业。中国的产业结构目前正在变化过程当中，随着经济发展水平逐渐提高，中国产业结构正在由"二一三"变化为"三二一"。研究发现，我国经济增长的关键力量仍然是第二产业，第二产业发展趋缓导致了中国近期经济下滑，所以应该坚定不移夯实第二产业，加强实体经济支撑。另外，第一产业是国民经济的基础，要不断推进第一产业发展，夯实国民经济基础。第三产业是未来经济发展的潜力点，要加快第三产业发展，为经济增长注入新活力。在产业发展中，要特别注意房地产的健康发展。房地产业是国民经济的重要组成部分，与人民群众生活紧密相关。下一步要化解土地财政，促进房地产业持续健康发展。

---

① 国家统计局. 中国统计年鉴 [M]. 北京：中国统计出版社，2023.

从微观层面来看，要激发要素活力。一是对生育政策进行调整，制定一定的人口激励政策，保持人口的合理增长，还要加强公共服务事业的发展，提高人口红利。二是促进科技创新，优化科技创新环境，加大科技创新投入，加强科技创新保护。三是继续深化改革，尤其是加强发展较缓慢的中西部地区的改革力度。

第4篇

科技创新与中国经济增长

近代以来，人类发起了若干次科技革命，每一次科技革命的出现都伴随着人类生产力的跨越式发展。按照出现的先后顺序可以分为：工业革命、电气革命、信息革命。人类文明已经有几百万年，工业革命之后人类仅发展了几百年，但是近几百年人类创造的财富与工业革命之前几百万年创造的财富相比，完全不是一个数量级。科技进步是第一生产力，作为世界上最大的发展中国家之一，中国必须持续推动经济增长，这意味着必须持续推动科技进步。本书运用多种模型对科技创新对中国经济增长的影响进行了深入讨论，发现科技创新起到了非常重要的作用，为实现中国经济的平稳较快增长必须确保科技创新。

使用 Malmquist 指数研究发现，中国科技进步全要素生产率呈现增长趋势，但是平均速度仅为 0.3%，而且区域差异明显；使用省级面板数据研究发现，固定物力资本、人力资本、国外技术外溢在中国科技创新过程中，发挥了不同的作用。使用面板门槛模型对中国企业研发支出影响因素进行研究，发现门槛效应比较显著。未来中国应加强物力资本积累，强化人力资本积累，继续扩大开放，不断增强中国创新能力，统筹协调区域科技创新发展，为中国经济的长期平稳较快发展提供技术支持。

第 **8** 章

科技创新对中国经济
增长的影响

从人类发展的历史观察，一个国家、一个民族的长期发展决定于科技进步。在研究人类发展史时，经常将发展水平较高的地区确定为发展的标准，称其为世界时钟。中国曾经长期是世界发展的标准，但是，近代以来，中国的发展水平开始落后于西方，世界时钟也转移到西方。以前中国的科技进步以经验总结为主，中国拥有广袤的国土和巨大的人口，经验总结式的科技进步在中国发展水平高于其他地区。但是自宋代以后，科技进步方式主要开始以科学实验为基础，通过科学实验来验证科学理论，推动科学理论进步，并产生大量的发明创造推动经济发展。而中国未及时实现这种转变，科学研究及经济发展都与西方出现了较大的差距。①

许多学者关注了科技进步对经济增长的影响。索罗（Solow，1956，1957）对美国 1909~1949 年间的生产率进行了估算，认为该时期的技术进

---

① 林毅夫. 李约瑟之谜、韦伯疑问和中国的奇迹——自宋以来的长期经济发展 [J]. 北京大学学报（哲学社会科学版），2007（4）：5-22.

步呈中性特征，对人均产出增长的贡献率接近90%[1][2]。尽管有学者对技术进步在经济增长中的贡献率持不同看法，认为其实际作用可能低于索罗的估计，但经济学界普遍认同创新在推动国民财富增长中的核心作用。经济学家们对技术进步的概念进行了广泛拓展。[3][4][5] 中国学者的研究也进一步印证了科技创新在中国经济增长中的关键作用。周绍森（2010）通过深入分析我国1980~2007年经济增长数据，揭示了各增长因素的贡献比例。研究显著地指出，科技进步在这一时期对经济增长的贡献率高达45.62%。更令人振奋的是，研究预测科技进步对经济增长的贡献率有望进一步攀升至约60%[6]。范柏乃等（2004）发现科技投入是中国经济增长的重要原因[7]。李宏彬等（2009）采用动态面板系统广义矩估计方法进行了一项研究。研究结果有力地证明了创新创业对经济增长具有积极的影响。这一发现不仅凸显了创业和创新在推动经济发展中的重要作用，也为政策制定者提供了宝贵的参考依据。[8] 本章使用多种模型研究科技进步对中国经济增长的影响，以期得出一些有益结论。

① Solow R. M. A Contribution to the Theory of Economic Growth [J]. The Quarterly Journal of Economics, 1956, 70 (1): 65 –94.

② Solow R. M. Technical Change and the Aggregate Production Function [J]. The Review of Economics and Statistics, 1957, 39 (3): 312 –320.

③ Romer P. M. Growth Based on Increasing Returns Due to Specialization [J]. American Economic Review, 1987, 77 (2): 56 –62.

④ Lucas R. E. Jr. On the Mechanism of Economic Development [J]. Journal of Monetary Economics, 1988 (22): 3 –42.

⑤ Aghion P., Howitt P. A Model of Growth through Creative Destruction [J]. Econometrica, 1992, 60 (2): 323 –351.

⑥ 周绍森, 胡德龙. 科技进步对经济增长贡献率研究 [J]. 中国软科学, 2010 (2): 34 –39.

⑦ 范柏乃, 江蕾, 罗佳明. 中国经济增长与科技投入关系的实证研究 [J]. 科研管理, 2004 (5): 104 –109.

⑧ 李宏彬, 李杏, 姚先国, 张海峰, 张俊森. 企业家的创业与创新精神对中国经济增长的影响 [J]. 经济研究, 2009 (10): 99 –108.

8.1　基于多模型的科技创新对中国经济增长的贡献研究

8.1.1　多元线性回归模型

OLS 模型是研究多变量问题最经典、最普遍的模型。参考现有经济理论，梳理现有成果，本书认为除了科技创新之外，还有人力资本、物质资本、科技进步、能源和对外交流。科技进步情况使用专利批准数量来测算，人力资本使用教育年限法来测算，物资资本使用永续盘存法来测算，能源使用能源消费总量来测算，对外交流使用对外贸易总额来测算。[①]

8.1.1.1　原始序列的多元线性回归模型

经济总量变量使用 GDP 表示、科技进步变量使用 PAT 表示、人力资本变量使用 HUM 表示、物资资本使用 MAT、能源因素变量使用 ENE 表示、对外交流变量使用 TRA 表示，建立的多元线性回归模型如下：

$$GDP = \alpha MAT + \beta HUM + \eta PAT + \gamma TRA + \omega ENE \qquad (8-1)$$

使用最小二乘估计法估计得：

$$GDP = 2.1MAT + 0.06HUM - 0.04PAT - 0.18TRA + 0.23ENE$$
$$8.98^{***} \quad 1.59 \quad\quad -1.13 \quad\quad -0.94 \quad\quad 1.35$$
$$R^2 = 0.99 \qquad\qquad\qquad\qquad\qquad\qquad\qquad (8-2)$$

从模型的基本情况来看，所构建的模型简直是灾难性的。仅物质资本显著，其他变量均不显著[②]。但是，决定系数接近 1。多元线性回归模型需要符合多种假设，如果不符合这些假设，那么结果可能就不理想。对于解

---

① 高铁梅. 计量经济分析方法与建模——EViews 应用及案例（第二版）［M］. 北京：清华大学出版社，2009.

② 本章模型中 ***、**、* 分别表示通过 0.01、0.05、0.1 的显著性水平检验。

释变量一般要求解释变量要具有变异性，在样本空间上解释变量是逐渐变化的，但是其方差在一定的范围内，其极限为有限常数。这个假设主要是防止出现虚假回归的问题。虚假回归指的是，如果数据是不平稳的，有明显趋势，那么即使数据之间没有线性关系，其回归的结果也可能显示有较强的线性关系。这就要求，在进行线性回归建模之前，必须先确定数据是平稳的，也就是先进行平稳性检验。平稳性检验一般使用检验单位根来确定，比较常用的是 ADF 检验：

$$\Delta X_t = \delta X_{t+1} + \sum_{i=1}^{m} \beta_i \Delta X_{t-t} + \varepsilon_t$$

$$\Delta X_t = \alpha + \delta X_{t+1} + \sum_{i=1}^{m} \beta_i \Delta X_{t-t} + \varepsilon_t$$

$$\Delta X_t = \alpha + \beta t + \delta X_{t+1} + \sum_{i=1}^{m} \beta_i \Delta X_{t-t} + \varepsilon_t \qquad (8-3)$$

式（8-3）包含的 3 个检验只要有一个检验通过，那么序列就是平稳的。对原始序列进行单位根检验来判断平稳性，检验结果不太理想。单位根检验的结果说明，使用这些时间序列变量来建模说服力不足，有可能存在虚假回归的问题（见表 8.1）。

表 8.1　　　　　　　　　　　原始序列的数据平稳情况

变量	GDP	MAT	HUM	PAT	TRA	ENE
ADF Test Statistic	-1.45	-2.74	-2.49	3.92	-1.89	-2.61
Prob	0.53	0.07	0.32	1	0.63	0.27

8.1.1.2　对数序列的多元线性回归模型

假定中国宏观生产函数也是柯布道格拉斯形式：

$$GDP = MAT^{\alpha} HUM^{\beta} PAT^{m} TRA^{\gamma} ENE^{\omega} \qquad (8-4)$$

对该模型两端取对数进行线性变换：

$$\ln GDP = 0.74 \ln MAT + 0.39 \ln HUM + 0.1 PAT + 0.16 TRA - 0.37 ENE$$

$$\qquad\quad 16.68^{***} \qquad 9.4^{***} \qquad\quad 4.73^{***} \quad 5.43^{***} \quad -5.94^{***}$$

$$R^2 = 0.99 \qquad\qquad\qquad\qquad\qquad\qquad (8-5)$$

模型的整体拟合情况比较好，所有变量均通过了显著性检验，决定系数接近于 1，也就是解释变量可以解释绝大部分被解释变量。不过需要注意的是，该模型仍然是时间序列模型，检验平稳性仍然是前提条件，否则可能出现虚假回归，检验结果如表 8.2 所示。

表 8.2　　　　　　　　　　　对数序列的数据平稳情况

变量	lnGDP	lnMAT	lnHUM	lnPAT	lnTRA	lnENE
ADF Test Statistic	−2.64	−4.68	−3.48	−4.61	−2.54	−3.07
Prob	0.09	0	0.01	0	0.11	0.13

对比原始序列的建模结果，所有变量的显著性检验均出现较大改善，物质资本、专利、人力资本、GDP 均在不同的显著性水平下检验显著。贸易变量和能源变量是未通过显著性检验，是不平稳的，有可能出现虚假回归，该模型的解释效果仍然需要进一步优化。

8.1.2　基于协整思想的分析

对于大多数经济时间序列变量，符合平稳性往往是比较少的，更多的经济时间序列变量呈现一定的趋势性，如果绝对要求时间序列变量必须平稳，意味着无法开展相应的研究。计量经济学者经过深入研究发现，如果变量之间存在长期均衡关系，即使变量出现了一定的偏离，也可以进行自我调整，逐步调整到均衡状态，也就是变量之间是协整的。即，$X_{1t}, X_{2t}, \cdots, X_{kt}$ 为 d 阶单整序列，假如向量 $\alpha = (\alpha_1, \alpha_2, \cdots, \alpha_k)$，满足 $Z_t = \alpha X'_t \sim I(d-b)$，其中，$b > 0$，$X_t = (X_{1t}, X_{2t}, \cdots, X_{kt})'$，序列 $X_{1t}, X_{2t}, \cdots, X_{kt}$ 是 (d, b) 阶协整，记为 $X_t \sim CI(d, b)$，协整向量为 α。[①]

8.1.2.1　协整思想的应用

差分是将非平稳时间序列处理为平稳时间序列的良好办法，差分处理

① 李子奈，潘文卿.计量经济学（第三版）[M].北京：高等教育出版社，2010.

之后，数据的平稳情况如表8.3所示。

表8.3　　　　　　　　　差分序列的数据平稳情况

变量	二阶差分		一阶差分	
	ADF Test Statistic	Prob	ADF Test Statistic	Prob
GDP	−7.57	0	−3.25	0.09
MAT	−3.44	0	−1.6	0.1
HUM	−6.25	0	−5.81	0
PAT	−3.61	0	−1.23	0.88
TRA	−7.15	0	−4.42	0.01
ENE	−4.35	0	−0.98	0.28

在0.1的显著性水平下，国内生产总值变量、物质资本变量、人力资本变量、对外交流变量进行一阶差分之后可以达到平稳或者接近平稳，科技进步变量、能源变量进行二阶差分之后可以达到平稳。协整的思想主要是模型建立之后，所有的信息由解释变量来解释，随机干扰项中不再含有有用的信息，是平稳的。原始序列中，国内生产总值变量、物质资本变量、人力资本变量、对外交流变量是一阶单整的，科技进步变量、能源变量是二阶单整的，存在协整的可能。建立多元线性回归模型，残差的图形如图8.1所示，基本上在零附近，多元线性回归模型的模拟结果比较优良。

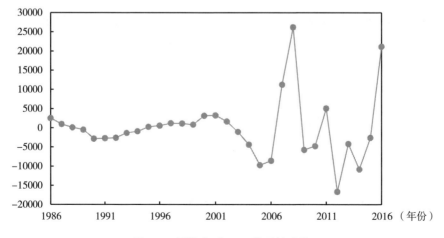

图8.1　原始序列 OLS 模型的残差

　　以 0.1 作为显著性水平标准，国内生产总值变量、物质资本变量、人力资本变量、科技进步变量的对数都是平稳序列，对外交流的对数为 1 阶单整序列，能源消费的对数为 2 阶单整序列，不符合构建协整模型的条件。不过能源消费对数 1 阶单整检验的 P 值为 0.13，非常接近 0.1 的显著性水平。对数序列多元线性回归模型的残差图为图 8.2，残差在均值 0 附近变化，且通过了平稳性检验，可以认为残差是平稳的，该模型具有较高的参考价值。

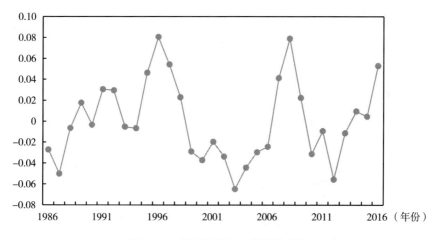

图 8.2　对数序列 OLS 模型的残差

8.1.2.2　误差修正模型的拟合情况

　　非平稳时间序列进行差分之后，形成的差分序列可以用于构建误差修正模型，先构建多元线性回归模型进行模拟，如下：

$$\Delta GDP = 1.82\Delta MAT + 0.08\Delta HUM - 0.04\Delta^2 PAT + 0.18\Delta TRA - 0.35\Delta^2 ENE$$

$$14.66^{***} \qquad 0.81 \qquad\quad -3.32^{***} \qquad 1.59 \qquad\quad -1.21$$

$$R^2 = 0.88 \tag{8-6}$$

　　从拟合情况来看，模型的拟合情况比较差，除了物质资本变量差分项和科技进步变量差分项显著，其他变量均不显著。决定系数不到 0.9，尽管解释变量可以解释大部分被解释变量，不过与前面的模型相比，该模型的解释能力大幅度下降。误差修正模型如下所示：

$$\Delta GDP = 1.81\Delta MAT + 0.07\Delta HUM - 0.04\Delta^2 PAT + 0.2\Delta TRA$$
$$ 13.87^{***} 0.74 -2.9^{***} 1.55$$
$$ -0.32\Delta^2 ENE + 0.08ECM$$
$$ -1.05 0.32$$
$$R^2 = 0.87 \tag{8-7}$$

误差修正模型的拟合情况也比较差，只有物质资本变量差分项和科技进步变量差分项显著。决定系数不到 0.9，解释力仍然比较高。不过与其他模型比较来看，解释力下降明显，甚至低于差分模型的拟合效果。[①]

8.1.3　岭回归

梳理构建的前述模型，可以发现，解释变量的显著性不强，而决定系数比较高，有可能数据有多重共线性。对条件数和方差膨胀因子进行检验，确实存在多重共线性。岭回归是克服多重共线性的有效方法，尽管提高了估计效果，不过也牺牲了拟合精度。给定约束 $\sum_{j=1}^{p}\beta_j^2 \leq s$，符合下式：

$$(\hat{\alpha}^{(ridge)}, \hat{\beta}^{(ridge)}) = \operatorname*{argmin}_{(\alpha,\beta)} \sum_{i=1}^{n}\left(y_i - \alpha - \sum_{j=1}^{p}x_{ij}\beta_j\right)^2 \tag{8-8}$$

使用岭回归方法估计原始序列得出：

$$GDP = 0.47MAT - 0.03HUM + 0.22PAT + 0.16TRA + 0.2ENE$$
$$ 21.55^{***} 0.11 7.62^{***} 1.95 5.37^{***}$$
$$R^2 = 0.99 \tag{8-9}$$

从拟合结果来看，模型的模拟结果相对可以，物资资本变量、科技进步变量、能源消费变量检验显著。人力资本变量、对外交流变量不显著。

---

① 达摩达尔·N. 古扎拉蒂，唐·N. 波特. 计量经济学基础 [M]. 费建平译. 北京：中国人民大学出版社，2014.

决定系数接近 1，说明解释变量可以解释大部分被解释变量。[①]

使用岭回归对对数序列进行估计：

$$\ln GDP = 0.23\ln MAT + 0.17\ln HUM + 0.22\ln PAT + 0.17\ln TRA + 0.21\ln ENE$$

$$68.49^{***} \qquad 32.74^{***} \qquad 55.9^{***} \qquad 24.03^{***} \qquad 31.77^{***}$$

$$R^2 = 0.98 \qquad\qquad\qquad\qquad\qquad\qquad\qquad\qquad (8-10)$$

从拟合情况来看，模拟结果非常优良，所有变量均通过了显著性检验。决定系数接近 1，解释变量可以解释大部分被解释变量。

8.1.4　算法建模

上面的分析均使用计量模型，但是计量模型需要大量的假设。一旦这些假设中，有的假设不符合，那么最终的模拟结果就将受到很大的影响。假设条件如此之多，所有的条件都符合是往往是不可能的。例如，对于多元线性回归模型，需要六条基本假设，我们重点讨论了可决系数和变量显著性检验，如果进行序列相关检验，残差均存在序列相关性。算法建模近期发展非常迅速，相对于计量模型，算法建模不需要研究假设。随机森林算法是比较有代表性的算法之一，运用该方法生成向量 $\Theta_1, \Theta_2 \cdots \Theta_k$ 是独立同分布的。基于训练集生成树 $h(X, \Theta_i), i = 1, 2 \cdots k$，$X$ 为输入特征向量。

之后，不断重复生成过程，相互独立的树建立起来后，这些树共同决定最终的结果。[②]

给定分类树 $h_1(x), h_2(x), \cdots, h_k(x)$，输入变量为 X, Y，定义余量函数：

$$mg(X, Y) = avg_k I(h_k(X) = Y) - \max_{Z \neq Y} avg_k(h_k(X) = Z) \qquad (8-11)$$

示性函数为 $I(\cdot)$，avg 为平均分类器。随机森林树余量函数为：

[①]　杰弗里·M. 伍德里奇. 计量经济学导论 [M]. 费建平译. 北京：中国人民大学出版社，2010.

[②]　吴喜之. 复杂数据统计方法——基于 R 的应用（第二版）[M]. 北京：中国人民大学出版社，2013.

$$mr(X,Y) = P_\theta(h_\theta(X) = Y) - \max_{Z \neq Y} P_\theta(h_\Theta(X) = Z) \qquad (8-12)$$

θ 为分类模型，期望用分类器强度为：

$$s = E_{X,Y} mr(X,Y) \qquad (8-13)$$

使用随机森林算法对原始序列、差分序列、对数序列进行模拟，形成汇总表8.4。

■ 8.2　各种模型拟合效果的讨论

分别使用多元线性回归、随机森林、岭回归、误差修正模型对各变量的原始序列、差分序列、对数序列进行模拟。模型的评价参考可决系数、标准化均方误差两个指标。可决系数的取值范围为 0 到 1，可决系数越接近于 0，说明模拟结果越差，可决系数越接近于 1，说明模拟结果越差。标准化均方误差的取值范围也是 0 到 1，标准化均方误差越接近于 0，说明模拟结果越好，标准化均方误差越接近于 1，说明模拟结果越差（见表8.4）。

表8.4　　　　　　　　　　　原始序列各模型汇总情况

	变量	MAT	HUM	PAT	TRA	ENE	–	R^2	NMSE
原始序列	OLS	2.1 ***	0.06	−0.04	−0.18	0.23	–	0.99	0.01
	随机森林	0.85	0.94	0.8	1	0.82	–	–	0.15
	岭回归	0.47 ***	−0.03	0.22 ***	0.16	0.2 ***		0.99	0.02
	变量	ΔMAT	ΔHUM	Δ^2PAT	ΔTRA	Δ^2ENE	ECM	R^2	NMSE
差分序列	OLS	1.82 ***	0.08	−0.04 ***	0.18	−0.35	–	0.88	0.72
	误差修正模型	1.81 ***	0.07	−0.04 ***	0.20	−0.32	0.08	0.87	0.75
	随机森林	1	0.33	0.55	0.78	0.49	–	–	0.36
	变量	lnMAT	lnHUM	lnPAT	lnTRA	lnENE	–	R^2	NMSE
对数序列	OLS	0.74 ***	0.39 ***	0.1 ***	0.16 ***	−0.37 ***	–	0.99	0.002
	随机森林	0.86	0.84	0.89	1	0.89	–	–	0.08
	岭回归	0.23 ***	0.17 ***	0.22 ***	0.17 ***	0.21 ***		0.98	0.01

注：*** 、** 、* 分别表示通过 0.01、0.05、0.1 的显著性水平检验。

　　统筹来看，对数序列构建的模型模拟效果最好，原始序列构建的模型模拟效果居中，拟合效果最差的是差分序列构建的模型。差分序列构建的多元线性回归模型、误差修正模型的标准化均方误差均超过了 0.7。原始序列构建模型的标准化均方误差均不到 0.2，甚至小于 0.05，而可决系数均接近于 1。对数序列构建模型的标准化均方误差甚至小于 0.01，可决系数均接近于 1。另外，相对于误差修正模型、随机森林等复杂模型，多元线性回归、岭回归这些简单模型的预测效果更好，标准化均方误差较小。最后，还必须指出的是，由于多重共线性等不良性质影响，原始序列、差分序列对于单个变量的讨论不一定准确，模拟的系数大多情况下都小于零。随机森林和岭回归方法对数序列模型模拟得更加准确。

　　总体来说，研究科技创新对中国经济增长的影响不是某一种方法、某一个模型能够完成的，必须使用多种方法、多种模型进行讨论。大多数模型均显示科技进步对中国经济增长具有非常重要的作用，为了确保中国经济平稳较快增长，必须保证平稳的科技进步速度。

第9章

科技创新的影响因素

科技创新对一个国家、一个民族的发展非常重要，在既定的要素投入下，科技创新较高的国家产出比较高，而科技创新比较低的国家产出比较低。那么，科技创新的影响因素有哪些？科技创新自身需要考虑效率吗？答案是肯定的，科技创新也必须讨论效率，在同等投入之下，某一个经济体科技创新效率比较高，那么该经济体发展必然快，某一个经济体科技创新效率比较低，那么该经济体发展必然慢。本章分两个层面讨论中国科技创新情况：宏观层面讨论中国的科技创新情况，微观层面讨论中国企业的研发情况。

9.1 宏观层面科技创新情况

对于宏观层面的科技创新情况，使用面板模型进行讨论。面板数据模型既考虑了截面的数据分布情况，也考虑了时间序列的数据分布情况，也就是面板数据是三维的，可以更加全面、准确地描述数据特征，研究变量情况。①

---

① 达摩达尔·N. 古扎拉蒂，唐·N. 波特. 计量经济学基础［M］. 费建平译. 北京：中国人民大学出版社，2014.

9.1.1　中国科技创新面板数据模型的构建

使用变截距模型来反映个体影响对中国科技创新情况进行研究[①]。如下：

$$\ln(Patent_{it}) = \alpha_{it} + \beta\ln(Fix_{it}) + \gamma\ln(FDI_{it}) + \eta\ln(Human_{it}) + \mu_{it}$$

$$i = 1, 2, \cdots, N, t = 1, 2, \cdots, T$$

$$(9-1)$$

科技创新使用专利 $Patent_{it}$ 来表示，为产出项。投入项包括物质资本投入和人力资本投入两大类，物质资本投入分为国内物质资本投入和国外物质资本投入。国内物质资本投入使用国内固定资产投资 Fix_{it} 来表示，国外物质资本投入使用外商投资 FDI_{it} 来表示。人力资本投入使用人口 $Human_{it}$ 来表示。回归系数 β、γ 和 η 分别表示内部物质资本、外部物质资本和人力资本的影响。当 β、γ 和 η 小于零时，说明解释变量和被解释变量是负相关关系，科技创新随着投入因素的增加而减少，当 β、γ 和 η 大于零时，说明解释变量和被解释变量是正线性关系，科技创新随着投入因素的减少而减少，随投入要素的增加而增加。由于构建的模型为对数形式，系数 β、γ 和 η 为弹性系数，分别表示相应的产出弹性。

9.1.2　模拟结果

9.1.2.1　全国

$$\ln(Patent) = -2.11 + 0.84\ln(Fix) + 0.27\ln(FDI) + 0.27\ln(Human)$$

$$-1.86^{*} \quad 22.8^{***} \qquad 4.71^{***} \qquad 1.84^{*}$$

$$R^2 = 0.97 \qquad\qquad F = 402^{***} \qquad\qquad (9-2)$$

[①]　高铁梅．计量经济分析方法与建模——EViews 应用及案例（第二版）［M］．北京：清华大学出版社，2009.

全国模型的模拟结果比较优良，可决系数超过了 0.9，接近 1，说明解释变量可以解释绝大部分被解释变量，而且所有的解释变量均显著①。统筹来看，内部资本、外部资本和人力投入的作用不是同一的，人力资本投入和外部资本投入的影响相同，人力资本投入产出弹性和外部资本投入产出弹性接近 0.3，内部资本投入产出弹性为接近 0.9。

9.1.2.2　东部地区

$$\ln(Patent) = -15.62 + 0.79\ln(Fix) + 0.26\ln(FDI) + 2.01\ln(Human)$$
$$-4.32^{***}\quad 13.34^{***}\qquad 2.87^{**}\qquad\quad 4.15^{***}$$
$$R^2 = 0.96\qquad\qquad F = 281^{***}\qquad\qquad\qquad (9-3)$$

东部地区模型的模拟结果比较优良，可决系数超过了 0.9，说明解释变量可以解释绝大部分被解释变量。外部物质资本变量的投入产出弹性最小，不到 0.3②。内部物质资本变量的投入产出弹性居中，接近 0.8。人力资本变量的投入产出弹性最大，超过了 2。

9.1.2.3　中部地区

$$\ln(Patent) = 29.13 + 0.74\ln(Fix) + 0.53\ln(FDI) - 3.51\ln(Human)$$
$$1.98^{**}\quad 8.72^{***}\qquad 3.48^{***}\qquad\quad 2.01^{**}$$
$$R^2 = 0.92\qquad\qquad F = 122^{***}\qquad\qquad\qquad (9-4)$$

中部地区模型的模拟结果比较优良，可决系数超过了 0.9，说明解释变量可以解释绝大部分被解释变量。人力资本变量的投入产出弹性最小，小于 -3③。外部物质资本变量的投入产出弹性居中，超过 0.5。内部物质资本变量的投入产出弹性最大，超过 0.7。

9.1.2.4　西部地区

$$\ln(Patent) = -0.43 + 0.85\ln(Fix) + 0.18\ln(FDI) + 0.07\ln(Human)$$
$$-0.44\quad 16.92^{***}\qquad 2.49^{**}\qquad\quad 0.55$$
$$R^2 = 0.97\qquad\qquad F = 344^{***}\qquad\qquad\qquad (9-5)$$

---

①②③　本章模型中 ***、**、* 分别表示通过 0.01、0.05、0.1 的显著性水平检验。

　　西部地区模型的模拟结果相对比较差，可决系数超过了 0.9，说明解释变量可以解释绝大部分被解释变量，人力资本变量不显著，外部物质资本变量和内部物质资本变量显著。人力资本变量的投入产出弹性最小，不到 0.1。外部物质资本变量的投入产出弹性居中，不到 0.2。内部物质资本变量的投入产出弹性最大，超过 0.8。

　　将东部地区模型、中部地区模型和西部地区模型进行比较，各投入要素的影响有所不同。从自发影响来看，东部地区小于西部地区，西部地区小于中部地区。从人力资本因素来分析，如果人力资本因素发生变化，从响应情况来看，中部地区小于西部地区，西部地区小于东部地区。从外来资本要素来分析，如果外来资本要素发生变化，从响应情况来看，西部地区小于东部地区，东部地区小于中部地区。从内部资本要素来分析，如果内部资本要素发生变化，从响应情况来看，中部地区小于东部地区，东部地区小于西部地区。

　　从东部地区、中部地区、西部地区的整体科技创新情况来看，中部地区差于东部地区，东部地区差于西部地区。中部地区人力资本变量的系数为负值，而且负向拉动比较明显。东部地区除了自发影响为负值外，其他变量的系数均为正值，均是正向影响。西部地区自发影响大于 -1，说明负向拉动不大，其他变量的系数均为正值，均是正向影响。统筹来看，全国、东部地区、中部地区、西部地区的科技创新情况都不佳，科技创新效率需要进一步提升。

9.2　企业层面科技创新情况

　　企业是经济体发展的微观主体，企业发展情况如何将最终影响整体经济体的发展状况。从企业的发展来看，科技创新状况是企业发展的最终决定力量，特别是目前企业发展呈现赢者通吃的局面，拥有顶端优势的企业拿走绝大部分利润，少数企业拿走少部分利润，绝大部分企业没有利润，最终被顶端优势企业兼并。顶端优势的形成往往是该企业的科技创新能力强于其他企业，使用面板门槛模型来进行讨论。

9.2.1 模型设定

在建立计量模型时，通常假设模型的参数 β_i 是不变的，也就是在整个模拟过程中模型的结构不发生变化，可以使用同一模型对所有数据进行有效模拟。但是实际经济生产生活中发生的数据很难满足这一假设，使用固定系数模拟的结果会出现偏差，对变量关系的讨论也随之不准确。例如，对于时间序列数据，不同年份模型结构是否稳定；对于横截面数据，不同地区模型结构是否稳定；对于面板数据，不同年份、不同地区模型结构是否稳定等。这就需要对样本进行有效划分，也就是找到门限变量和门限值。门限变量和门限值可以采取以下定义：当某一变量对模型结构变化起决定性影响时即为门限变量，模型结构发生改变时门限变量的取值即为门限值。参数稳定性问题引起了计量经济学家的广泛讨论，并在经济学研究中得到广泛应用。

为了识别门限效应，计量经济学家提出了很多检验方法。邹至庄（1960）提出了根据模型残差变化进行参数稳定性检验的方法，即邹检验。对于连续时间序列模型：

$$\begin{cases} y_1 = X_1\beta_1 + 0\beta_1 + \varepsilon_1 \\ y_2 = 0\beta_1 + X_2\beta_2 + \varepsilon_2 \end{cases} \tag{9-6}$$

其中，X_1、X_2 为连续时间的自变量数据矩阵，y_1、y_2 为对应的因变量数据向量，β_1、β_2 为对应的参数向量。如果参数 β_1、β_2 发生改变，则意味着 $\beta_1 \neq \beta_2$，只能分段模拟。如果参数 β_1、β_2 稳定，模型可以改写为：

$$\begin{bmatrix} y_1 \\ y_2 \end{bmatrix} = \begin{bmatrix} X_1 \\ X_2 \end{bmatrix} \beta + \begin{bmatrix} \varepsilon_1 \\ \varepsilon_2 \end{bmatrix} \tag{9-7}$$

在 H_0：$\beta_1 = \beta_2 = \beta$ 的假设下，相当于对模型施加了约束条件 $\beta_1 = \beta_2 = \beta$，可以使用约束条件下的 F 统计量进行检验，即：

$$F = \frac{[\,RSS - (RSS_1 + RSS_2)\,]/p + 1}{(RSS_1 + RSS_2)/(n - 2p - 2)} \sim F(p, n - 2p - 2) \qquad (9-8)$$

其中，$p+1$ 为自变量的个数，RSS、RSS_1、RSS_2 分别为整体模型和分段模型残差平方和，如果 F 值超过了设定显著性水平下的临界值，则拒绝零假设，认为参数发生了改变，存在门限效应。

邹检验提供了非常简单直观的模型参数稳定性检验方法，广泛应用于各种领域的研究。还有部分学者探讨了金融领域的模型结构变化，涉及股票市场、货币乘数、汇率等问题。陈涤非（2005）通过运用年度模型和季度模型对货币乘数进行了结构稳定性的深入检验。研究结果显示，货币乘数回归模型在结构上呈现出不稳定性，因此，该模型并不适用于进行货币乘数的精确预测[1]。熊德平等（2011）巧妙地运用了邹检验方法，深入探讨了汇率制度改革可能对模型结构产生的影响。经过严谨的实证分析发现，在汇率制度发生变革的前后阶段，模型的结构并未发生显著变化，其参数也保持了稳定性[2]。方建武等（2011）通过运用邹检验方法，深入探究了我国农业贷款、农户存款与经济增长之间的内在联系，并发现这一关系在 2007 年前后发生了显著变化。这一转变与新型农村金融机构的蓬勃发展密切相关，进一步证实了这些机构在推动我国农村经济的持续增长中发挥了积极的作用。[3] 邹欣（2017）运用邹检验，从行业规模、行业竞争程度、资金端及资产端等多个维度，深入探究了监管政策对 P2P 网贷行业时变特征的影响。其研究结果表明，监管政策的实施对 P2P 网贷行业产生了显著的结构性变革。特别是行业标准的制定与落实，进一步促进了网贷行业的健康发展，实现了优胜劣汰的市场机制。[4] 一些学者使用邹检验研究基础设施、经济增长等宏观问题。刘霞（2006）采用邹检验方法研究了铁

---

① 陈涤非. 中国的货币乘数变动与金融创新 [J]. 上海金融，2005（2）：13-16.

② 熊德平，俞佳佳，余新平. 人民币汇率变动与中国国际收支——基于 1983-2009 年数据邹检验基础上的格兰杰因果分析 [J]. 宁波大学学报（人文科学版），2010（2）：61-66.

③ 方建武，刘惠. 新型农村金融机构与农村经济增长 [J]. 商业研究，2011（9）：187-191.

④ 邹欣. 监管政策如何影响 P2P 网贷行业的发展？[J]. 金融理论与实践，2017（7）：25-31.

路提速对运输效率的影响①。张望等（2007）通过邹检验讨论基础设施投资对经济增长波动的冲击效应，发现1994年中国经济增长的波动产生过显著的结构性变异②。还有学者使用邹检验研究微观问题。赵震宇等（2007）使用邹检验对分组后的子样本的结构是否有显著差异进行判断，发现国有企业和非国有企业确实存在结构差异③。

邹检验是研究模型结构变化的有益尝试，之后 Hansen 提出了门限回归模型对门限变量和门限值进行识别④。假定样本数据为 y_i、x_i、q_i，分别代表因变量、自变量、门限变量，门限变量可以是自变量的一部分。建立门限回归模型：

$$\begin{cases} y_{it} = \mu_i + x_{it}\beta_1 + \varepsilon_{it} & q_{it} \leqslant \gamma \\ y_{it} = \mu_i + x_{it}\beta_2 + \varepsilon_{it} & q_{it} > \gamma \end{cases} \quad (9-9)$$

γ 为需要估计的门限值。可以将上面的分段模型改写为：

$$y_{it} = x_{it}\beta_1 \cdot 1(q_{it} \leqslant \gamma) + x_{it}\beta_2 \cdot 1(q_{it} > \gamma) + \varepsilon_{it} \quad (9-10)$$

其中，$1(\cdot)$ 为示性函数。对于原假设 $H_0 : \beta_1 = \beta_2 = \beta$，使用似然比统计量 LR 进行检验如下：

$$LR = [RSS^* - RSS(\hat{\gamma})] / \hat{\sigma}^2 \quad (9-11)$$

其中，RSS^*、$RSS(\hat{\gamma})$ 分别为 $H_0 : \beta_1 = \beta_2 = \beta$ 约束下的残差平方和与无约束残差平方和。$\hat{\sigma}^2$ 为对扰动项方差的估计量。如果 LR 值超过了设定显著性水平的临界值，则拒绝零假设，认为参数发生了改变，存在门限效应。对于门限值的识别，原假设为 $H_0 : \gamma = \gamma_0$，使用似然比统计量 $LR(\hat{\gamma})$ 进行检验：

$$LR(\hat{\gamma}) = [RSS(\gamma) - RSS(\hat{\gamma})] / \hat{\sigma}^2 \quad (9-12)$$

① 刘霞. 关于铁路提速效果的实证分析 [J]. 当代财经, 2006 (9)：75-78.

② 张望, 周建安. 中国基础设施投资对经济增长波动的冲击效应分析 [J]. 统计与信息论坛, 2007 (3)：87-93.

③ 赵震宇, 杨之曙, 白重恩. 影响中国上市公司高管层变更的因素分析与实证检验 [J]. 金融研究, 2007 (8)：76-89.

④ Hansen B. E. Threshold Effects in Non-Dynamic Panels：Estimation, Testing, and Inference [J]. Journal of Econometrics, 1999, 93 (2)：345-368.

其中，$RSS(\gamma)$、$RSS(\hat{\gamma})$ 分别为 $H_0:\gamma=\gamma_0$ 约束下的残差平方和与无约束残差平方和。Hansen 的门限回归模型也得到广泛的应用。一些学者将门限回归模型应用于金融问题的研究。察卡诺斯等（Tsagkanos et al.，2015）利用阈值协整方法，对非对称调整行为与长期关系进行调查，以确定更多的价格互动和动态[1]。崔建军等（2023）运用门槛模型实证检验了数字普惠金融发展水平及其覆盖广度、使用深度、数字化程度和传统金融发展水平[2]。冉小华（2023）将金融规模、金融效率和金融结构作为门槛变量，研究不同维度金融发展水平下银行利润增长对经济增长的门槛效应[3]。部分研究关注了能源消费、环境领域的模型变化问题。曹孜等（2015）采用门限模型研究了中国城市化、居民收入水平、产业结构、人口密度对于人均能源消费的门槛效应[4]。严翔等（2019）的研究聚焦于城镇化与能源消费之间的非线性发展关系。他们通过面板门槛模型研究发现，城镇化进程中的经济发展水平对生产与生活能耗模式具有显著的门槛效应[5]。任雪（2018）的研究关注了经济增长与雾霾污染之间的非线性关系。研究发现，在不同门槛变量影响下，长江经济带经济增长对雾霾污染具有显著的单门槛效应。[6] 一些学者将门限模型应用于宏观领域。吴娜（2022）使用面板门槛回归模型实证检验流通业集聚对制造业技术进步的影响[7]。师俊国（2021）采用面板门限回归分析方法，检验了中国产业结构对经济周期的

① Tsagkanos A.；Siriopoulos，C. Stock Markets and Industrial Production in North and South of Euro-Zone：Asymmetric Effects Via Threshold Cointegration Approach ［J］. The Journal of Economic A-symmetries，2015（12）：162 – 172.

② 崔建军，赵丹玉. 数字普惠金融能够促进城乡融合发展吗？———基于门槛效应模型的实证检验 ［J］. 经济问题探索，2023（3）：79 – 96.

③ 冉小华. 银行利润对经济增长的门槛效应研究——基于金融发展视角 ［J］. 青海金融，2023（2）：51 – 54.

④ 曹孜，陈洪波. 城市化和能源消费的门槛效应分析与预测 ［J］. 中国人口·资源与环境，2015（11）：59 – 68.

⑤ 严翔，成长春，易高峰，柏建成. 长江经济带城镇化对能源消费的经济门槛效应 ［J］. 经济地理，2019（1）：73 – 81.

⑥ 任雪. 长江经济带经济增长对雾霾污染的门槛效应分析 ［J］. 统计与决策，2018（20）：138 – 141.

⑦ 吴娜. 流通业集聚对制造业技术进步的门槛效应分析 ［J］. 商业经济研究，2022（24）：172 – 175.

门限效应，发现第三产业、高技术密集型产业对经济周期的影响显著为负，第一产业、第二产业在推动经济周期扩张方面起到了显著作用[①]。一些学者将面板回归模型应用于微观领域。蔡晓琳等（2023）构建了面板门槛模型，通过研发资助和税收资助两个核心维度，深入实证检验了科技资助对高新技术企业创新产出的非线性影响机制。研究结果揭示了一个引人瞩目的现象：科技资助对企业创新产出呈现出显著的"双门槛效应"，为相关领域的研究和实践提供了新的洞察和指导。[②] 任宗强等（2022）借助面板门槛模型，深入探讨了在不同研发投入与成长性条件下，资本结构与经营绩效之间的复杂关系。经过严谨的实证分析，他们发现，在不同成长阶段和研发投入水平下，资本结构与经营绩效普遍呈现负相关关系。值得注意的是，随着企业成长性的提升，这种负向效应逐渐减弱；然而，当研发投入增加时，负向效应却显著增强。[③] 本书使用面板门槛模型中国企业的研发支出情况进行研究。

9.2.2 变量的选择

研发支出变量使用 rd 来表示，流动资产变量使用 ca 来表示，管理费用变量使用 mc 来表示，财务费用变量使用 fe 来表示，净利润变量使用 np 来表示。选择研发支出作为被解释变量，其他变量作为解释变量。企业利润是研发经费的重要来源，如果某一个企业的利润较高，那么利润当中的一部分有可能就会转换为研发支出，如果某一个企业的利润较低，企业为了维持正常运转，其研发支出必然大受影响。作为费用类科目，财务费用和管理费用会对研发支出产生两方面影响：一方面，有效的财务管理使企业获得更多的资金，从而提高研发支出；另一方面，较高的管理费用和财

---

① 师俊国. 产业结构对经济周期的门限效应检验［J］. 统计与决策，2021（23）：113 – 118.

② 蔡晓琳，许治. 科技资助与高新技术企业创新产出：研发禀赋结构的双门槛效应［J］. 暨南学报（哲学社会科学版），2023（1）：122 – 132.

③ 任宗强，黄奥，虞曦凯. 高新技术企业资本结构对经营绩效的影响——基于研发投入和成长性的双重门槛效应分析［J］. 华北金融，2022（2）：38 – 52.

务费用会挤压研发支出的空间。流动资产可以迅速转化为研发支出，一个企业流动资产较多，一部分流动资产有可能转化为研发支出，对研发支出有正向影响。另外，流动资产还可以反映企业的规模大小，一个企业规模较大，流动资产通常较多，一个企业规模较小，流动资产通常较少。将流动资产变量设定为门槛变量。描述性统计如表 9.1 所示。

表 9.1　　　　　　　　　　统计性描述

变量	rd	ca	np	mc	fe
	研发费用	流动资产	净利润	管理费用	财务费用
平均值	2.9	157.4	11.6	9.1	2.8
标准差	12	732.6	48.6	41.6	11.7
最小值	0	1	−105.8	0.1	−10
最大值	172.9	14615.1	802.9	920.9	278.2

9.2.3　模拟结果

对是否存在门槛效应及门槛的个数进行假设检验，表 9.2 显示了检验结果。

表 9.2　　　　　　　　　对门槛效应的检验

变量	模型 1		模型 2		模型 3	
	单门槛	双门槛	单门槛	双门槛	单门槛	双门槛
F 值	77.5**	11.21	37.08*	17.33	75.04*	5.50

注：**、*分别表示通过 0.05、0.1 的显著性水平检验。

从显著性检验来看，单门槛模型均显著，双门槛模型均不显著，因此，选择单门槛模型，模拟结果如表 9.3 所示。

表 9.3　　　　　　　　　　　　　　　模拟结果

变量	模型 1		模型 2		模型 3	
门槛变量	*ca*	0.015 ***	*ca*	0.013 ***	*ca*	0.015 ***
		− 23.86		− 21.46		− 24.28
控制变量	*fe*	− 0.096 ***	*mc*	− 0.13 ***	*mc*	− 0.141 ***
		(− 5.79)		(− 17.09)		(− 18.02)
	np	0.066 ***	*fe*	− 0.084 ***	*np*	0.068 ***
		− 11.54		(− 5.21)		− 12
核心解释变量	$mc(ca \leqslant 1297)$	− 0.058 ***	$np(ca \leqslant 980)$	0.025 ***	$fe(ca \leqslant 854)$	0.022
		(− 3.7)		− 3.16		− 1.02
	$mc(ca > 1297)$	− 0.14 ***	$np(ca > 980)$	0.099 ***	$fe(ca > 854)$	− 0.16 ***
		(− 17.42)		− 13.75		(− 8.14)
常数项	*constant*	0.827 ***	*constant*	1.414 ***	*constant*	1.021 ***
		− 5.62		− 9.89		− 7.49

注：*** 表示通过 0.01 的显著性水平检验。

模型 1 核心解释变量为管理费用，控制变量为财务费用、净利润，门槛变量为流动资产。模拟结果说明，以流动资产作为门槛变量所产生的门槛效应非常明显，当流动资产位于门槛值以上时，也就是高于门槛值时，变量系数小于 − 0.1，当流动资产位于门槛值以下，也就是低于门槛值时，变量系数大于 − 0.1。这说明相对于大企业，小企业的管理费用对企业研发支出的负向作用是减弱的。

模型 2 核心解释变量为净利润，控制变量为管理费用、财务费用，门槛变量为流动资产。模拟结果说明，以流动资产作为门槛变量所产生的门槛效应非常明显，当流动资产位于门槛值以上，也就是高于门槛值时，变量系数接近 0.1，当流动资产位于门槛值以下，也就是低于门槛值时，变量系数不到 0.3。这说明相对于大企业，小企业的净利润对企业研发支出的正向作用是减弱的。

模型 3 核心解释变量为财务费用，控制变量为管理费用、净利润，门槛变量为流动资产。模拟结果说明，以流动资产作为门槛变量所产生的门槛效应非常明显，当流动资产位于门槛值以上，也就是高于门槛值时，变量系数为负值，当流动资产位于门槛值以下，也就是低于门槛值时，变量系数为正值。这说明相对于大企业，小企业的财务费用对企业研发支出的作用为正向。

观察似然比函数图（见图 9.1），模型 2 的参加价值最大，其他两个模型的参考价值相对于模型 2 要低。

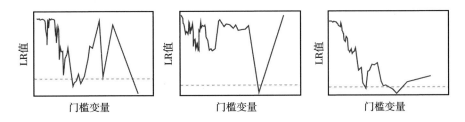

图 9.1　模型 1、模型 2、模型 3 似然比函数

▇ 9.3　本章小结

改革开放之后中国经济迅速发展与科技进步密不可分，使用面板数据模型和门槛效应模型分别讨论中国宏观层面和微观层面科技创新情况。研究发现，在宏观层面，从东部地区、中部地区、西部地区的整体科技创新情况来看，中部地区差于东部地区，东部地区差于西部地区。统筹来看，全国、东部地区、中部地区、西部地区的科技创新情况都不佳，科技创新效率需要进一步提升。尤其是对于西部地区和中部地区的科技创新，需要进一步挖掘人力资本的作用。

在微观层面，企业创新已经成为中国主要的科技创新形式之一。使用面板门槛模型对中国企业创新情况进行讨论，单门槛效应非常明显。为了推动中国科技不断进步，应当采取必要的措施。进一步增强物质资本积累，对重点科技创新领域加大财政投入力度，加强社会资本对科技创新的投入力度。进一步强化人力资本积累，发展科技创新教育，加强人才培养，同时建立健全体制机制，激发人才从事科技创新工作。继续扩大对外开放，推动科技创新的双向交流机制。从企业层面，应当充分尊重市场法则，确保与市场需求向符合的规模扩大。不断提高企业盈利能力，为研发支出提供更多资金来源。合理控制管理、财务费用，降低企业运营成本。

第5篇 行政区域、城市与中国经济增长

中国是具有千年历史的文明古国，而且与世界其他文明中断不同，中华文明一直延续至今。中国历史上各个时期都有代表性的区域作支撑，例如，炎黄时期的中原地区、隋唐时期的关中地区、明清时期的江浙地区、现在的东部沿海地区等。目前中国经济社会各方面全面发展，已经无限接近中华民族伟大复兴。整体的发展离不开区域的发展。

数据描述法、基尼系数法和泰尔指数法是常用的差异程度测算方法，但是这些方法计算比较粗糙，研究的拓展性比较窄。对方差分解思想进行借鉴，构建更加有效的差异程度测算方法，将其命名为方差指数法。与其他方法相比，方差指数法比较简单直观，研究的拓展性比较宽。使用该方法研究中国区域发展差异，可以发现中国省域GDP差异呈现逐渐扩大的趋势；近期南北差异逐渐扩大，东中西差异逐渐缩小；南北差异仍然低于东中西差异。

除香港、澳门、台湾地区外，中国大陆地区共分为北京、天津、河北等31个省份，划分为东部地区、中部地区、西部地区3个区域。新中国成立以来，中国的区域政策多次调整，产生了不

同效应。使用主成分聚类分析方法对中国大陆目前的 31 个省份进行综合评价和聚类，以探讨区域划分的相关问题，研究发现，东部地区、中部地区、西部地区的区域划分格局需要进行相应的调整以适应中国未来的发展。

黄河流域生态保护和高质量发展是重大国家战略，习近平总书记高度重视黄河流域生态保护和高质量发展，在多次会议上强调部署了相关工作。黄河流域是我国重要的生态屏障和经济地带，共包括山东、山西、青海等九省区。构建高质量发展综合评价指标体系，选用耦合发展和 TOPSIS 相结合的方法对黄河流域九省区高质量发展进行综合评价。研究发现，目前仍存在高质量发展分化、综合发展水平较低、部分省份耦合发展较低等问题。未来应当采取推动各省份合作、促进各维度发展、实现各维度协同等措施。

城市发展水平不仅是确保中国经济持续稳健崛起的关键所在。自改革开放以来，在中国城市化的进程中，深圳与苏州两地的发展模式备受瞩目，被众多学者视为中国城市发展的两大典型模式。然而，在探讨哪一种模式更适宜作为中国城市发展的范本时，研究揭示了一个重要观点："深圳模式"因其独特的背景和条件，难以在其他城市得到全面复制；相较之下，"苏州模式"则因其更加均衡、可持续的发展策略，可以作为近期内多数中国城市可资借鉴的典范。

随着城市化进程的推进，城市的不断扩张与增多逐渐形成了庞大的城市群。在我国，京津冀地区、长三角地区、珠三角地区这三大城市群对于全国的发展举足轻重。同时，辽中南、武汉城市圈等次级城市群也在积极崛起。然而，城市群的发展过程中，不同城市间以及城市群之间的生存空间争夺战日益激烈，这种竞争往往通过企业间的市场博弈、城市政府间的政策角力以及市民的日常生活利益冲突得以体现。这种深层次的利益冲突，不仅关系到城市群内部的和谐稳定，更影响到国家整体的经济社会发展大局。必须高度重视这一问题，通过科学合理的政策引导和有效的利益协调机制，确保城市群健康、有序、持续发展。

第**10**章

中国区域发展差异测度

区域发展是中国整体发展的支撑，在中国区域发展过程中，一直在积极处理公平与效率的关系，公平更多地体现在均衡方面。均衡是人类发展的永恒追求。在原始社会，人与人是平等的，或者说是均衡的，随着生产力的发展，物质财富变多，人与人变得不再平等，或者说是不均衡的。之后，随着生产力的进一步发展，通过社会经济体制的改变，人与人之间重新趋于平等，趋于均衡。因此，从总体上看，整个人类的发展历史就是在不断追求均衡，追求更高层次的均衡。在不同的历史时期，协调发展的概念、内涵是有所不同的。哲学家作为知识的集大成者最先对这一问题展开思考。柏拉图讨论了"什么是公正"。亚里士多德将多种类型的公平进行讨论，例如，对于分配性公平，他认为绝对的平均不是公平，公平必须与公民的价值或能力成一定的比例关系。中世纪经院学者和法学家为商人和利润寻找依据，认为商业和私人财产是符合自然法的。重商主义主张维护国家利益的经济战争，"贸易差额"是其核心理论，托马斯·孟区分了特殊均衡和一般均衡。[①] 亚当·斯密作为古典经济学家的代表人物，认为在

---

① 亨利·威廉·斯皮格尔. 经济思想的成长 [M]. 晏智杰，刘宇飞，王长青，等译. 北京：中国社会科学出版社，1999.

资源配置中，充分发挥"看不见的手"就可以实现全体参与者的利益最大化，因此，自由放任更加有效。与亚当·斯密等学者不同，凯恩斯等经济学家则主张在资源配置中必须充分发挥政府的作用，通过宏观调控来实现资源配置的最优化①。

相对于西方学者的讨论，中国传统哲学和马克思主义的讨论更加全面。中国古典哲学家推崇各种因素协调共生，万物各得其所，阴阳对立统一②。马克思主义对于协调发展的讨论也非常丰富，协调发展思想体现在价格与价值、量变与质变、短期与长期、整体与部分的讨论中③④⑤。中国的发展实践也体现了这一思想，自新中国成立以来，中国提出了综合协调思想，在不同发展因素的处理上，提出要妥善处理各种发展因素，例如，统筹兼顾发展，两手抓、两手都要硬等⑥。党的十八大以来，协调发展达到前所未有的高度，协调发展已经成为统筹各种要素、补齐发展短板的关键⑦。

整体分析，东西方的思想家对于均衡的观察、理解是有所不同的，某一个思想家可能从这个角度对均衡作出解释，另一个思想家可能从另一个角度对均衡做出解释。但是，所有的思想家均肯定了均衡的重要性，对均衡所坚持的基本原则也是基本统一的。⑧ 从数据上看，均衡是与不均衡或者差异相对立的概念，均衡程度提高就说明差异程度降低，均衡程度降低就说明差异程度提高。因此，可以使用差异程度从对面反映均衡程度，科学家提出了多种测算办法对差异程度进行讨论。

---

① 刘乃全. 中国经济学如何研究协调发展 [J]. 改革, 2016 (5): 131－141.

② 冯友兰. 中国哲学史 [M]. 北京: 商务印书馆, 2011.

③ 游新华. 马克思主义辩证法的成功运用——张家港市两个文明协调发展的哲学思考 [J]. 求是, 1996 (4): 19－24.

④ 田文. 马克思经济协调发展的理论及其启示 [J]. 新疆师范大学学报 (哲学社会科学版), 1999 (3): 58－63.

⑤ 许毅. 论马克思的协调发展理论及其当代价值 [J]. 四川行政学院学报, 2017 (4): 71－74.

⑥ 魏胜文, 刘敏. 论邓小平的协调发展思想 [J]. 毛泽东思想研究, 2005 (2): 101－105.

⑦ 中国共产党第十八届中央委员会. 中国共产党第十八届中央委员会第五次全体会议公报 [EB/OL]. 新华网, 2015－10－29.

⑧ 宋进, 苑申成. 古今之变: 中国平等思想的历史局限与现实超越 [J]. 探索与争鸣, 2016 (11): 104－108.

10.1 差异测量的办法

对差异进行测量有多种方法，尽管各种方法的侧重点以及背后的基本思想有所不同，其目标指向是基本一致的，主要有以下几种。

10.1.1 使用数据描述法测算差异程度

差异程度的大小需要数据来描述、测算，数据确定了，差异程度也就确定了。因此，可以直接观察数据来确定差异程度，分布形状、离散程度、集中趋势都是比较好的确定办法。偏度和峰度是分布形状的代表性指标，偏度用于反映数据分布的偏斜情况，峰度用于反映数据分布的峰态情况。极差、方差是离散程度的代表性指标，极差是最大值和最小值的差距，方差是样本值与平均值偏离的度量。众数、中位数、平均值是集中趋势的代表性指标，众数是出现次数最多的数，中位数是排序后中间位置的数，平均值是数据的平均情况。在这些指标中，峰度、方差、极差、四分位差、异众比率可以反映差异测度，比较有效的是方差、四分位差。方差、四分位差越大，说明数据的离散程度越大，方差、极差、四分位差越小，说明离散程度越小，数据集中趋势越明显。①

10.1.2 使用泰尔指数法测算差异程度

如要试图测算分组数据的差异，无法使用数据描述法等方法，因为这些方法更多的是反映总体情况的测度。要对分组数据的差异程度进行度量，必须考虑分组数据的特点。分组数据将数据分成不同的组，不同组本身就是有差异的。因此，除了总体差异，还需要讨论各组之间的差异。于

---

① 吴喜之. 统计学：从数据到结论（第二版）［M］. 北京：中国统计出版社，2006.

是，数据描述法对于这类数据往往无能为力，必须使用其他更有效的办法。泰尔指数法可以有效对分组数据的差异进行测度，泰尔指数法可以进行分解，分解成为组间泰尔指数和组内泰尔指数，组间泰尔指数可以反映组间差异，组内泰尔指数可以反映组内差异。

$$\begin{cases} T = \dfrac{1}{n}\sum_{i=1}^{n}\dfrac{x_i}{\bar{x}}\ln\left(\dfrac{x_i}{\bar{x}}\right), T = T_b + T_w \\ T_b = \sum_{k=1}^{m}x_k\ln\left(\dfrac{x_k}{n_k/n}\right), T_w = \sum_{k=1}^{m}x_k\left(\sum_{i\in g_k}\dfrac{x_i}{x_k}\ln\left(\dfrac{x_i/x_k}{1/n_k}\right)\right), T_k = \sum_{i\in g_k}\dfrac{x_i}{x_k}\ln\left(\dfrac{x_i/x_k}{1/n_k}\right) \end{cases}$$

$$(10-1)$$

组内泰尔指数和组间泰尔指数分别为 T_w，T_b。[1]

10.1.3 使用基尼系数法测算差异程度

应用最广泛的差异程度测算方法是基尼系数法，该方法基于洛伦兹（Lorenz）曲线构建（见图 10.1）。洛伦兹曲线将财富情况和人口情况统一到一张图中，收入百分比和人口百分比分别处于纵轴和横轴。洛伦兹曲线越远离对角线说明财富分配越不均等，越接近于对角线说明财富分配越均等，于是，可以根据衡量差异程度可以转化为区域 A 和区域 B 的比值。[2]

$$Gini = \frac{S_A}{S_A + S_B} = 1 - 2S_B \qquad (10-2)$$

上面对于基尼系数的讨论是理论上的测算方式，在实际调查情况当中，不可能形成连续的曲线，更多的是获得了离散分组数据，于是，必须对基尼系数的测算必须使用离散方式：

$$Gini = \frac{1}{2\mu N^2} \cdot \sum_{i=1}^{N}\sum_{j=1}^{N}|y_i - y_j| \qquad (10-3)$$

指标值、观测值个数和分组数据期望值分别为 μ，N，y[3]。

---

① 陈工，何鹏飞. 省级城乡收入泰尔指数的测算与分析 [J]. 统计与决策, 2016 (9)：99-102.
② 吴志强. 基尼系数分解的测算与分析 [J]. 统计与决策, 2017 (1)：15-19.
③ 田卫民. 中国基尼系数计算及其变动趋势分析 [J]. 人文杂志, 2012 (2)：56-61.

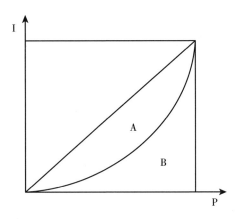

图 10.1　Lorenz 曲线与基尼系数

10.2　方差指数

方差分析自 20 世纪初由费希尔创立以来，迅速成为统计分析的重要内容。在回归分析、参数估计、假设检验等领域均有重要的应用。参数估计中的区间估计需要测算方差，假设检验中确定 P 值需要测算方差，回归分析中的拟合优度需要测算方差。[1][2] 根据方差分析的构建流程，可以构建一种非常有效的方法对差异程度进行测度，既可以反映整体差异程度，也可以反映分组差异程度，将其命名为方差指数。

10.2.1　构建过程

方差分析可用于检验多个总体的均值是否相等，由组间误差（sum of squares for factor，SSA）和组内误差（sum of squares for error，SSE）来形成总误差（sum of squares for total，SST）。[3] 公式如下：

---

① 魏振军. 概率论与数理统计三十三讲（第二版）[M]. 北京：中国统计出版社，2013.

② 贾俊平，何晓群，金勇进. 统计学（第七版）[M]. 北京：中国人民大学出版社，2018.

③ 戴金辉，韩存. 双因素方差分析方法的比较 [J]. 统计与决策，2018（4）：30 - 33.

$$\begin{cases} SST = \sum_{i=1}^{m} \sum_{j=1}^{n_i} (x_{ij} - \bar{\bar{x}})^2, SSA = \sum_{i=1}^{m} n_i (\bar{x}_i - \bar{\bar{x}})^2, SSE = \sum_{i=1}^{m} \sum_{j=1}^{n_i} (x_{ij} - \bar{x}_i)^2 \\ SST = SSA + SSE \end{cases}$$

$$(10-4)$$

深入分析方差分析的测算过程，方差分析是差异程度的逆运算。总均值是 $\bar{\bar{x}}$，如果 $x_{ij} = \bar{\bar{x}}$，也就是所有的数据点与总均值都是相等的，那么差异就不存在。反之，如果 $x_{ij} \neq \bar{\bar{x}}$，也就是数据点与总均值是不相等的，那么不相等程度越高，差异程度越大。[①] 反映组内差异的 SSE 和反映组间差异的 SSA 结合在一起可以反映总差异，参考其他方法的构建思想，构建方差指数如下。

定义 10.1

$$\begin{cases} VI = \dfrac{SST}{MaxSST}, VISSA = \dfrac{SSA}{MaxSST}, VISSE = \dfrac{SSE}{MaxSST} \\ VI = VISSA + VISSE \end{cases} \quad (10-5)$$

其中，总差异程度可以使用总方差指数 VI 来反映，组间差异程度可以使用组间方差指数 $VISSA$ 来反映，组内差异程度可以使用组内方差指数为 $VISSE$ 来反映。测算出总方差指数、组间方差指数和组内方差指数之后，可以测算组间方差指数和组内方差指数的贡献率。

定义 10.2

$$\begin{cases} CR_A = \dfrac{VISSA}{VI} \times 100\%, CR_E = \dfrac{VISSE}{VI} \times 100\% \\ 100\% = CR_A + CR_E \end{cases} \quad (10-6)$$

其中，组间方差指数的贡献率为 CR_A，反映了总方差指数中组间方差指数的部分，组内方差指数的贡献率为 CR_E，反映了总方差指数中组内方差指数的部分。

定理 10.1

令所有观测值中仅有一个不为零，其他均为零，记为 $MaxSST$。

---

① 傅莺莺，田振坤，李裕梅. 方差分析的回归解读与假设检验 [J]. 统计与决策，2019 (8)：77-80.

证明：

例如，假定指标大于零，n 为观测值的个数，sum 为所有样本点的和，平均值为 $\bar{x} = \dfrac{sum}{n}$。如果仅有一个观测值 x_0 不等于零，于是 $x_0 = sum$。x_0 可以是任意一个观测值，其他的观测值都是零，此时方差为：

$$SST_0 = \left(sum - \frac{sum}{n} \right)^2 + (n-1)\left(\frac{sum}{n} \right)^2 \qquad (10-7)$$

如果观测值不为零的个数为 m，假定为 $x_1, \cdots x_m$。$x_1, \cdots x_m$ 可以是除 x_0 之外的任意观测值，得出：

$$
\begin{aligned}
SST_m &= \left[(sum - x_1 \cdots - x_m) - \frac{sum}{n} \right]^2 + \left(x_1 - \frac{sum}{n} \right)^2 + \cdots + \left(x_m - \frac{sum}{n} \right)^2 \\
&\quad + (n - m - 1)\left(\frac{sum}{n} \right)^2 \\
&= \left(sum - \frac{sum}{n} \right)^2 - 2\left(sum - \frac{sum}{n} \right)\sum_{i=1}^{m} x_i + \left(\sum_{i=1}^{m} x_i \right)^2 + \sum_{i=1}^{m} x_i^2 \\
&\quad - 2\frac{sum}{n}\sum_{i=1}^{m} x_i + (n-1)\left(\frac{sum}{n} \right)^2 \\
&= \left(sum - \frac{sum}{n} \right)^2 + (n-1)\left(\frac{sum}{n} \right)^2 - 2sum\sum_{i=1}^{m} x_i + \left(\sum_{i=1}^{m} x_i \right)^2 + \sum_{i=1}^{m} x_i^2 \\
&< \left(sum - \frac{sum}{n} \right)^2 + (n-1)\left(\frac{sum}{n} \right)^2 - 2sum\sum_{i=1}^{m} x_i + 2\left(\sum_{i=1}^{m} x_i \right)^2 \\
&< \left(sum - \frac{sum}{n} \right)^2 + (n-1)\left(\frac{sum}{n} \right)^2 - 2\left(\sum_{i=1}^{m} x_i \right)^2 + 2\left(\sum_{i=1}^{m} x_i \right)^2 \\
&= SST_0 \qquad\qquad\qquad (10-8)
\end{aligned}
$$

定理得证。

定理 10.2

当观测值点越远离平均值时，方差指数越大，当观测值点越靠近平均值时，方差指数越小。

证明：

综合定义 1、定理 1，由于 $MaxSST$ 是恒定的值，当观测值点越远离平均值时，SST，SSA，SSE 越大，方差指数越大，当观测值点越接近平均值时，SST，SSA，SSE 越小，方差指数越小。

定理 10.3

方差指数取值范围为大于 0，小于 1。

证明：

基于定义 10.1、定理 10.1 和定理 10.2，可以知道：

$$0 \leqslant SST, SSA, SSE \leqslant MaxSST \tag{10-9}$$

于是：

$$0 \leqslant VI, VISSA, VISSE \leqslant 1 \tag{10-10}$$

10.2.2　相对比其他方法，方差指数的优势

相比于泰尔指数等测算方法，方差指数拥有以下优势。第一种相对比较简单而直观。泰尔指数、基尼系数的计算相对比较复杂，需要借助于编程工具，这大大限制了这些方法在社会科学研究中的应用。而方差指数测算过程中所需要的组内误差 SSE、组间误差 SSA 等都是比较常用的统计量。常见的统计软件，如 $SPSS$、$EVIEWS$、R、$MATLAB$ 都可以计算这些统计量，甚至 $EXCEL$ 都可以进行计算。第二种的统计理论比较丰富。方差分析是数理统计理论中比较成熟的理论，已有相对完整的理论成果，构建方差指数中用到的统计量如 SST、SSA、SSE 等的分布均为卡方分布，其比值符合 F 分布。依据现有统计理论可以讨论数字特征以及数字特征的一般情况，这使得方差指数有更广泛的延展空间，从而进行更有意义的讨论，而不只是像泰尔指数、基尼系数那样只计算了一个指数。①

10.3　使用方差指数测算中国区域发展差异

整体经济的发展必须以区域发展为支撑，在区域发展过程中，需要关

---

① 威廉·M. 门登霍尔，特里·L. 辛里奇. 统计学［M］. 关静等译. 北京：机械工业出版社，2018.

注区域发展的差异，保持区域发展的平衡，不能出现某一区域发展过快，其他区域发展过慢，某一区域发展过慢，其他区域发展过快的情况。在中国发展过程中，中国一直非常关注区域之间的协调均衡发展。一方面确保发展速度，提升整体发展水平；另一方面保证各区域协调发展。改革开放之后，中国为了提升效率，东部地区迅速发展起来，东西差异比较大。如今，南北差异已经成为关注的重点。[1]

10.3.1 中国区域发展差异绝对数据测度

图 10.2 和图 10.3 显示了中国 1978～2018 年南北方地区、东中西部地区的发展情况。近四十年，中国的南北差异一直呈现逐渐扩大趋势，特别是最近十年。1978 年在全国国内生产总值总量中，南方地区占比超过了50%，之后这一比重一直呈现了上升趋势，目前已经超过了 60%，提高了十几个百分点。而且这一趋势呈现逐渐加速趋势，前三十年，总共提高了约 3%，每年约提高 0.1%。近十年总共提高了 7.9%，年均 0.7%。与此

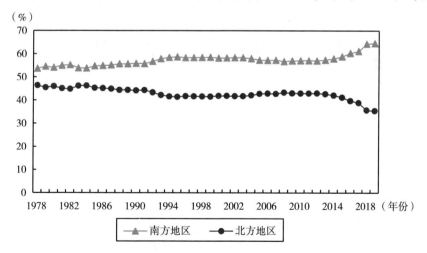

图 10.2　近四十年南北方地区 GDP 总量占全国比重

资料来源：国家统计局. 中国统计年鉴［M］. 北京：中国统计出版社，2023.

---

① 吴楚豪，王恕立. 中国省级 GDP 的构成及分解、地方政府经济竞赛与南北经济分化［J］. 经济评论，2020（6）：32－46.

同时，改革开放之初，东部地区经济总量占全国经济总量的比重约为一半，之后逐渐提升，最高接近60%，近期呈现下降趋势，目前比最高值约下降了不到5个百分点。

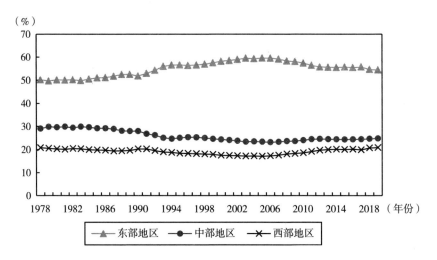

图10.3　近四十年东中西部地区 GDP 总量占全国比重
资料来源：国家统计局．中国统计年鉴［M］．北京：中国统计出版社，2023.

10.3.2　使用方差指数测算中国区域发展差异

上述使用绝对数据对中国南北方地区差异和东中西部地区差异进行了讨论，但是绝对数据的对比分析相对比较粗糙，可以使用方差指数进行更全面准确的研究，图10.4 和图10.5 显示了南北方地区 GDP 方差指数和东中西部地区差指数情况。南北方地区总方差指数和东中西部地区总方差指数是相同的，均为波动中上升的趋势，四十年时间上升了 20 个百分点。

本章对南北方地区发展、东中西部地区发展的总方差指数、组内方差指数、组间方差指数进行深入分析，发现南北方组内方差指数呈现前期上升后期下降的趋势。改革开放前期，组内方差指数刚超过 40，之后逐渐上升超过 70，2013 年后呈现下降趋势，目前已不到 60。东中西部地区组内方差指数呈现逐渐上升趋势，近四十年上升了接近 20。南北方地区组间方差指数呈现上升趋势，近四十年上升了接近 7。东中西部地区组间方差指

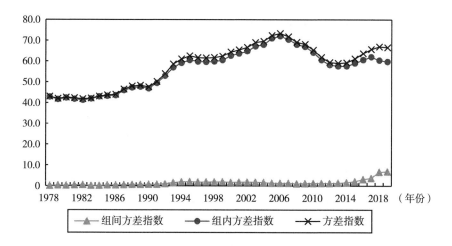

图 10.4　1978～2018 年近四十年南北方地区 GDP 方差指数变化情况
资料来源：国家统计局. 中国统计年鉴［M］. 北京：中国统计出版社，2023.

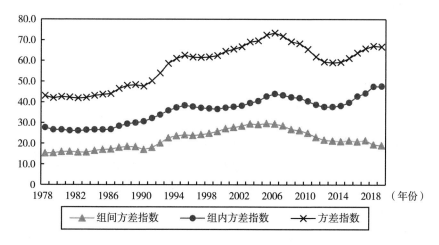

图 10.5　1978～2018 年近四十年东中西部地区 GDP 方差指数变化情况
资料来源：国家统计局. 中国统计年鉴［M］. 北京：中国统计出版社，2023.

数呈现前期上升后期下降趋势，前期上升了超过 14，后期下降了接近 11，总体提升了接近 4。将组内方差指数与组间方差指数统筹分析，南北方地区的组内差异与东中西部地区的组间差异的变化趋势相似，南北部方地区的组间差异与东中西部地区的组内差异变化趋势相似。

对组内方差指数和组间方差指数的贡献进行测算。南北方地区差异中，组内方差指数占主导，组间方差指数贡献较小，组内方差指数的贡献率与组间方差指数的贡献率的比率为 9∶1 左右。东中西部地区差中，组内方差指数的贡献较大，组间方差指数的贡献较小，组内方差指数的贡献率与组间方差指数的贡献率的比为 6∶4 左右。2013 年后，组内方差指数的上升推高了总方差指数。

通过测算方差指数可以发现，中国省域 GDP 总方差指数呈现上升趋势，可以判断中国省域 GDP 差异也呈现逐渐扩大趋势。观察区域差异，南北方地区差异程度低于东中西部地区差异程度。南北方地区差异呈现上升趋势，南北方地区组间方差指数上升了接近 6。东中西部地区差异呈现下降趋势，东中西部地区组间方差指数下降了超过 10。研究结论与学术界的讨论是基本一致的，南北方地区差异趋势值得进一步关注。从长远发展来看，要采取积极有效的措施来推动南北方地区和东中西部地区均衡发展。[①]

10.4　本章小结

均衡是人类发展中的不懈追求之一，一般使用数据描述法、泰尔指数法、基尼系数法测算差异程度来反映均衡程度。构建方差指数对差异程度进行测度，该方法具有简单直观、研究延展性比较好等特点。本章使用该方法讨论中国 GDP 差异情况，研究发现，中国南北方地区差异确实呈现逐渐扩大趋势，需要采取积极有效的措施加以应对。

---

① 黄征学. 统筹东中西、协调南北方的思路建议 [J]. 宏观经济管理，2016 (9)：27 - 29.

第**11**章

基于主成分聚类分析方法的中国区域划分

　　发展存在差距与政策有很大的关系，为了提高政策的针对性，通常进行区域划分，于是划分到不同的区域也会影响最终的发展情况。区域空间的划分必须以促进区域健康有序发展为核心。① 从国际上来看，随着政治、经济和文化的发展变化，世界各个国家也面临区域划分问题。对于区域的划分，中国有悠久的历史，古代对于"九州"的划分就是这一思想的具体体现，至今中国黄河流域的区域划分都受到影响。不过在秦朝之前，中国的区域划分只是有大致的情况，并不是真正的行政区域。在大一统的王朝建立之后，秦朝实行了"郡县制"，这种制度是一种更加正式划分制度，影响了中国几千年。目前中国的区域划分具有三个类别：一是从国家下分为省、地市、县、乡镇；二是城市本身的区划，一个城市可以分成几个区便于管理；三是民族自治区划，设置了内蒙古、广西、西藏、宁夏、新疆共5个自治区。某种意义上，中国的发展离不开区域划分的发展，探讨区

---

　　① 夏书章. 行政区划 ［J］. 中国行政管理，2004（4）：68.

域划分的发展对于了解下一步中国的发展具有重要的意义。[①] 区域划分可大可小，小到某一个经济个体，大到整个国家。本书不准备讨论的过于详细，仅讨论省一级区域的划分，省以下的区域划分可以按照同样思路进行对比研究。

11.1　中国省域综合竞争力评价

竞争是自然界的自然属性和基本要义。达尔文在研究进化论时接受了马尔萨斯的思想，认为不只是人口，自然界的生物增长也是呈现指数级规律，生物数量增加的速度过快，于是生存竞争不可避免，这种竞争可能是同物种的竞争，也可能是不同物种之间的竞争。[②] 同样对于不同的省域之间，为了自身更好的发展，竞争也不可避免。研究不同省份的综合竞争力，对于实现省级层面争先创优，国家层面的有效宏观调控，民族层面的伟大复兴具有非常重要的意义。

区域综合竞争力研究是区域经济社会发展的重要研究领域，涌现出了大量的研究成果。蔡旭初（2002）从我国国情出发构建了包括总体经济实力要素、国际化程度要素、城市基础设施要素等九大类四个层次、共124项指标构成的国际城市综合竞争力指标体系，对国际城市综合竞争力进行了比较研究。周振华等（2001）对上海、深圳、广州等十个国内城市的综合竞争力进行了比较研究，发现上海经济在总量方面较强，但是在质量上与深圳存在一定差距。毛晔（2005）运用 Granger 因果分析方法研究了南京市民营经济与城市综合竞争力的关系，发现民营经济对城市聚集能力和生活质量有单向影响。孙亚南（2015）对长三角三省一市综合竞争力进行了评价，分析了各城市发展优势劣势及发展定位，提出要推动协同竞争、

---

① 张明庚，张明聚. 中国历代行政区划（公元前 221 年—公元 1991 年）［M］. 北京：中国华侨出版社，1996.

② 查尔斯·罗伯特·达尔文. 论借助自然选择（即在生存斗争中保存优良族）的方法的物种起源［M］. 北京：商务印书馆，1981.

联动发展等一体化发展道路。叶南客等（2010）从整合力、硬实力和软实力三个方面对杭州都市圈、南京都市圈、成都都市圈等国内六大都市圈的综合竞争力进行了评价。

11.1.1　地区经济社会发展综合指标体系

结合上述研究成果，构建地区经济社会发展评价综合指标体系对不同省份综合竞争力进行评价。不同省份的综合竞争力是一个复杂的混沌系统，由众多的子系统结合起来共同集合构成。综合考虑指标体系的科学性和数据的可获得性，在构建指标体系、指标的选取上，本书大量选择人均指标，这主要是因为从根本上经济社会的发展是为了人的生产生活，人的生产生活水平应当作为区域发展的最重要评价因素，如表 11.1所示①。

表 11.1　　　　　　　　地区经济社会发展评价综合指标体系

一级指标	一级指标含义	二级指标	二级指标含义
经济发展水平	经济发展水平反映一个省份经济发展所处的历史阶段，是对其经济发展综合实力的度量	人均国内生产总值	国内生产总值/总人口
		三产比重	第三产业增加值/国内生产总值
基础资源及设施	资源禀赋是一个地区经济社会发展的初始条件，基础设施是一个地区经济社会发展的基础条件	人均森林面积	森林面积/总人口
		人均年用电量	年用电量/总人口
资金实力	资金是经济社会发展中重要的流动要素。在所有的经济社会过程中资金作为媒介，起到将其他要素联系起来的作用，使各种生产更加流畅，更加高效	单位面积固定资产投资额	固定资产投资额/总面积
		人均财政收入	预算内财政收入/总人口
		人均储蓄额	城乡居民人民币储蓄存款/总人口

---

① 李闽榕. 全国省域经济综合竞争力评价研究［J］. 管理世界，2006（5）：52－61.

续表

一级指标	一级指标含义	二级指标	二级指标含义
对外开放程度	对外开放程度决定了一个地区与外部环境要素交流程度的大小，对外开放程度越高，与外部环境要素交流强度也越大	外贸依存度	进出口总额/国内生产总值
		人均利用外资额	利用外资额/总人口
人力资本及科技	人力资本和科技水平是经济社会发展的重要组成要素，人力资本和科技实力的强弱往往决定了一个地区的发展水平及速度的高低	职工年平均工资	职工工资总额/职工数
		就业率	就业人数/总劳动人口
		每万人在校大学生数	在校大学生/总人口
		每万人专利数	专利数/总人口

11.1.2　基于主成分分析方法的省域综合竞争力评价

综合竞争力需要多个指标进行描述，多指标描述会带来两方面问题。第一，不同维度的比较问题。有几个指标便有几个维度，同一维度之间可以进行直接比较，不同维度之间不能进行直接比较。以经济发展水平和基础资源及设施为例，如果甲地区经济发展水平和基础资源及设施都优于乙地区，那么可以得出结论甲地区综合竞争力高于乙地区。但是，如果甲地区经济发展水平高于乙地区，而乙地区基础资源及设施优于甲地区，这种情况下，就无法有效比较甲地区和乙地区的综合竞争力。甚至有可能一个是定性指标，而另一个是定量指标，这种情况更无法有效比较。另外，指标的量纲有可能存在巨大的差异，也使得指标比较失去科学性，从而给评价结果带来巨大的影响。第二，多重共线性问题。比较常见的回归分析要求回归变量是正交的，维度越多，维度之间相关的可能性越大，也就是出现多重共线性，会使得统计推断出现误导和错误。经过测算，本书构建的综合竞争力指标体系各指标之间均存在一定的相关性，部分指标间的相关性甚至超过了0.8，使用这些指标建立普通线性回归模型会出现较严重的多重共线性问题。

为了克服这两方面问题，主成分分析方法是比较合适的综合竞争力评价方法。一方面，主成分分析方法可以"降维"，可以降低数据的维度，同时保留原数据的大部分信息。对于量纲的不同，可以先进行标准化处理来消除量纲的影响，再进行主成分分析。另一方面，主成分分析方法通过对自变量进行正交变换来消除多种共线性。模型的标准形式为[①]：

$$y = Z\alpha + \varepsilon \qquad (11-1)$$

其中，$Z = XT$，$\alpha = T'\beta$，$T'X'XT = Z'Z = \Lambda$，y 为因变量矩阵，X 为自变量矩阵，Λ 为 $X'X$ 的特征值矩阵，T 为正交变换矩阵。Z 的列定义了一个新的正交回归变量，满足 $Z = [Z_1, Z_2, \cdots, Z_P]$ 称为主成分，α 的最小二乘估计为：

$$\hat{\alpha} = (Z'Z)^{-1}Z'y = \Lambda^{-1}Z'y \qquad (11-2)$$

运用 SPSS 进行主成分分析，得到悬崖碎石图如图 11.1 所示。

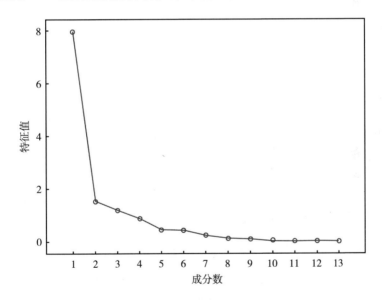

图 11.1 主成分分析的悬崖碎石图

可以发现第一个特征值贡献最大，贡献了 61.2% 的总方差，后面的特征值贡献越来越小，第二个特征值贡献其次，贡献了 11.7% 的总方差，第

---

① 道格拉斯·C. 蒙哥马利，伊丽莎白·A. 派克，G. 杰弗里·瓦伊宁. 线性回归分析导论 [M]. 王辰勇译. 北京：机械工业出版社，2019.

三个特征值贡献最后，贡献了 9.2% 的总方差。前三个特征值贡献了
82.1% 的总方差，因此选择前三个特征值来测算综合竞争力，权重使用方
差贡献率，结果如表 11.2 所示。

表 11.2　　　　　　　　　　　31 省域综合竞争力情况

省域	排名	区域	省域	排名	区域
北京	1	东部	湖北	17	中部
上海	2	东部	安徽	18	中部
天津	3	东部	四川	19	西部
广东	4	东部	甘肃	20	西部
浙江	5	东部	山西	21	中部
江苏	6	东部	云南	22	西部
福建	7	东部	河北	23	东部
宁夏	8	西部	广西	24	西部
内蒙古	9	西部	贵州	25	西部
山东	10	东部	陕西	26	西部
海南	11	东部	湖南	27	中部
青海	12	西部	河南	28	中部
西藏	13	西部	江西	29	中部
重庆	14	西部	黑龙江	30	中部
新疆	15	西部	吉林	31	中部
辽宁	16	东部			

资料来源：吴喜之. 统计学：从数据到结论（第二版）［M］. 北京：中国统计出版社，2006；
国家统计局. 中国统计年鉴［M］. 北京：中国统计出版社，2023.

北京、上海、天津排名前三名，吉林、黑龙江、江西排名后三名。前
10 名当中有 8 个省份是东部省份，仅宁夏、内蒙古是西部省份，后 10 名
当中有 5 个省份是中部省份，有四个省份是西部省份，1 个省份是东部省
份。特别值得注意的是，山东、河北、河南等经济社会大省排名反而不如
部分西部省份，这主要是因为本书选择的评价指标大量的是人均指标，山
东、河南、河北等经济社会大省，由于人口数量较多，山东、河南、河北
的人口数量分别居全国第 2、第 3 和第 6 位，因此，人均指标上就受到较
大影响，而西部省份人口数量较少，其人均指标相对而言更有优势。

■ 11.2　中国区域划分讨论

11.2.1　1949 年后中国不同历史时期的区域政策

本书之所以对区域进行划分，主要是提高管理的效率。因为可以针对不同的地区设置不同的管理政策。例如，对于发展比较缓慢的地区施行更加积极的政策，推动其发展。某个地区的资本比较匮乏，那么可以在资金政策方面设置比较优厚的条件吸引资金到该地区。通过一段时期的政策实施可以预见，该地区资金有可能就不再匮乏。新中国成立以来，中国的区域划分进行过多次调整，包括沿海与内陆、南方与北方、东中西部地区等。其中，东中西部地区的划分在中国区域划分中影响非常大，直到现在仍然起着非常重要的作用。在处理区域发展上，一直有着关于公平与效率的争论。一种观点认为，必须推动公平，作为社会主义国家，公平始终是基石，是完成其他工作的基础，如果保证不了公平，那么其他方面的建设根本无法进行。另一种观点认为，必须推动效率，离开了效率的公平是低层次公平，最终所有的公平也无法得到保证。在中国东中西部地区发展的具体实践中，我国一直坚持统筹兼顾效率与公平。[①]

改革开放之前，中国整体的区域发展政策是既保持整体协调，也突出重点领域。"一五"期间，中国对各个区域的投资都保持了一定的总量和一定的速度。如图 11.2 所示，东部地区获得了不到 40% 的固定资产投资，中部地区和西部地区超过了 60%。大中型项目也在一定程度上向中部地区和西部地区布局。这些措施有力地保证了中部地区和西部地区建立了相对完善的经济体系。之后，国际形势发生了剧烈的变化，东西方冲突加剧，超级大国推行大国沙文主义，为了应对可能出现的战争，

---

① 朱建华，陈田，王开泳，戚伟. 改革开放以来中国行政区划格局演变与驱动力分析［J］. 地理研究，2015（2）：247 – 258.

中国推行了"三线"建设,大量的经济项目、投资流向中部地区和西部地区。但是从图 11.3 中也可以看出,在这一段时期,中部地区和西部地区的人均国内生产总值与东部地区的人均国内生产总值的差距不仅没有减小,还有所加大,这说明当时的经济政策没有考虑到实际经济基础,效果并不好。

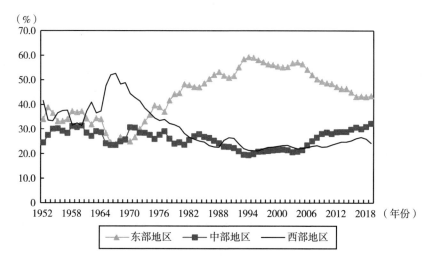

图 11.2　新中国成立以来东部、中部、西部地区固定资产投资占比
资料来源:国家统计局.中国统计年鉴[M].北京:中国统计出版社,2023.

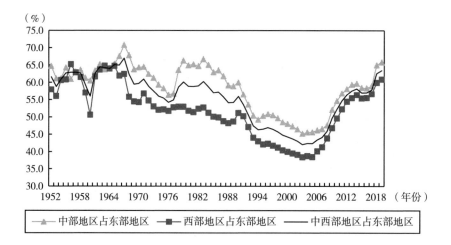

图 11.3　新中国成立以来中部、西部、中西部地区人均 GDP 占东部地区比重
资料来源:国家统计局.中国统计年鉴[M].北京:中国统计出版社,2023.

　　改革开放之后，全国确立了以经济建设为中心的基本建设方略，优先支持基础条件较好，发展潜力较大的地区的经济发展。东部地区相对于中部地区和西部地区在资源禀赋、人力资本、区位条件等方面都具有优势。优先对这些地区进行开放，固定资产投资也进一步向这些地区倾斜，图 11.2 显示，在改革开放的头 10 年，东部地区占全国固定资产投资的比重迅速从不到 40% 提高到超过 50%。再加上国际先进技术、管理经验的支持，东部地区经济发展迅速。于是东部地区的人均国内生产总值与中部地区、西部地区的人均国内生产总值的差距逐渐拉大。

　　到了世纪之交，中国经济总量已经比改革开放之初有了很大提高。随着东部地区与中部地区、西部地区的差距不断拉大，这种现象引起了全社会各方面的广泛关注，特别是如果不加以调控，有可能引起更加严重的发展问题。为了促进中部地区、西部地区发展，国家相继推出来振兴老工业基地和西部大开发战略。在这些政策的推动之下，大量的资源流向中部地区和西部地区。而且随着东部地区生产成本的提高，许多东部地区的高成本行业也逐渐向中部地区和西部地区迁移，中部地区和西部地区经济进入又一个快速发展时期。图 11.3 显示，中部地区、西部地区人均国内生产总值占东部地区人均国内生产总值的比重在近二十年迅速上升，国家推行的政策效果非常明显。

11.2.2　基于主成分聚类分析的中国区域划分

　　梳理 1949 年后中国不同历史时期的区域政策可以发现，中国不同时期的区域政策对不同区域的发展具有非常重要的作用。东部、中部、西部地区的划分格局指导了中国近期区域发展实践，作出了突出贡献，但是，正如前文所分析的，从综合竞争力来看，各省份的经济社会综合发展差距很大，存在一定的调整空间。使用聚类分析方法对区域划分进行讨论，聚类分析主要是用样本点间的距离来测度样本之间的相似程度，比较常用的是闵可夫斯基距离：

$$D_{ij}(q) = \Big(\sum_{k=1}^{p} |X_{ik} - X_{jk}|^q \Big)^{1/q} \qquad (11-3)$$

当 q 的值分别为 1，2 和 ∞ 时分别为绝对距离、欧几里得距离和切比雪夫距离。对于多维度的指标体系，该距离存在两方面问题。一方面，容易受到量纲的影响，某一个指标因为量纲对结果可能产生决定性影响。另一方面，由于维度较多，维度之间存在相关性。这两方面问题可能导致闵可夫斯基距离并不能准确衡量分类情况。[①] 马氏距离和兰氏距离如下：

$$D_{ij}(M) = (X_i - X_j)' \Sigma^{-1} (X_i - X_j), D_{ij}(L) = \frac{1}{p} \sum_{k=1}^{p} \frac{|X_{ik} - X_{jk}|}{X_{ik} + X_{jk}}$$

$$(11 - 4)$$

可以消除指标量纲的影响。但是，较高的维度可能出现的多重共线性仍然得不到解决，仍然可能出现大量的噪声影响聚类结果的准确性。在前文综合竞争力分析的基础上，可以使用标准得分来进行聚类分析消除上述问题。一是前文通过标准化处理，消除了数据量纲的影响。二是作为主成分得分的矩阵 Z 的各组成列向量是正交的，可以有效避免维度之间相关性问题，进而消除多重共线性。使用 K 均值聚类（K-Mean Cluster）对各主成分的得分进行聚类分析。K 均值聚类由奎尼（MacQueen，1967）提出，其基本思想是将每一个样本点归入最近中心（均值）的类中。先确定"聚类种子"，根据与"聚类种子"的距离远近把样本归入 K 个初始类。再把这些类的中心作为新的种子，重新按照距离进行分类，不断迭代，直到分类结果能够达到要求，如迭代次数太多了或各类变化比较小了[②]。分别聚类两类、四类，结果如表 11.3 所示。

表 11.3 现有分类与聚类结果对比

省份	现有分类	二类聚类	四类聚类
北京	东部	甲	甲
天津	东部	甲	乙
河北	东部	乙	丙

① 朱建平. 应用多元统计分析 [M]. 北京：科学出版社，2006.

② MacQueen J. B. Some Methods for Classification and Analysis of Multivariate Observations. Proceedings of the 5th Berkeley Symposium on Mathematical Statistics and Probability [M]. Volume 1：Statistics，University of California Press，Berkeley，1967.

省份	现有分类	二类聚类	四类聚类
山西	中部	乙	丙
内蒙古	西部	乙	丁
辽宁	东部	乙	丙
吉林	中部	乙	丙
黑龙江	中部	乙	丙
上海	东部	甲	乙
江苏	东部	甲	乙
浙江	东部	甲	乙
安徽	中部	乙	丙
福建	东部	乙	丙
江西	中部	乙	丙
山东	东部	乙	丙
河南	中部	乙	丙
湖北	中部	乙	丙
湖南	中部	乙	丙
广东	东部	甲	乙
广西	西部	乙	丙
海南	东部	乙	丙
重庆	西部	乙	丙
四川	西部	乙	丙
贵州	西部	乙	丙
云南	西部	乙	丙
陕西	西部	乙	丙
甘肃	西部	乙	丙
青海	西部	乙	丁
宁夏	西部	乙	丁
新疆	西部	乙	丁

注：因西藏具有自身的特点，面积较大，人口较少，面积全国第二，人口全国最少，不纳入聚类分析（如果纳入分析，西藏将单独成为一个类别）。

当聚类类别数为二类时，甲类包括北京、天津、上海、江苏、浙江、广东共 6 个省份，其他 24 个省份划分到乙类。当聚类类别数为四类时，甲类地区为北京 1 个省份；乙类地区为天津、上海、江苏、浙江、广东 5 个省份；丙类地区为河北、山西、辽宁等 20 个省份；丁类地区为内蒙古、青海、宁夏、新疆 4 个省份。可以看出聚类结果与主成分分析基本是一致的。经济社会发展综合竞争力比较接近的省域可以划分为一类，经济社会发展综合竞争力差距比较大的省份划分为不同的类别。

11.3 本章小结

从以上的分析可以看出，现有的东、中、西部地区区域划分格局在中国区域发展实践中起到非常重要的作用，为中国经济社会的腾飞提供了坚实的支持。但是经过长时间的发展，现有的划分与各省份的经济社会综合竞争力水平出现了一定的不适应性，这种不适应性将阻碍国家区域政策的有效实施，从而对地方经济社会发展产生不利影响，需要进行相应的调整。

结合上述情况及其他学者的研究成果，本书认为，应当对目前的区域划分进行适度的调整，确定为四类区域最为合适。第一类区域包括北京、上海 2 个直辖市，从经济、社会、文化等方面来看，北京和上海的发展水平都比较接近，而且远高于其他省份，因而划分为一类。第二类区域包括天津、江苏、浙江、广东 4 个省份，其经济社会发展水平在 30 省份中处于中上等层次。第三类区域为河北、山西、辽宁等 19 个省份，其经济社会发展水平处于较低层次。第四类区域内蒙古、青海、宁夏、新疆等 4 个省份，西藏、广西属于特殊省份，考虑其历史、民族特点，也将其划入第四类区域。这样第四类区域包括 6 个省份。第四类区域是比较特殊的区域，所包含的 6 个省份有 5 个是内陆省份，而且都是少数民族比较聚集省份。[①]

另外，中国幅员辽阔，拥有 960 万平方公里的土地，纬度跨越近 50 度，经度跨越 60 多度，地理环境复杂多变，社会经济发展情况也千差万

① 刘小康. 行政区划改革：视角、路径及评价 [J]. 北京行政学院学报，2006（3）：21 - 25.

别。中国的区域政策多次进行调整，特别是改革开放以来，中国确定了重点发展东部沿海地区的政策后，东部沿海地区率先发展，特别是北京、上海、天津、江苏、浙江、广东等省份的经济社会发展水平已经远远领先于其他省份。近期以来，国家已经注意到中西部内陆地区发展现状，相继推出了西部大开发、中部崛起、东北老工业基地振兴等一系列国家层面的发展战略，在这些战略的推动下，内陆省份发展迅速，但是从目前的情况来看，差距仍然较大。在区域划分调整的基础上，对河北、山西等 19 个省份要加强政策倾斜，激发这些省份的发展潜力。同时，要充分考虑内蒙古、广西、西藏、青海、宁夏、新疆的历史、民族特点，强化政策扶持，提高少数民族地区的综合竞争力，为中华民族的伟大复兴提供整体支撑。①

---

① 满志敏. 行政区划：范围和界线 [J]. 江汉论坛，2006（1）：85 – 87.

黄河流域九省区高质量发展情况

黄河流域是中国发展的代表性区域。2021 年 10 月 22 日，习近平总书记在济南主持召开深入推动黄河流域生态保护和高质量发展座谈会并发表重要讲话，强调：咬定目标、脚踏实地，埋头苦干、久久为功，确保"十四五"时期黄河流域生态保护和高质量发展取得明显成效①。习近平总书记高度重视黄河流域生态保护和高质量发展。早在 2019 年 9 月 18 日，习近平总书记在黄河流域生态保护和高质量发展座谈会上明确指出：黄河流域生态保护和高质量发展是重大国家战略②。2020 年 8 月 31 日，习近平总书记主持中央政治局会议，审议《黄河流域生态保护和高质量发展规划纲要》，会议指出：黄河是中华民族的母亲河，要把黄河流域生态保护和高质量发展作为事关中华民族伟大复兴的千秋大计③。

---

① 习近平：咬定目标脚踏实地埋头苦干久久为功 为黄河永远造福中华民族而不懈奋斗 [EB/OL]. 中华人民共和国国防部网站，2021 – 10 – 22.

② 习近平在黄河流域生态保护和高质量发展座谈会上的讲话 [EB/OL]. 中国政府网，2019 – 10 – 15.

③ 习近平主持中央政治局会议 审议《黄河流域生态保护和高质量发展规划纲要》和《关于十九届中央第五轮巡视情况的综合报告》[EB/OL]. 中国政府网，2020 – 08 – 31.

可持续发展已经成为世界各国追求的目标，中国也致力于实现可持续发展。黄河流域是中国重要的生态屏障和经济地带。作为中国第二大河，黄河全长 5464 公里，从海拔上看横跨第一、第二、第三级阶梯，作为生态走廊连接了青藏高原、黄土高原和华北平原，流经沙漠、沙地、湿地等多种地貌，还有三江源、祁连山等多个国家公园和国家生态功能区①。在几千年的时间里，黄河流域一直中国的政治、经济和文化中心。黄河流域是中国重要的农产品产区、能源流域，根据《中国统计年鉴》显示：粮食和肉类占全国 1/3 左右，煤炭储量占全国一半以上。2020 年黄河流域九省区人口为 4.2 亿人，占全国 29.8%，GDP 为 2.5 万亿元，占全国 24.9%。

　　黄河既赋予了华北大平原千里沃野的丰饶，又因其独特的"善淤、善决、善徙"特性，不断给沿岸民众带来沉痛的灾难。黄河的泥沙含量位居世界前列，治理难度极大，水害频发，堪称全球最具挑战性的河流之一。历史上，黄河的洪涝灾害影响深远，波及范围北至天津，南至江淮。据记载，自公元前 602 年黄河下游地区首次出现决口以来，至 1938 年的漫长 2540 年间，黄河的灾患绵延了 550 多年。这期间，决口事件高达 1800 多次，重大改道也达到了 26 次。而值得警觉的是，黄河决口的频率呈现出一个随时间推移逐渐攀升的趋势。特别是在公元前 206 年至公元 1938 年的 2144 年间，有 413 年都发生了决口，频率高达 18%。相较于公元 960 年前，决口频率还基本控制在 10% 以下，而公元 1048 年后，这一频率提升至 57%。从改道的次数来看，公元 1048 年前的 3000 多年间，黄河的重大改道有 9 次，平均每 300 多年发生一次。然而，在 1048 年至 1938 年的近 900 年间，重大改道次数激增到 17 次，平均每 53 年便有一次。②

　　从历史上看，黄河流域之所以经常决口，主要原因在于缺乏对于可持续发展、生态环境保护的深刻理解。黄河流域曾经森林覆盖良好，几千年来随着人口增多，生产活动增加和持续对不合理的开发，使得水土流失不

　　① 国家统计局. 中国统计年鉴 [M]. 北京：中国统计出版社，2023.

　　② Liang，R. B. Natural Calamity and Cultural Formation：A Study on Yellow River Flooding Region [J]. China Economic Quarterly. 2021 (3)：1063 – 1082.

断加剧。鉴于黄河流域的重要地位，只有"黄河宁"，才能"天下平"。为了实现黄河流域的可持续发展，2019 年，中国提出推动黄河流域高质量发展。2021 年，中国发布了《黄河流域生态保护和高质量发展规划纲要》，作为制定实施相关规划方案、政策措施和建设相关工程项目的依据。在中国的发展过程中，从地域上一直存在东西差距与南北差距，从发展重点上存在经济建设、社会民生、生态保护的调整。那么黄河流域的发展是否也存在类似的问题，上游、中游、下游是否存在发展差距，经济建设、生态保护是否协调。本章将对黄河流域高质量发展综合情况进行综合评价，以全面讨论这些问题。

高质量发展是目前中国对可持续发展的探索，包括经济发展、创新引领、社会民生、生态安全四个维度。推动黄河流域高质量发展，有利于协调黄河水沙关系、缓解水资源供需矛盾；有利于防范和化解生态安全风险，保护黄河流域生态环境；有利于促进全流域协调发展，缩小南北方发展差距，促进民生改善；有利于传承黄河文化。[①]

12.1 高质量发展的内涵

党的十九大做出我国经济已由高速增长阶段转向高质量发展阶段的重大论断。随后如何推动高质量发展成为反映经济发展效果如何，以及制定政策措施促进发展的根本依据。高质量发展作为重要概念，引发了广泛讨论，不同的文献从不同的角度理解高质量发展的内涵。

第一类是高质量发展与新发展理念。发展理念是发展行动的先导，可以指明发展方向，引领发展思路，推动发展方式变革。党的十八届五中全会提出以"创新、协调、绿色、开放、共享"为代表的"五大发展理念"。"五大发展理念"的提出，表明对经济社会发展规律认识的深化。高质量

① 金凤君，林英华，马丽，陈卓. 黄河流域战略地位演变与高质量发展方向［J］. 兰州大学学报（社会科学版），2022（1）：1-12.

发展就是体现新发展理念的发展，创新是第一动力，协调是内生特点，绿色是普遍形态，开放是必由之路，共享是根本目的。[①] 詹新宇等（2016）认为，应以"五大发展理念"为指导，提高中国经济增长质量，促进经济转型发展。李梦欣等（2018）认为，高质量发展是新发展理念得到充分体现的发展，二者之间具有一致性和同步性，对高质量发展的衡量需要从"五大发展理念"讨论。史丹等（2019）提出，"五大发展理念"是高质量发展的总方向，高质量发展评价指标体系构建也需要从这五个维度出发。徐志向等（2019）认为，推动高质量发展要认真贯彻落实新发展理念，努力构建包括创新、协调、绿色、开放、共享的全方位发展路径。欧进锋等（2020）认为，经济高质量发展涉及经济、社会、文化、生态等多方面内容，是一个多维概念，必须契合新发展理念。

第二类是高质量发展与效率变革。经济增长理论中比较广泛用于衡量经济增长质量的是全要素生产率[②]。全要素生产率的讨论源于索罗（Solow，1955，1956）构建的经济增长模型研究美国经济增长。周（Chow，1993）、周和林（Chow and Lin，2002）运用全要素生产率研究了中国经济增长情况。在经济高质量发展领域，许多学者借鉴这种思想，作出了相应的探索。贺晓宇等（2018）认为，经济高质量发展由现代化经济体系通过全要素生产率这一媒介推动，实现高质量发展的关键是提高全要素生产率。刘思明等（2019）认为，全要素生产率比单要素生产率更为全面客观地衡量一国的经济效率，可以有效体现经济高质量发展。刘志彪等（2020）提出，实现高质量发展的核心源泉是全要素生产率，在当前新旧动能转换阶段，推动高质量发展需要以加速经济结构转换，促进全要素生产率稳步提升为基本立足点。许光清（2020）等认为，经济高质量发展首先是全要素生产率的发展，制造业新旧动能转换以全要素生产率较低的行业被全要素生产率较高的行业替代为基本表现形式。李华等（2021）发

---

① 张涛. 高质量发展的理论阐释及测度方法研究 [J]. 数量经济技术经济研究，2020（5）：23－43.

② 郭芸，范柏乃，龙剑. 我国区域高质量发展的实际测度与时空演变特征研究 [J]. 数量经济技术经济研究，2020（10）：118－132.

现，立足以国内大循环为主体的新发展格局，利用包容性绿色全要素生产率指标测度体系可以有效测度中国经济的高质量发展水平。

许多研究从循环经济、能源消费、人力资本、全球化等多种角度关注了世界其他经济体的可持续发展情况。古拉等（Gura et al., 2021）认为循环经济可以应对资源减少、气候变化和环境挑战。他们的研究通过探索绿色产品消费模式来识别阿尔巴尼亚的循环路径影响因素，发现产品标签、产品回收、说明书和成分细节等均有影响。任等（Ren et al., 2023）认为，采用和推广循环经济创新有利于线性经济向循环经济过渡，他们研究发现，指令性监管和技术推动工具在刺激中小型企业（SMEs）采用循环经济创新方面都很重要。博戈维奇等（Bogovic et al., 2020）认为，向绿色经济过渡涵盖了可持续发展的所有要素，实施具体的绿色经济政策，可以推动欧盟的可持续发展。阿里等（Ali et al., 2021）认为，向绿色经济转型有可能抵消环境、经济和社会风险，持续改善加纳经济发展，政策制定者必须制定更有效的措施推动绿色经济转型。能源消费是可持续发展的重点关注领域。穆罕默迪等（Mohammadi et al., 2023）认为能源消费与可持续发展紧密相关，研究了能源消费对发达国家和发展中国家的关系，研究发现，能源消费对两组国家的经济增长都有积极而显著的影响。塔达尼等（Thadani et al., 2021）的研究旨在将清洁能源纳入乌干达和印度尼西亚可持续城市的低成本住房开发，发现将太阳能整合到低价住房中是一个可行的选择。杨等（Yang et al., 2022）关注了东非电力联营国家能源消费对经济增长的影响，认为能源总体上有助于增长，而不可再生能源降低了选定国家的经济增长。马丁内斯等（Martínez et al., 2023）认为可持续发展目标有利于改善居民的生活质量，逐步改变各国发展和使用不同技术的方式，他们的研究评估了厄瓜多尔发电公司对可持续发展目标的遵守情况。姆波夫（Mpofu, 2022）认为，绿色税收已经成为实现可持续发展目标的关键，绿色税可以为非洲国家绿色转型政策改革提供机会，但绿色税会加剧不平等，提高能源成本，并加剧那些依赖化石燃料获取能源的人的能源贫困。一些学者从社会发展角度讨论了可持续发展。皮特凯恩等（Pitkänen et al., 2023）认为需要更好地理解循环经济的社会可持续性，并制定概念框架来分析和评估社会、环境和经济之间的相互联系，并探索建立了芬兰循环经济的社会可持续性评价指标。辛格等（Singh et al.，2022）认为，沙特阿拉伯等发展中国家应该通过有针对性的教育和培训计划不断增强其人力资本，以实现可持续发展目标。乌斯曼等（Usman et al.，2022）认为，人力资本外流仍然是发展中国家面临的严重挑战，特别是在撒哈拉以南非洲，政策制定者应该采取积极有效的措施以改善该地区的人才外流。一些研究讨论了对外联系对可持续发展的影响。朗格等（Lange et al.，2022）探讨了循环经济国际贸易的可行性和注意事项，发现通过将循环经济贸易明确纳入英国 - 加拿大协议，可以进一步实现可持续发展的目标。加西姆利等（Gasimli et al.，2022）研究发现，全球化是独联体国家可持续发展的一个决定因素，独联体国家应鼓励并在经济和政治上融入世界，以实现可持续发展。王等（Wang et al.，2023）讨论了韩国制造业绿色增长问题，认为内向（inward）外国直接投资有力地促进了韩国制造业的绿色增长。多尼安等（Dornean et al.，2022）发现，在欧盟国家，外国投资者重点考虑可持续发展环境，碳排放更低的国家对外国投资者更有吸引力。西德施拉格等（Siedschlag et al.，2022）关注了微观领域的可持续发展问题，认为绿色创新对于加快向循环经济过渡至关重要，环境法规、内部 R&D、资本资产的收购是使企业能够引入绿色创新的重要因素。巴加特等（Bhagat et al.，2022）讨论了工业 4.0 技术和绿色实践对提高公司可持续绩效的影响，发现大数据分析对企业绿色实践有积极影响，可以显著增强绿色实践的实施并提高绩效。

综观上述讨论，对于高质量发展这一研究主题，现有研究虽然未达成统一共识，不过基本指向是一致的。一是高质量发展具有丰富的内涵，是个复合概念，需要完整体现新发展理念，各个发展维度不能缺少。二是高质量发展不同维度之间要整体协调，某一维度发展较高而其他维度发展较低或某一维度发展较低而其他维度发展较高都不是高质量发展。三是高质量有其特殊性，不同区域、不同时期的高质量发展有所不同。

12.2　研究方法与数据来源

12.2.1　综合评价指标体系的构建

鉴于高质量发展所涵盖的广泛性和深度，对其进行准确测度需要构建一个综合评价指标体系。与单一的评价指标相比，这一综合体系不仅涵盖了更全面的发展维度，还能够体现不同维度之间的协调发展关系。此外，该体系还充分考虑了不同区域和不同时期的发展特色，从而确保评价的准确性和针对性。通过这一综合评价指标体系，能够更全面地了解高质量发展的实际状况。

12.2.1.1　中国不同发展阶段的综合评价思想

改革开放四十余年来，我国对于发展的评价思想和指标体系持续演化，大致可以分为4个阶段。第一个阶段从1978~1993年，为对外开放起步阶段。党的十一届三中全会确立了把党和国家的工作重心转移到经济建设上来，之后在党的十三大明确了以经济建设为中心，于是该阶段的评价指标体系主要集中于经济发展水平的考察，经济指标权重较大。第二个阶段从1993~2007年，为全面发展阶段。党的十五大、十六大相继提出了政治体制改革、全面建设小康社会等重大战略。该阶段的发展目标和评价体系不仅仅是经济建设，而是要推动经济、文化、政治、社会等全面发展，更加注重以人为本的发展。第三个阶段从2007~2015年，为可持续发展阶段。党的十七大提出要实现国民经济又好又快发展，既要保持经济发展的稳定性，也要全面推进经济、政治、文化、社会建设，坚持"五个统筹"。党的十八大明确全面建成小康社会的总体目标，提出经济建设、政治建设、文化建设、社会建设和生态文明建设"五位一体"的总体布局。该阶段的评价指标体系更加强调人与自然，生态环境与经济增长的协同关系，强调可持续。第四个阶段从 2015 年至今，为新发展理念阶段。党的十八届五中全会提出实现"十三五"时期发展目标必须牢固树立并切实贯彻创新、协调、绿色、开放、共享的发展理念。党的十九大明确我国经济已由高速增长阶段转向高质量发展阶段，必须建设现代经济体系，贯彻新发展理念。党的十九届五中全会进一步明确"十四五"时期经济社会发展必须坚定不移贯彻新发展理念。党的二十大强调加快构建新发展格局，着力推动高质量发展。目前阶段更注重发展的质量，评价指标体系需要设置得更加全面、科学、准确，体现时代性。[①]

12.2.1.2　高质量发展综合评价指标体系建立原则

高质量发展具有丰富的内涵，必须使用综合指标体系来进行准确的评价，指标体系的构建既要从发展思想出发紧紧把握高质量发展的内涵，确保评价指标体系全面科学；又要以统计知识为指导，确保统计指标精炼可操作，[②] 具体原则如下。

指标应该是全面的。高质量发展指标体系应能够全方位反映高质量发展的基本特征，体现创新、协调、绿色、开放、共享五大发展理念，既考虑经济增长，又要反映社会发展，将体现高质量发展内涵和外延的指标全部纳入其中。

指标应该体现不同区域的特色。黄河流域幅员辽阔，黄河作为仅次于长江的我国第二大河，流经 9 个省区。从青藏高原到东部沿海，从河湟文化到齐鲁文化，从三江源到三角洲，每一个省份、每一块区域由于区位条件、资源禀赋、气候环境等方面的差别，具有不同的发展特色，高质量发展指标体系应该因地制宜地反映这种特色。[③]

指标应该是开放的。保持开放是中国经济成功的重要经验，同样在高

---

① 李金昌，史龙梅，徐蔼婷. 高质量发展评价指标体系探讨 [J]. 统计研究，2019 (1)：4 – 14.

② 张涛，高质量发展的理论阐释及测度方法研究 [J]. 数量经济技术经济研究，2020 (5)：23 – 43.

③ 李金昌，史龙梅，徐蔼婷. 高质量发展评价指标体系探讨 [J]. 统计研究，2019 (1)：4 – 14.

质量发展指标体系构建上也必须充分借鉴国际经验，做到既以中国基本国情、黄河流域基本情况为基础，又具有国际视野。

指标应该是精炼的。简单是科学研究的基本原则之一，在达到相同或相近效果的前提下，越简单的理论、方法越科学。黄河流域高质量发展指标体系的设计也需要遵循这项原则，要选择核心指标，否则指标选择过多会增加收集、处理数据难度，也会因为相关性的问题而稀释核心指标的作用。

指标应该是可行的。真实客观的评价结果必须基于真实客观的数据，这就要求黄河流域高质量评价的数据来源必须真实客观，要尽量使用能够直接获取数据的指标，尽量避免使用推算数据或替代数据的指标，除非这些数据有可靠的理论支撑，能够经得起检验。①

12.2.1.3　高质量发展综合评价指标体系

参考其他学者的研究成果，根据黄河流域九省区的发展特点，建立黄河流域高质量发展综合评价指标体系，该指标体系包括经济发展、创新引领、社会民生、生态安全四个维度，含有 28 个二级指标，如表 12.1 所示。

表 12.1　　　　　建立黄河流域九省区高质量发展评价指标体系

总指标	一级指标	二级指标	属性
高质量发展	经济发展	GDP 增速	正向
		三产比重	正向
		外贸依存度	正向
		一般公共预算收入	正向
		固定资产投资额	正向
		公路线路里程	正向
		货运量	正向

① 段秀芳，沈敬轩. 粤港澳大湾区城市高质量发展评价及空间结构特征分析 [J]. 统计与信息论坛，2021 (5)：35－44.

续表

总指标	一级指标	二级指标	属性
高质量发展	创新引领	规上工业 R&D 经费支出	正向
		规模以上工业企业 R&D 人员折合全时当量	正向
		普通高等学校专任教师数	正向
		互联网宽带接入端口数	正向
		公共图书馆藏书量	正向
		专利申请数	正向
		技术市场交易额	正向
	社会民生	人均 GDP	正向
		城乡收入比	负向
		单位人口拥有卫生技术人员数	正向
		医疗卫生机构床位数	正向
		城镇在岗职工基本养老保险参保人数	正向
		职工基本医疗保险参保人数	正向
		城镇登记失业率	负向
	生态安全	人均水资源量	正向
		人均用水量	负向
		森林覆盖率	正向
		造林总面积	正向
		万元 GDP 电耗	负向
		一般工业固体废物处置量	正向
		生活垃圾清运量	正向

经济发展是解决所有问题的基石和核心，只有当经济总量得到显著提升时，才能为其他发展要素提供坚实的支撑和肥沃的土壤。在经济发展维度中，选择七个关键指标，包括 GDP 增速、第三产业比重、外贸依存度、一般公共预算收入、固定资产投资额、公路线路里程及货运量，这些指标均为正向指标，共同构成了评估经济发展的综合框架。GDP 增速作为衡量经济增长的重要指标，合理性区间内的经济增速是高质量发展的必要条件。第三产业比重的考量则揭示了产业结构的优化进程，反映了经济转型升级的成效。外贸依存度不仅揭示了经济与外部世界的紧密联系，也体现

了经济发展中的国际交流与合作深度。一般公共预算收入作为政府财力的重要体现，直接反映了政府在资源配置上的能力与灵活性。固定资产投资额则揭示了资本投入的力度，是地方长期资本积累的重要参照。而公路线路里程和货运量的数据则描绘了地区基础设施建设，展示了地区交通物流的便捷程度和发展潜力。①

推动黄河流域高质量发展，科技创新支撑能力的提升是核心驱动力。因此，必须将创新置于发展全局的中心位置，坚定不移地实施创新驱动发展战略。在创新引领维度上，选取了七个关键指标，包括规模以上工业R&D经费支出、规模以上工业企业R&D人员折合全时当量、普通高等学校专任教师数、互联网宽带接入端口数、公共图书馆藏书量、专利申请数以及技术市场成交额，这些均为正向指标，共同构成了评估创新能力的综合体系。科技研发的基础条件至关重要，规模以上工业R&D经费支出反映了资金投入的力度，是研发活动得以持续开展的重要保障。同时，规模以上工业企业R&D人员折合全时当量则揭示了人力资本的投入情况，是创新能力的关键要素之一。此外，互联网宽带接入端口数和公共图书馆藏书量分别从设施和资源角度，展示了科技研发所需的基础设施和知识储备情况。科技成果的转化和应用同样重要，专利申请数和技术市场成交额作为科技产出的核心指标，不仅反映了研发活动的实际效果，更揭示了科技创新与实际生产的紧密结合程度。②

高质量发展的终极目标，在于不断满足人民对美好生活的向往与追求，确保人民在发展过程中获得实实在在的福祉。在社会民生维度，选取七个关键指标进行衡量，包括人均GDP、城乡收入比、单位人口拥有的卫生技术人员数、医疗卫生机构床位数、职工基本医疗保险参保人数、城镇在岗职工基本养老保险参保人数以及城镇登记失业率。其中，城乡收入比和城镇登记失业率为负向指标，其余均为正向指标。人均GDP作为衡量人民基本物质生活水平的基础性指标，其增长是提高居民生活质量的重要前

① 孙豪，桂河清，杨冬. 中国省域经济高质量发展的测度与评价 [J]. 浙江社会科学，2020（8）：4-14.

② 韩永辉，韦东明. 中国省域高质量发展评价研究 [J]. 财贸研究，2021（1）：26-37.

提。而城乡收入比则揭示了城乡居民之间的收入差距，比值越大表明差距越显著，这是需要关注和努力缩小的重要方面。在医疗服务方面，单位人口拥有的卫生技术人员数和医疗卫生机构床位数提供了衡量居民享受医疗服务水平的直观数据。这两个指标的增长，意味着居民在健康保障方面的获得感将不断提升。社会保障是衡量一个社会发展的重要标志。职工基本医疗保险参保人数和城镇在岗职工基本养老保险参保人数的变化，直接反映了居民社会保障水平的改善情况。最后，城镇登记失业率作为衡量就业情况的重要指标，其变化反映了居民就业机会的多少。[①]

黄河流域作为中国重要的生态安全屏障，其生态环境尤为脆弱，水资源保障面临严峻挑战，整体资源环境承载能力相对薄弱。因此，大力推进生态环境保护与治理显得尤为重要。在生态安全维度上，选择了七个关键指标来全面评估黄河流域的生态状况，包括人均水资源量、人均用水量、森林覆盖率、造林总面积、万元 GDP 电耗、一般工业固体废物处置量以及生活垃圾清运量。其中，人均用水量和万元 GDP 电耗为负向指标，其余则为正向指标。鉴于黄河流域面临的水资源短缺这一核心矛盾，人均水资源量成为衡量可用水资源状况的关键指标，而人均用水量则反映了水资源的实际利用情况。在生态脆弱性方面，森林覆盖率作为生态存量的直观体现，造林总面积则展示了生态恢复的积极进展。针对黄河流域内各省区以能源化工、原材料、农牧业等为主导的产业特点，万元 GDP 电耗不仅揭示了产业发展的能耗强度，也间接反映了产业结构重型化和低质低效的问题。同时，一般工业固体废物处置量成为衡量产业提质增效的重要参考。[②]

12.2.1.4　耦合发展模型

从上述分析中，可以清晰地认识到，高质量发展涵盖了两个核心要素。首先，发展是必然的选择，这体现在经济持续增长、创新不断突破、

① 唐晓彬，王亚男，唐孝文 . 中国省域经济高质量发展评价研究［J］. 科研管理，2020（11）：44 - 55.

② 任保显 . 中国省域经济高质量发展水平测度及实现路径——基于使用价值的微观视角［J］. 中国软科学，2020（10）：175 - 183.

社会民生稳步改善以及生态安全得到有效保障等多个维度上。这些维度在不断地提升、优化和强化中，共同构成了高质量发展的坚实基石。从数量关系的角度来看，发展意味着在不同时期，同一维度上的数量变化。对于正向维度而言，数量的增加即代表着进步与发展；而对于负向维度，数量的减少则同样意味着向着更好的方向发展。当面对多个维度的发展时，需要采用加权综合的方式来简化讨论和评估。为了更直观地描述这种综合发展，可以采用线性模型进行刻画。这一模型能够综合考虑各个维度的变化及其权重，从而提供一个全面而准确的发展评估工具。通过这一工具，能够更好地理解和把握高质量发展的内涵和实质，为未来的发展战略制定提供有力的支撑，公式如下：

$$D_{nt} = \sum_{i=1}^{n} \lambda_{it} \frac{f_{it}}{f_{it-1}} \qquad (12-1)$$

其中，D_{nt} 为综合发展度，f_{it} 为第 i 个维度，λ_{it} 为第 i 个维度的权重。也就是发展为各维度发展的加权综合表现，每一个维度 f_{it} 发展速度越快、发展水平越高、发展效益越好，那么总体 D_{nt} 发展速度越快、发展水平越高、发展效益越好。

另外，高质量发展不仅要求各个维度都要取得进步，更强调这些维度之间的协同发展。如果某些维度得到了显著提升，而其他维度却停滞不前，或者某些维度的发展速度明显快于其他维度，这都不能被视为真正的高质量发展。高质量发展是一个综合性的过程，它要求经济、创新、社会民生和生态安全四个维度在提升过程中保持协同和平衡。为了描述这种协同发展，可以借鉴物理学中的耦合概念。耦合用于描述系统或运动之间相互作用、相互依赖的关系。当系统或运动之间的相互作用和依赖越强时，耦合度就越高；反之，当它们之间的相互作用和依赖越弱时，耦合度就越低。为了量化这种耦合关系，可以使用耦合度的测度公式如下：

$$C_{nt} = \left[\frac{\prod_{i=1}^{n} f_{it}}{\left[\sum_{i=1}^{n} f_{it}/n \right]^{n}} \right]^{1/n} \qquad (12-2)$$

其中，C_{nt} 耦合度作为一个关键指标，用于量化不同维度之间的协同发展情况。当耦合度较高时，说明各个维度之间的发展更加协调一致；反之，耦合度较低则意味着各个维度之间的发展协同性较差，存在发展不均衡或不同步的问题。为了更全面地评估高质量发展的整体状况，可以将发展度和耦合度相结合，形成一个综合指标——耦合发展度。这一指标既考虑了各个维度的发展水平，又兼顾了它们之间的协同性，因此能够更准确地反映高质量发展的实际情况。耦合发展度在可持续发展分析中得到了广泛应用。[①] 公式如下：

$$\sqrt{C_{nt} \cdot D_{nt}} = \sqrt{\left[\frac{\prod\limits_{i=1}^{n} f_{it}}{\left[\sum\limits_{i=1}^{n} f_{it}/n\right]^{n}}\right]^{1/n} \sum_{i=1}^{n} \lambda_{it} \frac{f_{it}}{f_{it-1}}} \qquad (12-3)$$

耦合发展度为发展度和耦合度的几何平均，可以发现，耦合发展思想与高质量发展的要求是一致的。首先，耦合发展度可以反映总体的发展情况，D_{nt} 可以准确地测度某一个区域的经济进步、创新引领、社会民生、生态安全四个维度的综合发展。其次，耦合发展度也可以反映各维度的协同情况，C_{nt} 可以有效测算经济进步、创新引领、社会民生、生态安全四个维度的协同情况。因此能够用耦合发展度 $\sqrt{C_{nt} \cdot D_{nt}}$ 来衡量高质量发展指数 HQD_t，本书认为可以将高质量发展指数 HQD_t 定义为耦合发展度 $\sqrt{C_{nt} \cdot D_{nt}}$，作为高质量发展测算的一种尝试，即：

$$HQD_t = \sqrt{C_{nt} \cdot D_{nt}} \qquad (12-4)$$

12.2.1.5　熵权 TOPSIS 方法

在综合评价系统中，不同的指标对整体性能的贡献度存在显著差异。因此，权重分配成为评价流程中的核心环节，其科学性和合理性直接关系到评价结果的准确性和可靠性。为了确保权重的合理设定，必须全面

① 生延超，周垚. 经济集聚能否促进黄河流域经济高质量增长与生态保护的协同发展？[J]. 中南大学学报（社会科学版），2021（6）：32–44.

考虑指标的独立性和变异性，并尽可能消除主观偏见的影响。采用熵权 TOPSIS 方法来确定各指标的权重。这种方法结合了熵值法和 TOPSIS 方法的优势，被广泛应用于权重确定问题中。熵值法作为一种客观的赋权方法，能够有效地减少权重分配过程中的主观性。熵的概念起源于物理学，用于衡量系统的不确定性程度。在熵值法中，熵值越小，表明系统的不确定性越低，相应指标的权重就越高；反之，熵值越大，系统的不确定性越高，指标的权重就越低。根据高质量发展评价指标体系所收集的数据，构建了一个数据集 $[y_{ijt}]_{m \times n}$。这个数据集以年份为单位，每一年形成一个 $m \times n$ 的矩阵。在这个矩阵中，行代表不同的省份，列则对应各项评价指标，如下：

$$[x_{ijt}]_{m \times n} = \begin{bmatrix} x_{11t} & x_{12t} & \cdots & x_{1n-1t} & x_{1nt} \\ x_{21t} & x_{22t} & \cdots & x_{2n-1t} & x_{1nt} \\ \cdots & & \cdots & & \cdots \\ x_{m1t} & x_{m2t} & \cdots & x_{mn-1t} & x_{mnt} \end{bmatrix} \quad (12-5)$$

数据标准化借鉴 TOPSIS 方法的处理思想。TOPSIS 方法，又称优劣解距离法，是一种常用的多属性决策分析方法。使用 TOPSIS 方法进行数据标准化是一个关键步骤，它消除了不同指标量纲和数量级的影响，使各指标之间具有可比性。针对正向指标（即效益型指标，指标值越大越优）和负向指标，TOPSIS 方法通常采用不同的标准化处理方式如下：

$$正向指标: x'_{ijt} = \frac{[x_{ijt} - \min(x_{1jt} \cdots x_{mjt})]}{[x_{ijt} - \min(x_{1jt} \cdots x_{mjt})] + [\max(x_{1jt} \cdots x_{mjt}) - x_{ijt}]}$$

$$(12-6)$$

$$逆向指标: x'_{ijt} = \frac{[\max(x_{1jt} \cdots x_{mjt}) - x_{ijt}]}{[x_{ijt} - \min(x_{1jt} \cdots x_{mjt})] + [\max(x_{1jt} \cdots x_{mjt}) - x_{ijt}]}$$

$$(12-7)$$

数据平移固定常数 α，以防止取对数后没有意义，即 $[x''_{ijt}]_{m \times n} = [x'_{ijt}]_{m \times n} + [\alpha]_{m \times n}$，由标准化矩阵 $[x''_{ijt}]_{m \times n}$，测算第 j 指标第 i 个样本的概率，如下：

$$p_{ijt} = \frac{x''_{ijt}}{\sum_{i=1}^{m} x''_{ijt}} \qquad (12-8)$$

第 j 指标的熵值为：

$$e_{jt} = -\frac{\sum_{i=1}^{m} p_{ijt} \times \ln p_{ijt}}{\ln(m)} \qquad (12-9)$$

熵权为：

$$w_{jt} = \frac{1 - e_{jt}}{m - \sum_{j=1}^{m} e_{jt}} \qquad (12-10)$$

综合发展度 D、耦合度 C、高质量发展指数 HQD_t 的取值范围均为 $[0,1]$，越接近于 0 高质量发展情况越差，越接近于 1 说明高质量发展情况越好，可以划分为优质高质量发展 $[0.7,1]$、中级高质量发展 $[0.4,0.69]$、初级高质量发展 $[0,0.39]$ 三个大区间。

12.2.2　数据来源

黄河流域九省区高质量发展综合评价所需数据来自 2011~2021 年《中国统计年鉴》《中国科技统计年鉴》《中国教育年鉴》《中国人口和就业统计年鉴》等，以及黄河流域九省区的统计年鉴、科技年鉴、教育年鉴、人口和就业统计年鉴等，部分数据来自全国及相应省份的统计公报、部门公报等。

■ 12.3　实证结果与分析

黄河流域高质量发展的演变趋势，可以从时间的纵向延伸与空间的横向对比两个维度进行深入剖析。在时间维度上，着重关注 2010~2020 年黄河流域在高质量发展方面所呈现的变化轨迹；而在空间维度上，则侧重于探讨黄河流域上游、中游及下游各地区在高质量发展上的差异化表现及演变态势。对于黄河流域上、中、下游的划分，依据流域的水文特征和自然环境来界定，具体为：青海、四川、甘肃及宁夏归为上游地区，内蒙古、陕西和山西属于中游地区，而河南和山东则构成了下游地区。[①]

12.3.1　总体高质量发展情况

从时间演化上看，如表 12.2 和图 12.1 所示，黄河流域九省区高质量发展水平呈现两方面特点。一方面，高质量发展整体呈现上升态势。高质量发展指数平均值从 2010 年的 0.391 上升到 2020 年的 0.478，提升了 0.086，提升幅度为 22.0%。另一方面，高质量发展呈现分化趋势。四川高质量发展指数提升绝对值最大，由 2010 年的 0.548 提升到 2020 年的 0.720，提升了 0.172；内蒙古提升绝对值最小，由 2010 年的 0.423 提升到 2020 年的 0.458，提升了 0.035。青海提升幅度最大，由 2010 年的 0.200 提升到 2020 年的 0.277，提升幅度为 39.0%；内蒙古提升幅度最小，提升幅度为 8.2%。

表 12.2　　　　　黄河流域九省区高质量发展时间演化情况

省份	2010 年	2011 年	2012 年	2013 年	2014 年	2015 年	2016 年	2017 年	2018 年	2019 年	2020 年
青海	0.200	0.226	0.238	0.236	0.255	0.250	0.256	0.264	0.262	0.261	0.277
四川	0.548	0.563	0.580	0.595	0.604	0.627	0.645	0.672	0.685	0.704	0.720
甘肃	0.327	0.342	0.350	0.359	0.362	0.375	0.371	0.361	0.362	0.373	0.381
宁夏	0.209	0.210	0.207	0.218	0.223	0.221	0.230	0.242	0.239	0.239	0.241
内蒙古	0.423	0.434	0.448	0.462	0.445	0.452	0.463	0.464	0.461	0.470	0.458
陕西	0.461	0.471	0.480	0.508	0.513	0.528	0.526	0.545	0.562	0.582	0.588
山西	0.433	0.439	0.443	0.461	0.453	0.456	0.473	0.481	0.498	0.510	0.492
河南	0.527	0.550	0.570	0.585	0.595	0.612	0.624	0.641	0.655	0.665	0.669
山东	0.646	0.671	0.681	0.707	0.694	0.727	0.731	0.751	0.766	0.776	0.795
平均值	0.391	0.406	0.416	0.429	0.432	0.441	0.449	0.459	0.465	0.473	0.478

注：平均值为几何平均数。

[①] 覃成林，樊双涛. 黄河流域空间发展格局演进特征及优化研究 [J]. 经济问题，2021
(9)：104 – 110.

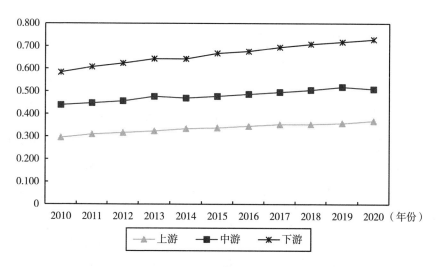

图 12.1　黄河流域九省区高质量发展空间演化情况

　　从空间演化上看，黄河流域上游地区、中游地区、下游地区高质量发展水平呈现不同趋势。一方面，区域高质量发展水平存在差距，呈现"下游 > 中游 > 上游"格局，下游高质量发展水平最高，上游高质量发展水平最低，中游高质量发展水平居中。2020 年，下游高质量发展指数平均值为 0.729，中游高质量发展指数平均值为 0.510，上游高质量发展指数平均值为 0.368。另一方面，区域高质量发展水平差距不断发生变化。2010～2020 年，上游和下游高质量发展指数提升较快，提升幅度均在 20% 以上，上游为 25.2%，下游为 25.0%，上游由 0.294 提升到0.368，提升了 0.074，下游由 0.583 提升到 0.729，提升了 0.146。中游高质量发展指数提升较慢，提升幅度为 16.2%，由 0.439 提升到 0.510，提升了 0.071。经过 10 年的发展，上游与中游的差距在缩小，中游与下游的差距在扩大。

　　2010 年、2020 年两个时间点黄河流域九省区的高质量发展明显提升，经过十年的发展，山东、四川两个省份进入了优质高质量发展区间。表 12.2、图 12.1 中的数据较好地展示了黄河流域九省区高质量发展的纵向维度和横向维度情况。高质量发展指数由综合发展度和耦合度综合而成，分析高质量发展指数的变化趋势必须首先分析综合发展度和耦合度。

12.3.2 综合发展情况

从时间演化上看，如表 12.3 和图 12.2 所示，黄河流域九省区高质量发展指数受到综合发展指数的较大影响。黄河流域九省区综合发展指数也呈现整体上升和分化趋势。综合发展指数平均值从 2010 年的 0.194 上升到 2020 年的 0.259，提升了 0.065，提升幅度为 33.7%。分省份来看，山东综合发展指数提升绝对值最大，由 2010 年的 0.436 提升到 2020 年的 0.753，提升了 0.317；宁夏呈现下降趋势，由 2010 年的 0.065 下降到 2020 年的 0.059，下降了 0.006；四川提升幅度最大，提升幅度为 75.8%；宁夏下降了 10.2%。山东省作为下游省份，是黄河流域九省区当中经济社会发展水平最高的省份，其经济发展、创新引领、社会民生均出现了较快增长。山东省发展较快有多方面原因：一是区位优势明显，拥有出海口，交通便利；二是资源禀赋较好，适宜发展多种生产；三是山东作为沿海省份，开放较早，相对于内陆省份拥有更多的制度红利。相比较而言，宁夏作为上游省份，区位优势、资源禀赋、制度红利与下游省份均有较大差距。四川虽然是上游省份，但是四川位于中国南方，其区位优势、资源禀赋、制度红利也好于其他上游省份。

表 12.3　　　　　　　　　黄河流域九省区综合发展时间演化情况

省份	2010 年	2011 年	2012 年	2013 年	2014 年	2015 年	2016 年	2017 年	2018 年	2019 年	2020 年
青海	0.147	0.142	0.156	0.112	0.139	0.101	0.102	0.121	0.139	0.138	0.153
四川	0.308	0.319	0.337	0.355	0.367	0.399	0.423	0.459	0.485	0.515	0.542
甘肃	0.115	0.124	0.126	0.131	0.133	0.143	0.140	0.132	0.133	0.141	0.147
宁夏	0.065	0.059	0.051	0.054	0.055	0.052	0.055	0.060	0.058	0.058	0.059
内蒙古	0.206	0.214	0.235	0.242	0.210	0.216	0.226	0.234	0.228	0.245	0.220
陕西	0.225	0.232	0.238	0.264	0.269	0.286	0.284	0.305	0.327	0.358	0.372
山西	0.197	0.199	0.200	0.216	0.208	0.211	0.233	0.243	0.261	0.276	0.245
河南	0.281	0.304	0.329	0.349	0.365	0.390	0.409	0.427	0.452	0.465	0.486
山东	0.436	0.477	0.498	0.546	0.542	0.593	0.608	0.636	0.666	0.672	0.753
平均值	0.194	0.198	0.204	0.208	0.212	0.213	0.221	0.234	0.244	0.254	0.259

注：平均值为几何平均数。

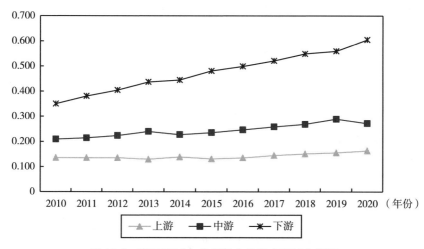

图 12.2　黄河流域九省区综合发展空间演化情况

从空间演化上看，黄河流域九省区高质量发展指数也受到综合发展指数的较大影响。黄河流域九省区综合发展指数存在区域差距，而且这种差距水平不断发生变化。分区域来看，综合发展指数呈现"下游 > 中游 > 上游"格局，下游综合发展水平最高，上游综合发展水平最低，中游综合发展水平居中。2020 年，下游综合发展指数平均值为 0.605，中游综合发展指数平均值为 0.272，上游综合发展指数平均值为 0.163。特别需要注意的是，上游、中游与下游的综合发展差距呈现逐渐扩大趋势。2010 ~ 2020年，下游综合发展指数由 0.350 提升到 0.605，提升了 0.255，提升幅度为 72.8%；上游综合发展指数由 0.136 提升到 0.163，提升了 0.027，提升幅度为 20.0%；中游综合发展指数由 0.209 提升到 0.272，提升了 0.063，提升幅度为 30.1%。下游提升绝对值分别是上游、中游的 9.4 倍和 4.0 倍，提升幅度分别是上游、中游的 3.6 倍和 2.4 倍。除了山东之外，作为下游省份的河南发展也比较迅速，经济发展、创新引领、社会民生、生态安全均出现了一定程度的提升，其中经济发展、创新引领、社会民生提升比较明显。

12.3.3　发展耦合情况

从时间演化上看，如表 12.4 和图 12.3，黄河流域九省区发展耦合度呈现两方面特点。一方面，发展耦合度整体呈现上升态势。耦合度平均值从 2010 年的 0.791 上升到 2020 年的 0.881，提升了 0.090，提升幅度为 11.4%。另一方面，发展耦合度呈现大部分省份高位运行，少部分省份低位波动趋势。2010 年青海发展耦合度仅 0.270，远低于平均值，之后逐渐增长，至 2016 年达到最高值，为 0.643，之后又开始下降，2020 年为 0.504，也远低于平均值。除青海之外的其他省份，基本都保持了较高的发展耦合度，9 个省份中有 5 个省份发展耦合度始终高于 0.9。

表 12.4   黄河流域九省区发展耦合度时间演化情况

省份	2010 年	2011 年	2012 年	2013 年	2014 年	2015 年	2016 年	2017 年	2018 年	2019 年	2020 年
青海	0.270	0.358	0.364	0.498	0.468	0.619	0.643	0.575	0.496	0.497	0.504
四川	0.976	0.992	0.998	0.998	0.994	0.987	0.983	0.985	0.968	0.963	0.957
甘肃	0.929	0.942	0.967	0.979	0.982	0.983	0.988	0.990	0.986	0.981	0.990
宁夏	0.669	0.744	0.836	0.879	0.908	0.947	0.957	0.971	0.982	0.983	0.994
内蒙古	0.870	0.882	0.855	0.883	0.941	0.947	0.947	0.922	0.933	0.904	0.953
陕西	0.944	0.957	0.969	0.978	0.976	0.972	0.971	0.973	0.967	0.948	0.928
山西	0.953	0.968	0.979	0.985	0.990	0.985	0.963	0.954	0.950	0.943	0.987
河南	0.988	0.994	0.990	0.979	0.970	0.960	0.952	0.963	0.949	0.951	0.919
山东	0.957	0.943	0.931	0.914	0.888	0.891	0.880	0.888	0.880	0.895	0.840
平均值	0.791	0.832	0.845	0.883	0.883	0.913	0.914	0.903	0.885	0.880	0.881

注：平均值为几何平均数。

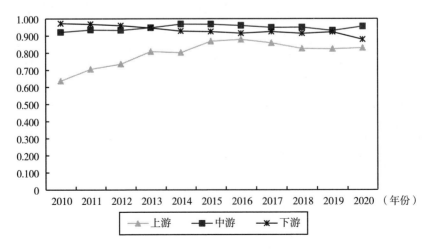

图 12.3   黄河流域九省区发展耦合度空间演化情况

从空间演化上看，黄河流域九省区发展耦合度在不同的区域呈现不同的趋势。中游和下游发展耦合度一直处于高位运行态势，2010～2020年，中游发展耦合度在0.920～0.970波动，下游发展耦合度在0.875～0.975波动。上游发展耦合度整体呈现上升趋势，但是与中游、下游仍有差距。2010～2020年，上游地区发展耦合度由0.636上升到0.830，上升了0.194，上升幅度为30.5%。2020年，上游发展耦合度与中游、下游的差距分别为0.125和0.049。下游的发展耦合度呈现下降趋势，由0.972下降到0.879，下降了0.093。出现这种趋势的主要原因是相对于社会民生和生态安全，山东、河南的经济发展和创新引领提升更快，各维度提升速度不一致。这也反映了这些省份的发展特点，在某种程度更重视经济发展与科技引领。① 上游地区的发展耦合度出现明显的提升，说明上游地区各维度更加协调。但是，也必须注意到青海、甘肃的综合发展提升较慢，宁夏甚至出现了下降，这种协调呈现一定程度的低层次协调特点，也就是上游地区高质量发展提升更多地来自低层次协调，这种情况需要引起足够的重视。②

12.3.4　稳健性检验

分别采用莫兰指数、调整指标体系和主成分分析三种方法来进行稳健性检验，结果显示测算是比较稳健的。

12.3.4.1　莫兰指数

Moran's Ⅰ可以用于衡量空间自相关的大小，也就是地理空间上相邻的两个区域是否有相关关系。Moran's Ⅰ越大，说明间空间作用、空间依赖越大；Moran's Ⅰ越小说明空间作用、空间依赖越小。测算不同时期的Moran's Ⅰ可以从时间维度和空间维度两个维度综合反映所研究变量的变化

---

① 孙彦明. 促进创新成果转化应用　加快山东新旧动能转换 [J]. 宏观经济管理，2018(2)：61-65.

② 杨永春，张旭东，穆焱杰，张薇. 黄河上游生态保护与高质量发展的基本逻辑及关键对策 [J]. 经济地理，2020 (6)：9-20.

情况。[①] 分别测算黄河流域的高质量发展、综合发展和发展耦合的莫兰指数，结果如表 12.5 所示。整体来看，黄河流域九省区高质量发展 Moran's Ⅰ 大致呈现上升趋势，存在一定的空间集聚效应、空间异质性，与表 12.2 和图 12.1 的讨论是基本一致的。2010～2020 年的黄河流域九省区综合发展的空间集聚效应、空间异质性要高于高质量发展指数，整体呈现上升趋势，与表 12.3 和图 12.2 的讨论是基本一致的。2010～2020 年黄河流域九省区发展耦合度的 Moran's Ⅰ 均小于零，这说明黄河九省区发展耦合度存在空间离散效应，与表 12.4 和图 12.3 的讨论是基本一致的。

表 12.5 黄河流域莫兰指数情况

指标	2010 年	2011 年	2012 年	2013 年	2014 年	2015 年	2016 年	2017 年	2018 年	2019 年	2020 年
高质量发展	0.148	0.168	0.169	0.167	0.182	0.169	0.174	0.181	0.191	0.174	0.172
综合发展	0.224	0.243	0.247	0.237	0.284	0.255	0.262	0.255	0.273	0.245	0.255
发展耦合	-0.115	-0.13	-0.155	-0.18	-0.154	-0.161	-0.176	-0.176	-0.131	-0.15	-0.122

12.3.4.2 调整指标体系

本章对综合评价指标体系进行调整，每次减少若干个指标，观察测算结构的变化。表 12.6 显示了其中的一个测算结果，经济发展、创新引领、社会民生、生态安全四个维度每个维度减少一个指标，减少的指标分别是固定资产投资额、规模以上工业企业 R&D 人员折合全时当量、医疗机构床位数、造林总面积额。测算的高质量发展指数、综合发展指数、发展耦合指数的平均值与表 12.2、表 12.3、表 12.4 的结果基本相同，绝大部分年份的差距不足 3%。减少其他指标的情况与表 12.6 显示的情况基本类似，结果比较稳定。

表 12.6 调整指标体系的测算结果与差距

指标	2010 年	2011 年	2012 年	2013 年	2014 年	2015 年	2016 年	2017 年	2018 年	2019 年	2020 年
高质量发展	0.391	0.413	0.423	0.436	0.438	0.447	0.454	0.464	0.471	0.476	0.481
综合发展	0.203	0.208	0.212	0.214	0.218	0.217	0.225	0.238	0.252	0.261	0.265

---

① Zeng J. J., Liu T., Feiock R., Li F. The Impacts of China's Provincial Energy Policies on Major Air Pollutants: A Spatial Econometric Analysis [J]. Energy Policy, 2019 (132): 392 – 403.

续表

指标	2010年	2011年	2012年	2013年	2014年	2015年	2016年	2017年	2018年	2019年	2020年
发展耦合	0.754	0.819	0.844	0.887	0.883	0.919	0.919	0.905	0.879	0.869	0.873
高质量发展差距	0.1%	1.7%	1.7%	1.6%	1.5%	1.3%	1.2%	1.1%	1.2%	0.6%	0.7%
综合发展差距	4.4%	5.1%	4.1%	3.0%	2.6%	1.9%	1.7%	1.8%	3.2%	2.6%	2.4%
发展耦合差距	4.7%	1.6%	0.2%	0.5%	0.0%	0.7%	0.5%	0.2%	0.7%	1.2%	0.9%

12.3.4.3 主成分分析

主成分分析是进行综合评价的常用方法,使用该方法对黄河流域九省区进行综合评价。各年份第一个主成分特征值能解释总方差的比重在 56%~60% 变化,大部分年份在 58% 左右,选择九个省份第一个主成分得分进行排名,并与表 12.2 显示的高质量发展情况排名进行对比。表 12.7 显示了2010 年、2013 年、2017 年、2020 年的情况,可以发现九个省份的排名基本相同,仅有少数年份略有区别,这也验证了本书选择方法的稳健性。

表 12.7 主成分分析法排序情况

省份	2010 年		2013 年		2017 年		2020 年	
	PCA	HDQ	PCA	HDQ	PCA	HDQ	PCA	HDQ
青海	9	9	9	8	9	8	9	8
四川	3	2	3	2	2	2	2	2
甘肃	7	7	7	7	7	7	7	7
宁夏	8	8	8	9	8	9	8	9
内蒙古	6	6	6	5	6	6	6	6
陕西	4	4	4	4	4	4	4	4
山西	5	5	5	6	5	5	5	5
河南	2	3	2	3	3	3	3	3
山东	1	1	1	1	1	1	1	1

▮ 12.4 本章小结

作为重大国家战略,推动黄河流域生态保护和高质量发展将是"十四五"时期治理体系和治理能力现代化的重要体现，未来应当采取推动黄河流域各省份合作、促进各维度发展、实现各维度协同等措施。本章的研究主要得出了以下结论。

一是高质量发展整体上升，但是存在分化趋势。一方面，黄河流域九省区高质量发展整体呈现上升趋势，2010～2020年，高质量发展指数平均值提升了0.090，提升幅度为22.7%；所有九个省份高质量发展指数都呈现上升趋势，提升绝对量在0.04～0.17，提升幅度在9%～40%。另一方面，黄河流域九省区高质量发展呈现分化趋势，呈现"下游＞中游＞上游"格局，上游地区、下游地区的高质量发展提升速度快于中游，上游与中游的差距在缩小，中游与下游的差距在扩大。

二是综合发展稳步提高，但是水平仍然不高。与高质量发展指数的趋势类似，综合发展指数平均值整体呈现上升趋势，2010～2020年，综合发展指数平均值提升了0.079，提升幅度为39.6%；所有九个省份高质量发展指数都呈现上升趋势，提升绝对量在0.02～0.31，提升幅度在13%～68%。另外，黄河流域大部分省份，甚至是全部省份，目前面临的主要问题之一是综合发展水平较低，且存在分化。横向比较，山东的综合发展水平高于其他省份，青海、甘肃、宁夏、内蒙古、山西等省份与山东相比仍有较大差距；黄河流域省份如果再与中国其他省份，尤其是南方省份相比，还有一定差距。

三是耦合度整体较强，但是部分省份低位波动。2010～2020年，黄河流域九省区耦合度平均值提升了0.062，提升幅度为7.8%。黄河流域大部分省份耦合度都保持了较高水平，9个省份中有5个省份发展耦合度始终高于0.9。但是也可以发现，部分省份，如青海的发展耦合度仍然不高，部分年份甚至低于0.4，这不仅不利于当前高质量发展，而且会影响长时期的高质量发展。

应采取必要的政策措施推动黄河流域高质量发展。

第一，要加强各省份间的协同合作。黄河流域的上游、中游和下游地区，宛如一个生命共同体，要求树立全流域的宏观视野，坚守整体发展的原则，汇聚集体智慧与力量。无论在经济成长、创新引领，还是在社会民生改善和生态安全保障等各个层面，各省份都必须深化合作，共同谋划，携手共建。发展步伐较快的省份应积极引领和助力发展相对滞后的省份，而后者也应主动向前者取经学习，从而构建一种相互促进、协同共进的发展格局。各省市需统一规划布局，优化政策环境，确保政策的协调性与连贯性，打破资源流动与整合的体制机制壁垒，共同打造吸引各方资源汇聚、共促发展的政策高地。

第二，要全面推动各维度的发展。发展始终是硬道理，必须持续巩固经济基础，确保经济稳定且健康地增长，不断扩大经济总量与实力；同时，要坚持将创新作为发展的核心驱动力，将创新置于全局的中心位置，通过创新优化资源配置，持续提升科技进步对发展的贡献率；此外，还需要深化改革收入分配制度，提高公共服务质量与水平，切实补齐民生发展的短板，从而有效保障和改善民生，为社会稳定奠定坚实基础；在追求发展的同时，必须坚守"绿水青山就是金山银山"的发展理念，积极推动绿色发展，以水资源保护与管理为核心，落实"四水四定"原则，全面加强黄河流域的生态环境治理与保护，努力实现人与自然的和谐共生，不断提升流域治理水平，确保黄河的长治久安。

第三，实现各维度的协同发展。高质量发展的核心在于各个维度的均衡与协同，任何单一维度的突出发展或滞后，都不符合高质量发展的要求。因此，必须坚持系统思维，科学规划发展蓝图，对各维度的发展趋势进行准确预判；在推进过程中，要全面兼顾，时刻关注各子系统的协调与同步，确保在取得进步的同时，保持整体的统一性与步调一致性；在考核评价体系中，要摒弃唯经济论的片面观念，综合考虑创新动力、生态安全等多个维度的发展状况，以全面、均衡的视角评估发展的质量与成果。

第13章

城市与城市群发展

作为人类文明的聚集，随着生产力水平的提高，人类社会发展到一定阶段后，城市逐渐出现，其增长与繁荣对于经济的推进和财富的积累具有不可估量的价值。城市的不断演变与扩张，已成为推动经济增长的核心力量。谢小平等（2012）深入回顾了中国过去十年的城市体系变迁，揭示了这一进程中的内在逻辑与规律。柯善咨（2009）巧妙融合了增长极理论与中心地学说，对各地的就业、资本增长以及非农产出的溢出效应进行了详细分析。随着城市数量的逐渐增多，研究者对于城市发展的研究不再局限于某一个城市或某几个城市，多个城市发展的综合研究逐渐成为热点。城市群作为一个概念提出来始于戈特曼的讨论，而且鉴于城市群发展的重要性，对这一领域的研究迅速发展起来。之后大量学者投入这一领域产生了许多成果。对中国城市群的研究也是如此，许多成果为理解中国城市的集群化过程提供了宝贵的启示。

城市发展作为区域发展的特定形式，已经成为经济体发展的重要力量，拥有世界级的城市、城市群意味着经济体可以有更好的发展。在中国城市发展中出现了几个代表性的模型，各个模式具有不同的特点，讨论这些城市的发展特点对于其他城市的发展具有一定的借鉴作用。另外，随着城市的发展，逐渐形成了城市群，城市群发展壮大需要考虑一系列的问题，这些都需要进行分析讨论解决，以推动城市群的进一步发展。

13.1 中国几个城市发展模式

自改革开放之后，中国城市迅速发展，成为中国经济崛起的重要因素，中国城市的发展形成了几个比较有代表性的模式。一个是"深圳模式"。深圳作为中国新近崛起的城市，作为曾经的小渔村，经过不到半个世纪的发展，深圳已经成为人口超过千万，能够与北京、上海比肩的国际性大都市。另一个是"苏州模式"。在 20 世纪末，苏州经济迅速发展，经济总量迅速扩大，甚至可以与深圳相比较。中国作为发展中大国，城市众多，那么究竟哪一种模式更加适合中国发展呢？为了增加比较的科学性，本书将大连市作为其他城市的发展代表，称其为"大连模式"。

13.1.1 深圳、苏州、大连基本情况与发展比较

深圳是副省级城市，隶属于广东省管辖，与香港特别行政区隔水相望，是中国第一个经济特区。土地不到 2000 平方公里。2022 年深圳地区生产总值超过 3 万亿元人民币，增长率超过 3%。第三产业增加值接近 2 万亿元人民币，增长率超过 2%，三产占比超过 60%；第二产业增加值超过 1.2 万亿元人民币，增长率接近 5%；第一产业增加值比较少，不足 30 亿元人民币，增长率不足 1%。全市年末常住人口接近 1800 万元，人均地区生产总值超过 18 万元人民币，增长率超过 3%。苏州与上海、浙江相邻，位于江苏省东南部，是长三角中心城市之一，古代称为吴，现代简称为苏。土地面积接近 8500 平方公里。2022 年地区生产总值接近 2.4 万亿元人民币，增长 2%。第三产业增加值 1.2 万亿元人民币，增长率超过 2%，第三产业占比超过一半；第二产业增加值 1.1 万亿元人民币，增长率

接近 2%；第一产业增加值不足 200 亿元人民币，增长 3%。全市年末常住人口超过 1200 万人，人均地区生产总值超过 18 万元，增长率超过 1%。大连市是重要的港口、贸易、工业、旅游城市，地处欧亚大陆东岸，中国东北辽东半岛最南端。2022 年地区生产总值不足 9000 亿元，比上年增加 4%。第三产业增加值超过 4000 亿元人民币，增长率接近 4%，第三产业占比接近 50%；第二产业增加值超过 3700 亿元人民币，增长率超过 4%；第一产业增加值 560 多亿元人民币，增长率超过 3%。全市户籍人口 600 多万人，人均地区生产总值超过 11 万元人民币，增长率超过 3%（见表 13.1）。[①]

表 13.1   各城市的基本情况

指标	深圳	苏州	大连
面积（平方公里）	1996.9	8488.4	12574
人口（万人）	1766.18	1291.1	608.7
GDP（亿元）	32387.67	23958.34	8430.9
其中：三产（亿元）	19956.16	12243.95	4155.4
三产比重（%）	61.6	51.1	49.3

从辖区面积上看，大连大于苏州，苏州大于深圳。深圳辖区面积约等于苏州的 1/5，约等于大连的 1/6。从人口上看，大连人口最少，苏州居中，深圳最多。深圳人口接近于苏州的 1.5 倍、大连的 3 倍。从经济总量上看，深圳经济总量超过了苏州与大连之和，接近于大连的 4 倍。

13.1.1.1 经济发展规模比较

从城市发展的长时间序列数据来看，"苏州模式"和"深圳模式"在苏州和深圳的发展中都起到了非常重要的作用。从发展过程来看，苏州和深圳的发展在不同的阶段有不同的发展特点，经常在某一段时期展现自己城市的发展特点。在改革开放初期，通过设立经济特区，深圳迎来了发展

---

① 国家统计局. 中国统计年鉴［M］. 北京：中国统计出版社，2023.

的黄金机遇期，经济总量迅速扩大。改革开放初期深圳地区生产总值仅相当于大连、苏州的 1/20，经过不到十年的发展，在 1990 年左右，深圳地区生产总值已经与苏州、大连基本处于同一水平。再经过十年的发展，2000 年左右，深圳已经是苏州的 140% 左右，是大连的 200% 左右。后来，深圳经济增速有所回落，2010 年，深圳地区生产总值与苏州又回到同一水平线。之后，深圳经济恢复增长，2022 年深圳地区生产总值相当于苏州的 1.35 倍，大连的 3.8 倍。① 与 "苏州模式" 和 "深圳模式" 相比，大连在改革开放初期还能跟上苏州、深圳的发展，之后逐渐出现差距，目前差距已经比较大。

13.1.1.2　发展载体比较

民营经济已经成为经济社会发展的重要力量，推动城市建设必须调动民营经济的积极性。全国工商联发布的 2022 年《中国民营企业 500 强》显示，进入 500 强的门槛是营业收入为 263.7 亿元，民营企业 500 强总营业收入达 38.3 万亿元，户均 766.4 亿元。京东排名第一，营业收入达 9515.9 亿元；阿里巴巴排名第二，营业收入达 8364.1 亿元；恒力排名第三，营业收入达 7323.4 亿元。前 10 名企业中 4 家企业在深圳，苏州有 1 家（见表 13.2）。②

表 13.2　　　　　　　2022 年中国民营企业 500 强前 10 名

排名	企业名称	省份	行业	营业收入（亿元）
1	京东	北京	互联网和相关服务	9515.9
2	阿里巴巴	杭州	互联网和相关服务	8364.1
3	恒力	苏州	石油、煤炭及其他燃料加工业	7323.4
4	正威	深圳	有色金属冶炼和压延加工业	7227.5
5	华为	深圳	计算机、通信和其他电子设备制造业	6368.1
6	腾讯	深圳	互联网和相关服务	5601.2
7	碧桂园	佛山	房地产业	5230.6

---

① 国家统计局. 中国统计年鉴［M］. 北京：中国统计出版社，2023.
② 中国企业家协会. 2015 中国企业 500 强［R/OL］. 中国企业联合会，2015.

排名	企业名称	省份	行业	营业收入（亿元）
8	联想	北京	计算机、通信和其他电子设备制造业	4898.7
9	万科	深圳	房地产业	4527.9
10	荣盛	杭州	化学原料和化学制品制造业	4483.1

13.1.2 发展环境差异

发展规划决定了一个城市的基本发展方向、发展思路、发展措施。比如一个城市决定发展某一个产业，开发某一个区域，那么这个城市所有的资源都会向这个产业、这个区域汇集，一段时期之后这个产业、这个区域就会有明显的发展进步。反过来，如果这个城市决定淘汰某一个产业，限制开发某一个区域，那么相应的资源都会逐渐撤离这个产业、这个区域，一段时期之后这个产业、这个区域就会有明显的发展退步。详细梳理深圳、苏州、大连的发展规划，可以发现，这三个城市均选择自己城市的发展重点，例如，深圳发展信息服务，苏州发展科技与信息软件，大连发展海洋制造。从政策措施来看，各个城市均制定了相应的措施。但是经过一段时期的发展，可以发现，三个城市出现了比较明显的差距。基础最好的大连市，发展速度最慢，经济总量最低。基础最差的深圳市从一个小渔村发展为国际大都市，经济总量遥遥领先。作为普通地级市的苏州也实现了高速发展，经济总量大大增加。因此，很难从某一个角度单独分析与理解这个差距产生的原因，是整体发展环境决定的。

环境是一个城市发展的基本土壤，环境与城市发展紧密相关，可以将发展环境进行分解，划分为政治、经济和文化三个方面。苏州的发展环境可以用"利"字来概括，深圳的发展环境可以用"特"字来概括，大连的发展环境可以用"中"字来概括。

13.1.2.1 比较三个城市的政治环境

在党的十一届三中全会精神的指引下，深圳经济特区成立。作为市场与计划、开放与封闭各种思想汇合、发展的舞台，作为经济特区的深圳是中国新一轮开眼看世界的探索。深圳是中国对外开放的"试验场"，没有成熟的经验可以借鉴，其基本目标是对外开放。中央、广东从国家、省两个层面给予支持，尤其是在政治上给深圳很大的权限先行先试，"杀出一条血路来"。①

以行政改革为例，深圳积极转移、调整、取消了大批行政审批事项，政府部门也大大减少。在人员选拔方面，深圳原有的人口比较少，缺乏人力资源，而中国其他地区的人力资源比较丰富，深圳开阔思路，从全国引进人力资源。蛇口工业区在改革开放初期率先在全国公开招聘各级别干部，该做法后来在深圳全市推广。在领导干部选拔上，深圳也积极探索公开选拔机制。不到十年时间，深圳引进了几万名干部。这些干部在各行各业发挥了重要的作用。②

与深圳不同，苏州不是副省级城市，只是普通的省辖市，其在政治环境的"利"，主要是有"利"性。这种有"利"性主要是苏州积极推动政治环境的优化，在自身权限范围之内获得发展。一是推动开发区建设，开发区的设立意味着获取了国家层面和省级层面的支持，该区域可以拥有更大的权限。二是大力推动县域经济发展，通过下发部分地市级权限，加强对基层发展的支持。③④

从开发区的建设来看，苏州走在全国的前列。目前苏州有国家级开发区、省级开发区、综合保税区、综合保税港区分别为 14 个、6 个、7 个、1 个（见表 13.3）。全国共有国家级开发区 230 个，苏州占 6%，这一数量已经超过了许多省份的开发区数量。根据 2023 年商务部对国家级开发区综合发展水平考核情况来看，苏州工业园区再次排名第一，实现了"八连冠"，昆山经济技术开发区排名第 4。⑤

---

① 王硕. 深圳经济特区的建立（1979—1986）[J]. 中国经济史研究，2006（3）：36 – 44.

② 陈家喜，黄卫平. 深圳经济特区政治发展 30 年：进程与逻辑 [J]. 特区实践与理论，2010（4）：26 – 29.

③ 李玉梅，王冬生. "苏州模式"的经济分析 [J]. 当代财经，2004（5）：96 – 98.

④ 赫修贵，刘瑞华. 苏州经济社会考察报告 [J]. 行政论坛，2006（6）：75 – 77.

⑤ 国家级经济技术开发区 [EB/OL]. 国家商务部，2021.

表 13.3　　　　　　　　　　　　**苏州开发区基本情况**

分类	各开发区
国家级开发区（共 14 个）	常熟高新技术产业开发区
	常熟经济技术开发区
	昆山高新技术产业开发区
	昆山经济技术开发区
	苏州工业园区
	苏州国家高新技术产业开发区
	苏州浒墅关经济技术开发区
	苏州太湖国家旅游度假区
	太仓港经济技术开发区
	吴江经济技术开发区
	吴中经济技术开发区
	相城经济技术开发区
	张家港保税区
	张家港经济技术开发区
省级开发区（共 6 个）	江苏省汾湖高新技术产业开发区
	江苏省昆山花桥经济开发区
	江苏省太仓高新技术产业开发区
	江苏省相城高新技术产业开发区
	江苏省张家港高新技术产业开发区
	昆山旅游度假区
综合保税区（共 7 个）	常熟综合保税区
	昆山综合保税区
	苏州高新区综合保税区
	苏州工业园综合保税区
	太仓港综合保税区
	吴江综合保税区
	吴中综合保税区
保税港区（共 1 个）	张家港保税港区

　　苏州县域经济的发展也是亮点纷呈。一是可以形成勇于争先的良好发展氛围，以"鲶鱼"来带动整体经济增长。二是鼓励各个县区立足于自身优势敢于创新、敢于实践、大胆探索，形成发展特色。三是理顺县和市的

管理职能和权限，既不违背市管县的大前提，也能调动县区的积极性。整体来看，苏州县域经济发展走在全国前列。① 据 2022 年 11 月 18 日《光明日报》刊发的，由中国中小城市发展指数研究课题组和国信中小城市指数研究院联合编制的《2022 年中国中小城市高质量发展指数》显示，在综合实力排名前 10 位的县市中，江苏有 6 个，昆山市、常熟市等 4 个县分别排在第 1～4 位（见表 13.4）。

表 13.4　　　　　　2022 年度全国综合实力百强县市前 20 名

排序	县市	排序	县市
1	昆山市	11	龙口市
2	江阴市	12	余姚市
3	张家港市	13	诸暨市
4	常熟市	14	迁安市
5	长沙县	15	石狮市
6	慈溪市	16	荣成市
7	太仓市	17	福清市
8	宜兴市	18	乐清市
9	晋江市	19	如皋
10	义乌市	20	丹阳

作为计划单列市，在政治环境方面大连处于"中"层的位置，其权限高于苏州，低于深圳。在发展的过程当中，深圳作为经济特区积极探索，大连等沿海城市积极跟进，在行政机构改革、人事制度改革等方面也做了有益探索。不过整体来看，相比于苏州省辖市的权限，大连作为计划单列市是否充分运用了相应的权限值得进一步讨论。

统筹讨论，深圳在政治环境方面的特区优势是苏州和大连无法相比的，特区优势非常明显。苏州作为省辖市，在其合理的范围之内，寻求了一定突破，实现了跨越式发展。继续分析国家级经济技术开发区数量，苏州作为一个省辖市，拥有国家级经济技术开发区 14 个，这一数量不仅超过了大部分中西部省份，也超过了福建（10 个）、辽宁（9 个）等东部省份。

---

① 中国中小城市科学发展评价指标体系研究课题组、中国城市经济学会中小城市经济发展委员会. 2015 中国百强县排行榜［EB/OL］. 人民网，2015.

而大连作为副省级城市是否充分利用了政治优势值得思考。

13.1.2.2　比较三个城市的经济环境

在经济环境方面，得益于特区的政治后盾，深圳在经济探索方面也以"敢为天下先"的精神，持续追求"特"，成为改革开放的"试验场"，创造了多项全国第一，大胆冲破计划经济体制的束缚。改革住房制度，改革价格体制，率先进行所有制改革，首先实行工资制度改革和劳动用工制度，首次土地公开拍卖等，充分发挥了全国改革开放的"窗口"和"试验场"作用。①②

苏州毗邻上海，从区位上看，苏州有其特有的便"利"优势。近几百年来，上海市作为港口城市就是中国与世界联系的窗口，其经济基础要优于其他城市。但是，随着经济社会不断发展，上海市的发展也面临一些问题。例如，资源的紧张，上海市土地资源、人力资源是有限的，某些产业在上海发展到一定阶段之后各方面成本都大大提高，继续发展面临巨大的瓶颈。于是紧邻上海的苏州迎来了发展机会，苏州拥有大量的资源，各方面的成本远远低于上海，因此，许多产业相继由上海转移到苏州。③④

与深圳、苏州相比，大连的经济环境处于深圳、苏州的"中"间位置。一方面，大连虽然不像深圳靠近香港，苏州靠近上海那样，背靠一个经济中心城市，但是作为沿海城市，交通便利，海运发达，有其自身优势；另一方面，从南北方位来看，与苏州、深圳处于中国南方不同，大连大致处于"中"心位置，南有山东、上海，北有东北。

13.1.2.3　比较三个城市的文化环境

文化是一个国家、一个民族最深沉的力量。文化在城市发展中不如政

① 黄玲. 深圳经济特区改革开放回眸 [J]. 特区实践与理论, 2008 (3)：11 – 15.

② 樊秋莹. 对深圳经济特区私营经济发展的反观与省思 [J]. 深圳大学学报（人文社会科学版），2010 (4)：26 – 30.

③ 夏永祥，陈群. 以集聚区带动服务业发展——苏州模式的启示与借鉴 [J]. 经济问题探索，2011 (5)：138 – 142.

④ 夏海力，贾海成. 苏州市促进高技术服务业发展的政策环境研究 [J]. 中国科技论坛，2012 (7)：115 – 119.

治、经济那么明显，很容易就能够观察得出不同政治、经济条件的差距，但是其作用非常大。从中国的发展历程来看，中国以往实行计划经济体制，政治的影响力非常大，政治对经济的发展具有直接的指导作用。国家直接决定发展哪些产业、生产哪些产品、使用哪些资源、销往哪些地区。在改革开放之后，随着市场经济的逐步建立，经济的作用越来越大，逐渐成为政治发展的基础，超出了政治的边界。但是，整体来看，无论政治、经济如何变化，都必须处于文化的范围之内。这是因为，无论是政治组织还是经济组织，都是由人来运行的，文化影响了人行为的方式（见图 13.1）。①

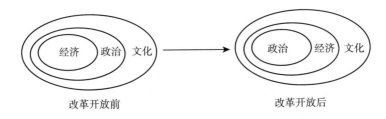

改革开放前　　　　　　　　　　　改革开放后

图 13.1　改革开放前后的三元素变化情况

深圳的文化环境也具有明显的"特"。深圳是一个新兴的城市，虽然处于广东地区，但是深圳的文化与广东省代表性的岭南文化业有所不同。深圳的人口大部分都是从全国各地来的，不同的人口带来了不同的文化，深圳地区的文化更有包容性和创新性。比较明显的例子是，中国其他地方都有本地人和外地人的概念，外地人融入本地需要耗费比较大的成本，而在深圳，没有"旧"深圳人，全部都是"新"深圳人。②

苏州当地的代表性文化是吴越文化，功"利"主义是吴越文化的重要特点，核心是实用主义。比较明显的例子是，吴越文化给予商人比较高的地位。在传统的士农工商划分中，商人的地位比较低。而在吴越地区，商人一直是该地区重要的阶层，范蠡、沈万三是历史上商人的代表，近代有马云、张近东。③

---

① 李海舰，王松. 文化与经济的融合发展研究 [J]. 中国工业经济，2010（9）：5 – 14.

② 段杰，张娟. 基于灰色预测的深圳文化创意产业发展对经济增长贡献研究 [J]. 中国人口·资源与环境，2014（3）：457 – 460.

③ 蔡丽新. 吴文化与苏州政治文明建设 [J]. 苏州大学学报（哲学社会科学版），2005（1）：101 – 103.

大连靠近儒家发源地，受到儒家文化的较大影响，儒家文化推崇"中"庸之道。在中国历史发展过程中，儒家文化发挥了重要的作用，有力地增强了整个中华民族的凝聚力，确保了中华文明的传承，没有中断。在开放的时代背景下，更加创新、更加包容的深圳文化、吴越文化，相对于儒家文化，更能鼓励人民开拓创新、勇于进取。

13.2　城市群利益冲突分析

随着城市的发展及城市数量的逐渐增多，城市群作为城市总体就会慢慢发展起来。在城市、城市群发展当中，由于发展的空间和资源是有限的，城市、城市群为了获得更好的发展，有可能会和其他城市、城市群发生利益冲突。这种利益冲突在某种情况下会形成城市、城市群发展的动力，另一些情况下也会成为城市、城市群发展的阻力，因此，决不能放任不管，如果处理不好，有可能对中国整体发展产生影响。[①]

13.2.1　城市群利益冲突的原因

人类追求利益的天性来源于尽力拓展自身的生存空间，缓解生存的压力。达尔文在其《物种起源》中论述了生物界的竞争，他认为生物数量的增长不可避免，而且生物数量的增长不是线性的，很多情况下是指数级增长，迅速增长的数量使得个体之间、群体之间不可避免地会发生竞争。如果将城市也视为"生物"个体，城市群视为"生物"群体，随着城市、城市群数量的增长，城市、城市群也不要发展空间，城市、城市群的利益冲突也就不可避免了。[②]

---

① 张雪松．三大需求要素对我国 GDP 的贡献［J］．宏观经济研究，2003（3）：15－21.
② 查尔斯·罗伯特·达尔文．论借助自然选择（即在生存斗争中保存优良族）的方法的物种起源［M］．北京：商务印书馆，1981.

13.2.1.1　城市数量增长模型分析

本书分别建立指数增长模型和阻滞增长模型对城市数量增长情况进行模拟，具体如下。

（1）指数增长模型。

城市数量为 C，假如其增长率是固定增长率 r，公式如下：

$$\frac{\Delta C/\Delta t}{C} = r \qquad\qquad (13-1)$$

进行连续化：

$$\frac{dC/dt}{C} = r \qquad\qquad (13-2)$$

即：

$$\frac{dC}{dt} = rC \qquad\qquad (13-3)$$

解得：

$$C(t) = C(0)e^{rt} \qquad\qquad (13-4)$$

其图形如图 13.2 所示。

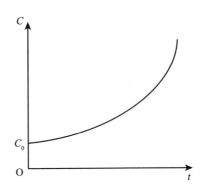

图 13.2　城市数量指数增长

（2）阻滞增长模型。

由于资源和空间是有限的，城市数量不能无限制的增长。随着城市数量的不断增长，资源、空间会产生一定的限制作用，阻碍了城市数量的增长。假定城市数量增长率是递减的，建立阻滞增长模型：

$$\frac{\Delta C / \Delta t}{C} = r - sC \qquad (13-5)$$

增长率与数量 C 相关，为数量 C 的递减函数，进行连续化：

$$\frac{dC / dt}{C} = r - sC \qquad (13-6)$$

到城市数量达到最大值 $C_{\max}$ 时，增长率最终会达到零：

$$r - sC_{\max} = 0 \qquad (13-7)$$

所以：

$$s = \frac{r}{C_{\max}} \qquad (13-8)$$

代入模型得：

$$\frac{dC / dt}{C} = r - \frac{rC}{C_{\max}} \qquad (13-9)$$

即：

$$\frac{dC}{dt} = rC - \frac{rC^2}{C_{\max}} \qquad (13-10)$$

解得：

$$x(t) = \frac{C_{\max}}{1 + \left(\dfrac{C_{\max}}{C(0)-1}\right)e^{-rt}} \qquad (13-11)$$

其图形如图 13.3 所示。

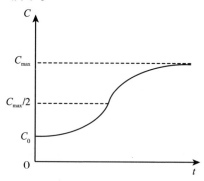

图 13.3　城市数量阻滞增长

达尔文理论中数量变化实际上可以使用指数增长模型来描述,数量以指数规律来增加,增长得非常快。随着数量逐渐增多,由于资源是有限的,发生资源的争夺,逐渐产生数量进一步增加的阻力,使得数量很难保持原有的增长速度,此时就可以使用阻滞增长模型来描述。

13.2.1.2　我国城市数量增长情况

由于表 13.5 和表 13.6 的统计口径有所区别,不能比较两者之间的绝对数量,不过城市数量呈现明显的增长趋势。从表 13.5 可以看出,1952 年小城市、中等城市、大城市、特大城市的数量分别为 115 个、23 个、10 个、9 个,1998 年小城市、中等城市、大城市、特大城市的数量分别为 378 个、205 个、48 个、37 个,分别增长了 329%、891%、480%、411%。

表 13.5　1952～1998 年中国城市变化情况　单位:个

城市	1952 年	1957 年	1962 年	1971 年	1981 年	1991 年	1995 年	1998 年	1998 年/1952 年
小城市	115	114	99	95	117	292	373	378	3.29
中等城市	23	36	52	49	70	122	192	205	8.91
大城市	10	18	20	25	28	30	43	48	4.8
特大城市	9	10	14	11	18	31	32	37	4.11
合计	157	178	185	180	233	479	640	668	4.25

根据表 13.6 的数据,可以观察到从 1998～2008 年,人口超过 200 万人的城市数量在这段时间内呈现出惊人的增长,从原来的 20 个激增到超过 40 个,增长率超过 100%。人口在 100 万～200 万人的城市也有所增加,增加了 20 个,增长率超过了 30%。人口在 50 万～100 万人的城市数量也呈现稳健的增长,从不到 80 个增加到超过 100 个,增长率超过 40%。人口在 20 万～50 万人的城市数量出现了下降,减少了 10 个,下降率超过了 10%。人口少于 20 万的城市数量在这十年间保持了稳定。总体来看,中国城市总数在这段时间内有了显著的增加,从不到 230 个增加到接近 290 个,增长率接近 30%。从实际城市数量增长来分析,中国城市数量的增加趋势

非常明显，目前正处于指数增长阶段。[1][2]

表 13.6 **1998～2008 年中国地级及以上城市变化情况** 单位：个

范围（人）	1998 年	2008 年	2008 年/1998 年
20 万以下	4	4	1
20～50 万	61	51	0.84
50～100 万	77	110	1.43
100～200 万	61	81	1.33
200 万以上	20	41	2.05
合计	223	287	1.29

正如阻滞增长模型所显示的，随着中国城市数量的增多，在中国固定的版图之内，每个城市可以分到的生存空间必然减少，于是城市之间必然进行"生存斗争"来改善生存环境，外在表现就是利益冲突。

13.2.2 城市群利益冲突的参与者与表现形式

上述分析显示了，城市、城市群作为中国"生态系统"中单元，都会不断追求自身发展和数量的增多，但是这种发展和数量的增多会产生资源上的争夺，或者利益冲突。主要表现在企业、城市政府和市民三个方面。

13.2.2.1 企业方面的利益冲突

企业是社会经济活动的基本单元，是直接参与者。企业以利润最大化为根本目标，这种追求利润最大化的动机必然导致利益冲突。企业的利润由成本和收入组成。从收入来看，市场是企业收入的来源，为了销售更多的产品和服务，企业必然会想尽办法争夺市场，有可能争夺的市场是其他企业的市场。从成本来看，成本越低，企业的利润越高，为了降低成本，企业必然吸引更多更优质人才来企业工作，并且使用更便宜的其他资源，

---

① 冯俊. 中国城市化与经济发展协调性研究 [J]. 城市发展研究，2002（3）：24－35
② 王小鲁. 中国城市化路径与城市规模的经济学分析 [J]. 经济研究，2010（10）：20－32.

人员的吸引及资源的使用也会与其他企业产生冲突。

13.2.2.2　城市政府方面的利益冲突

提高人民生活水平，保持城市社会和谐，促进城市经济发展是城市政府的职责。中国下级政府与上级政府之间是委托代理关系，上级政府决定下级政府的评价结果，官员的晋升决定于评价结果，同级官员为了职务上的晋升必然产生激烈的竞争。例如，对城市发展项目的争夺，一个大项目的上马有可能促进城市的大发展，一个大项目有可能影响城市发展几十年，而项目是有限的。再如，对于"文明城市"等荣誉称号的争夺，城市的荣誉称号意味着更好的政策，更大的发展空间。在空间有限，资源要素有限的情况之下，城市政府为了更好地履行职责，必然会与其他城市的政府产生冲突。

13.2.2.3　市民方面的利益冲突

市民是城市的基本组成部分，市民也是追逐个人利益的。亚当·斯密在研究个人经济行为时，提出人是具有经济人属性的，每个人都在追求自身利益的最大化，他们不关心整体利益，只是在完全竞争市场假设下，个人的利益最大化追求行为最终会导致整个社会的利益最大化。也就是在"看不见的手"的指引下，相互之间的竞争促进了整体社会利益[1][2]。但是，亚当·斯密的理论受到了以纳什为代表的博弈论的挑战，博弈论认为，每个个体追求个人利益的最大化最终会影响整个社会的整体利益，也损害了个人利益。现实中，市民对于教育资源的争夺，对于医疗资源的争夺都是具体的利益冲突表现。

13.3　本章小结

综合以上分析，深圳、苏州、大连在经济发展规模、发展载体方面都

---

①　亚当·斯密. 国民财富的性质和原因的研究（下卷）［M］. 北京：商务印书馆，1988.
②　姚开建. 论斯密"看不见的手"［J］. 中国人民大学学报，2008（4）：97 – 104.

有较大的差别，可以说差别是全方位的。从发展规划来看，各城市均制定了各自的发展规划，均具有比较强的针对性，很难解释一段时期之后的城市发展变化。本书认为城市发展的差距最终是由环境差别导致的，环境差别决定了政策措施的效果，促进城市发展必须从环境建设方面来着手。整体讨论，深圳作为经济特区，其发展得到国家、省全方位的支持，其他城市很难学习其"特"有的顶端优势，深圳的经验在很大程度上是无法进行复制的，其体量较大、发展较快、水平较高是一种一定程度上的正常现象。相对于深圳、大连，苏州方方面面都处于劣势，既不是特区，也不是计划单列市，却实现了经济跨越式发展，其发展经验更值得其他地方学习。

第一，调整政策。对城市发展方面的调整政策主要包括两点。一是下放政策权限，主要体现在支持县域经济发展，在自身权限的范围内苏州市向县区下放了大量的权限，给予县区充分的发展空间。二是向上争取政策，作为省辖市，苏州的权限小于特区，小于计划单列市，但是苏州市建设了大量的开发区，在这些小区域内其政策权限大大增加。中国其他城市应该充分借鉴苏州发展的经验，下放权限支持县域发展，争取开发区、保税区、自由贸易区建设，争取权限。

第二，凸显特色。资金的大量涌入推动了苏州经济的快速发展，而资金之所以涌入苏州，是因为寻找便利性。一是便利的资源配置，苏州拥有大量的国家级开发区，有利于资金调动和组织其他资源。二是便利的区位，苏州紧邻上海，可以便捷地与国际联系。在"一带一路"建设规划下，中国其他城市也应该充分发挥自身优势、特色，加强与其他国家、地区的联系沟通，促进自身发展。

第三，包容的文化。苏州发展的最根本力量是"三创精神"，苏州干部群众积极创新、创业和创优，这种精神植根于吴越文化。吴越文化鼓励人们积极创新，勤奋创业，奋力创优。中国其他地区深受儒家文化的影响，儒家文化是中国核心文化，是中华民族的精神家园，但是也需要增强创新性。中国其他城市也要形成自身的城市文化，做好教育建设，做好人才建设，做好社会风气建设。

随着城市、城市群的发展，城市、城市群发展动机的无限性与发展空间的有限性会出现矛盾，这样不可避免出现利益冲突，这种利益冲突通过企业利益冲突、城市政府利益冲突、市民利益冲突表现出来，必须引起足够的重视，并且善加引导。

第一，要注意利益冲突的两面性。一方面，生物竞争在自然生态系统中广泛存在，生物通过激烈的竞争，优胜劣汰，生存下来的生物生命力更加顽强，更加能适应环境的挑战①。城市、城市群的竞争力与生物竞争是类似的。城市、城市群之间的竞争可能会导致财务、物力、人力的浪费，例如，不同城市可能上马相同的短平快项目，浪费是这些恶性竞争的必然结果。另一方面，城市、城市群的竞争激发了城市的活力，在城市的竞争中为了更好地留存下来，参与竞争的城市必然最大限度地激发潜能，发挥自身优势，规避自身劣势，从而实现更长远的发展。

第二，注意政府与市场的关系。政府与市场的关系是经济学研究的核心内容之一。自由主义认为，政府只需要充当"守夜人"的角色即可，"看不见的手"可以既保障个人利益的实现，也推动整体利益的进步。但是，资本主义危机告诉我们完全放任市场会导致非常严重的后果。凯恩斯学派主张对市场加以政府干预，是解决经济危机的有效政策选择。在城市、城市群发展过程中的利益冲突的应对，同样需要妥善处理政府与市场的关系。改革开放以来，中国全力建设市场经济，市场在资源配置中起决定性作用。也就是说，资源配置由市场来决定，而不是由政府来决定。城市政府的职责在于建设良好的营商环境，夯实基础设施，做好法律保障，不能过度干预市场机制的正常运转。同时，针对损害市场机制正常运营的行为、个人、组织要进行惩罚，保护市场机制的正常运行。

第三，注意宏观层面的协调。中国上下级政府是委托代理关系，下级政府是代理人，上级政府是委托人。下级政府受上级政府的委托对本辖区进行管理，上级政府根据下级政府的管理情况对其进行评价。于是，下级

---

① ［英］查尔斯·罗伯特·达尔文. 论借助自然选择（即在生存斗争中保存优良族）的方法的物种起源 ［M］. 北京：商务印书馆，1981.

政府为了获得更好的评价，积极推动城市发展，进而产生了利益冲突，有时也会出现竞争的浪费。作为上级政府必须"谋全局""谋万世"，而不仅是"谋一域""谋一时"，针对下级政府的合理竞争应当鼓励，对其不合理竞争应当遏制，最终实现整体利益的合理全面发展。

第6篇　低碳经济与中国经济增长

改革开放以来，中国经济实现了高速增长，经济总量大大增加。但是，中国的经济增长是高投入、高排放的增长，温室气体的大量排放与经济的高速增长紧密相关。该经济增长方式面临气候变暖、能源枯竭、国际社会、战略选择4个方面的压力，必须向低碳经济增长方式转型。

实现中国低碳经济增长需要三个基本条件。首先，促进低碳排放，通过产业机构（工业结构）的优化升级、能源结构的改善、低碳生活，可以有效提高能源效率，降低能耗。其次，发展碳市场，通过碳交易可以有效发现碳价格，从而大大降低减排成本，实现减排最优化。最后，发展碳汇，减少大气中现存的和未来生产中产生的可能排放入大气的二氧化碳。

作为世界上最大的发展中国家之一，确保经济增长与保护生态环境似乎是一个"两难"格局，产业生态化发展是破解这一"两难"格局的关键路径。2001年以来，中国大力推进绿色区位导向性产业政策，积极探索区域产业发展绿色转型。基于2004~2020年中国197个城市的面板数据，运用多期双重差分法对国家级生态工业示范园区的影响进行分析。研究发现，国家生态工业示范园区建设显著促进了产业生态化发展；提高环境规制力度、促进绿色技术创新以及提升资源配置效率是国家生态工业示范园区的三条作用路径；绿色区位导向性产业政策效果存在异质性，国家生态工业示范园区在不同类型的城市的效果有所差异，老工业基地城市和非资源型城市效果更好。

　　黄河流域是中国重要的农业生产基地，减少黄河流域农业生产的碳排放对于中国低碳经济建设具有非常重要的作用。测算黄河流域农业碳排放可以准确把握黄河流域农业情况，发现存在的问题，启示下一步努力的方向。利用排放系数法从化肥、农药、农膜、农业机械的使用、农业翻耕、灌溉等农业投入测算了农业碳排放，然后计算各影响因素的贡献率，最后选用脱钩指数讨论了农业生产与碳排放脱钩情况。研究发现，2000～2020年，黄河流域碳排放总量、碳排放强度均呈现倒"U"型变化趋势，各排放源对黄河流域农业生产碳排放的影响是不同的，黄河流域九省区农业生产与碳排放整体脱钩趋势不断增强。

第14章

中国为什么选择低碳增长之路

　　目前世界各个国家和人民都普遍关注气候变暖问题。全球气候变暖所带来的紧迫挑战，已使人们开始质疑那些高污染、高排放的增长模式。在寻求减缓气候变化的过程中，如何有效减少经济增长产生的碳排放变得至关重要。一系列权威报告，如《能源白皮书》和《斯特恩报告》，均强调低碳经济是经济发展模式的根本转变，必须抓住这一历史性的机遇①②。山姆·纳德（Sam Nader）在2009年的研究中关注了阿拉伯联合酋长国阿布扎比政府的马斯达尔低碳经济计划。他指出，通过扩展可再生能源技术的利用，结合高效系统与创新激励措施，马斯达尔有望成为未来能源和可持续发展领域的领导者。③ 中国学者对此观点亦表示赞同。例如，鲍健强等

---

　　① Department for Transport, Department for Environment and Rural Food. Energy White Paper: Our Energy Future-Creating a Low Carbon Economy [R]. http://webarchive.nationalarchives.gov.uk/+/http://www.berr.gov.uk/files/file10719.pdf.

　　② Stern N. The Economics of Climate Change: The Stern Review [M]. Cambridge, UK: Cambridge University Press, 2006.

　　③ Sam Nader. Paths to a Low-Carbon Economy—the Masdar Example [J]. EnergyProcedia, 2009: 3951–3958.

（2008）提出，低碳经济不仅代表了经济发展方式和能源消费模式的革新，更标志着人类生活方式向生态经济和生态文明的深刻转变，这将彻底颠覆建立在化石燃料基础上的现代工业文明。金乐琴等（2009）同样认为，在全球政治经济环境日趋复杂的背景下，中国应积极参与应对气候变化的国际进程，并从发展战略、政策机制到技术创新等多个层面做好向低碳经济转型的全面准备。气候公约第 5 次会议通过了《哥本哈根协议》[①]。中国将应对气候变化的举措、主张和立场进行了全面阐述[②]。最近，中国进一步强调了应对气候变化的重要性，将积极应对气候变化作为国家发展的重大战略，2020 年提出 2030 年实现"碳达峰"，2060 年实现"碳中和"。从应对气候变暖的方式来看，最重要的应对方式是对目前的经济增长方式进行转变，大力推动低碳经济发展。

14.1　二氧化碳排放对全球变暖的影响

14.1.1　温室效应的产生

早在 19 世纪初，科学家就对地球气温展开了研究，约瑟夫·傅里叶研究了维持地区平均气温的机制。廷德尔认为，地球气温的升高是因为温度散失遇到了屏障，这有点类似于建立水坝会造成水位的提高。对冰川时代的研究也证明了二氧化碳对气温上升的影响，如果大气中的二氧化碳翻一番那么气温大概上升 5 ~ 6℃，反之，如果大气中的二氧化碳减少了 1/2，那么气温大概会降低 5℃。[③]

从过去几十万年的长时间序列来看，二氧化碳浓度时间序列与温度时间序列的变化趋势大致一致，当大气中二氧化碳浓度变化时，全球气温也

---

①　哥本哈根协议文件［EB/OL］. 新浪财经，2009 - 12 - 20.
②　温家宝. 凝聚共识加强合作推进应对气候变化历史进程［EB/OL］. 新华网，2009 - 12 - 19.
③　斯潘塞·R·沃特. 全球变暖的发现［M］. 北京：外语教育与研究出版社，2008.

随之发生变化，浓度越高温度越高，浓度越低温度越低。特别是需要注意近期大气中二氧化碳浓度变化和全球气温的变化。近百年来，大气中二氧化碳浓度迅速上升，随之而来的是全球气温也迅速上升。这种情况是过去几十万年所没有的，过去几十万年大气中二氧化碳浓度的变化相对比较缓慢，全球气温的变化也相对比较缓慢。[1][2]

14.1.2　人类活动的影响

图 14.1 显示的大气中二氧化碳浓度的变化与人类活动紧密相关。人类文明已经有几百万年的历史，但是在人类文明的前中期，生产力水平还比较低，人类对于自然的改变非常有限。工业革命之后，生产力水平大大提高，人类改变自然的能力大大增加，二氧化碳的排放也大大增加。20 世纪后 30 年，二氧化碳年排放量从 200 亿吨量级提升到接近 400 亿吨，增加了接近一倍，而且这种趋势呈现逐渐加速趋势。20 世纪后 30 年人类每年向大气中排放二氧化碳的速度大约是再往前 30 年的两倍。[3] 二氧化碳排放量的增加使得大气中二氧化碳浓度不断提升，进而全球气温也不断提升。工业革命之后，全球气温约半摄氏度源于大气中二氧化碳浓度的增加。这种大气中二氧化碳浓度的增加还具有惯性，可以预见，大气中二氧化碳浓度

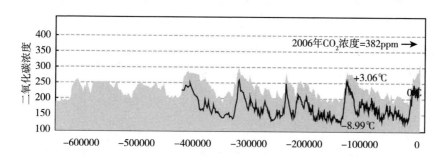

图 14.1　近 64.7 万年二氧化碳和温度的变化

---

① 资料来源：Carbon Dioxide 网站数据。

② 葛军. 特别代表解读"气候变化"——访外交部气候变化谈判特别代表于庆泰大使 [J].
世界知识，2007 (20).

③ 气候变化综合报告 [R]. IPCC，2023.

将进一步增加，全球气温也将进一步提升。[①]

14.2　中国进行低碳转型的必要性

14.2.1　全球变暖

随着大气中温室气体的增加，气候变化已经成为全人类必须面对的巨大挑战。大气中温室气体的增加与人类活动密切相关。根据联合国政府间气候变化专门委员会（IPCC）的研究，地面平均气温自工业化时期以来（1850~1900年）明显上升，2006~2015年与1850~1900年相比，地面平均气温升高了1.53℃，区间范围为1.38~1.68℃。与工业化之前相比，目前由于人类活动而导致的全球气温上升，每十年为0.2℃，累计全球升温为1.0℃。[②]如果气温上升的幅度保持惯性，在2030~2052年，气温上升将达到1.5℃。气候变暖会造成冰川融化、生物多样性损失等一系列严重的后果。中国的气温变化与全球、北半球的气温变化是基本一致的，1900年以来，中国气温升高速度为1.3~1.7℃/100a。[③]相对于世界其他地区，中国是气候脆弱区，气候变化会带来更严重的气候灾害，不同地区面临不同的气候灾害。长江流域、淮河流域和东南沿海降水较多，气候异常会导致更多的洪涝灾害。西北和华北地区降水较少，气候异常会导致更多的干旱灾害。[④]

————————————

　　[①]　Stern N. The Economics of Climate Change：The Stern Review ［M］. Cambridge, UK：Cambridge University Press, 2006.

　　[②]　Intergovernmental Panel on Climate Change. Special Report：Global Warming of 1.5℃ ［R/OL］. IPCC, 2018.

　　[③]　严中伟，丁一汇，翟盘茂，等. 近百年中国气候变暖趋势之再评估 ［J］. 气象学报，2020（3）：370-378.

　　[④]　黄建平，陈文，温之平，等. 新中国成立70年以来的中国大气科学研究：气候与气候变化篇 ［J］. 中国科学（地球科学），2019（49）：1607-1640.

14.2.2　能源枯竭

近年来，中国的能源消费总量是逐渐上升的，近二十年，中国的能源消费总量大约增长了 2.5 倍。另外，从能源消费结构来看，煤炭作为中国的主要能源的地位仍然没有改变，近期虽然呈现下降趋势，但是仍然超过 50%，为 56%；石油占能源消费重量的比重比较稳定，为 18.5%；天然气占能源消费重量的比重逐渐上升，为 8.9%。[1]

另外，中国拥有广袤的国土，但是能源禀赋不是十分合理。石油、天然气无论是从总量上看，还是从人均上看与世界上资源丰富国家都有较大差距。在巨大的能源消费需求下，中国的自身石油、天然气供给根本无法满足需求。煤炭资源相对比较丰富，但是人均也比较匮乏，而且，相对于石油、天然气，煤炭的污染更加严重，不是一种理想能源。虽然通过进口能源可以缓解能源压力，但是，不断加大的能源依赖不利于能源安全。[2]

14.2.3　国际社会

斯特恩作为气候经济学的奠基人认为，应对气候变化存在非常明显市场失灵，这对经济学提出了独一无二的挑战[3]。市场失灵意味着，如果缺乏有效的干预，市场无法有效地进行资源配置，从而实现最优化目标。应对气候变化就符合市场失灵的特点，如果缺乏有效的干预，很难有效进行资源配置[4]。

在应对减排上，中国面临着两难的选择。一方面，作为发展中国家，中国

---

[1]　中华人民共和国国家统计局. 中国统计年鉴 2013［M］. 北京：中国统计出版社，2013.

[2]　中华人民共和国国家统计局能源统计司中华人民共和国国家能源局综合司. 中国能源统计年鉴 2008［M］. 北京：中国统计出版社，2008.

[3]　Stern N. The Economics of Climate Change：The Stern Review［M］. Cambridge UK：Cambridge University Press，2006.

[4]　联合国. 联合国气候变化框架公约［R］. http：//unfccc. int/resource/docs/convkp/convchin. pdf.

要保持足够的经济增长速度，不断提高人民的生活水平，消除贫困；另一方面，中国又是温室气体排放量比较大的国家，要承担合理的减排责任。最近，中国将积极应对气候变化作为国家发展的重大战略，2020年提出2030年实现"碳达峰"，2060年实现"碳中和"。这意味着中国经济发展有了硬约束，2060年之前，中国都将致力于建设低碳经济，以低碳经济来推动减排。

14.2.4　战略选择

从人类发展史来看，中国曾长期领先于世界其他国家，大多数年份中国经济总量都占到世界的1/5以上，1820年接近1/3[①]。这种情况之所以出现，原因主要有两个。一是中国拥有广袤的国土，资源禀赋优良，在以农业为主的经济社会，中国有较大的农业产出。二是中国科技实力雄厚，在以经验式总结为科技进步方式的情况下，大量的人口可以获得更多的经验总结。但是，在工业革命开始之后，中国科技逐渐落后于世界，总量占比也开始下滑。

第一次科技革命以蒸汽机的广泛应用为标志，引领人类进入了工业化时代；第二次科技革命则以电动机的应用为代表，推动了电气化和自动化的发展；而第三次科技革命则以原子能、电子计算机的发明和应用为标志，开启了信息技术和数字化的新时代。然而，在前两次科技革命中，中国都未能及时跟上时代的步伐。直到1978年改革开放之后，中国才赶上了第三次科技革命的末班车，科技水平迅速提升，经济总量也呈现出迅猛的增长态势。自那时起，中国的GDP占世界GDP的比重逐年攀升。1990年，中国GDP占世界GDP的比重仅为不到8%，但到了2000年，这一比重已接近12%。特别是近年来，中国经济持续快速增长，2020年中国GDP接近15万亿美元，占世界比重接近18%，仅次于美国。与此同时，美国经济总量虽然仍居世界第一，但中国经济总量相当于美国经济总量的比重却

① Angus Maddison. Statistics on World Population, GDP and Per Capita GDP 1–2008 AD [M]. International Monetary Fund, 2009.

在不断提高。2020 年，这一比重比 2019 年大幅度提高了 4.5 个百分点，达到 71.4%，超过 70%[①]。这些数据充分展示了中国科技的迅猛发展和经济的腾飞，也彰显了中国在全球舞台上的重要地位和影响力（见表 14.1）。

表 14.1　　　　　　　　　　　　四次科技革命对比

分类	第一次	第二次	第三次	第四次
标志	蒸汽机得到了广泛应用，使得机械制造逐渐取代了人工制造机器的方式。此外，交通运输、冶铁、采矿、纺织等工业领域也开始进行机械化转化，生产效率得到了显著提升	随着技术的不断进步，蒸汽机逐渐被内燃机所取代，同时电力作为能源也得到了广泛应用。这一变革推动了机械工业和钢铁工业的迅速发展，为工业化进程注入了新的活力。此外，交通运输等行业也受益于这些技术创新，发展势头迅猛	随着科技的飞速发展，新能源不断涌现，其中原子能成了一种重要的能源形式。同时，以半导体集成电路为代表的微电子技术也在迅速崛起，推动了科技产业的巨大进步。数控机床、机器人、计算机等高科技产品的相继出现，部分替代了人类的脑力劳动，极大地提高了生产效率。此外，航天工业也呈现出蓬勃的发展态势，航天飞机、卫星等高科技产品的广泛应用，为人类的探索和发展开辟了新的天地	随着科技的进步和环保意识的提高，以风能、太阳能、核能为代表的新能源得到了广泛应用，清洁能源在能源结构中的主导地位日益凸显。同时，产业结构也经历了较大调整，高排放、重污染的行业被淘汰出局，单位温室气体排放显著降低，为环境保护作出了积极贡献。此外，碳捕获与存储技术的逐渐成熟，使得大气中的二氧化碳含量逐步减少，为应对全球气候变化提供了有力支持
影响	劳动方式发生革命，人的体力劳动被机器代替，生产效率出现几十倍的提升。而且由于摆脱了地理位置的限制，工业生产获得了充分的扩展条件	社会生产力增长迅速，从工业产量来看，1850 ~ 1870 年 20 年时间，世界工业产量增加了一倍。1870 ~ 1900 年 30 年间，世界工业产量增加了 2.2 倍。20 世纪初的 13 年，世界工业产量大概增加了 66%	劳动方式、劳动对象和生产工具发生了根本性的变革，产生了一大批新兴产业和新兴技术，推动了社会生产力的迅速进步，劳动生产率也大大提高	大规模应用低碳技术，温室气体排放量大规模减少，生产力进一步提升，人与自然和谐发展

資料来源：孙执中. 当代西方经济分析 [M]. 北京：商务印书馆，1994；赵一明，李路，李晓华. 邓小平现代化建设思想研究 [M]. 北京：国防大学出版社，1991.

[①]　IMF Statistical Data [DB/OL]. International Monetary Fund.

在气候变暖的巨大压力下，建设低碳经济已经成为世界的共识，低碳技术的迅速进步将引发第四次科技革命——"低碳科技革命"。"低碳科技革命"将带来生产力的大发展，能够赶上此次科技革命的国家、地区将实现经济的快速增长，没能赶上此次科技革命的国家、地区将逐渐落后于整体发展。对于中国来说，绝对不能再错过"低碳科技革命"，大力发展低碳技术，推动中国低碳经济的发展。

▄▆ 14.3　本章小结

中国的经济增长是高投入、高排放的增长，该经济增长方式面临气候变暖、能源枯竭、国际社会、战略选择 4 个方面的压力，必须向低碳经济增长方式转型。

气候变暖会导致饥饿、海平面上升、冰川融化等一系列严重后果。大气中二氧化碳浓度增加与气候变暖紧密相关，温室气体会导致温室效应，大气中二氧化碳等温室气体的浓度越高，温室效应也随之越严重。近期大气中二氧化碳浓度的增加主要来源于人类活动，随着工业生产的大大增加，人类向空气中排放二氧化碳也大大增加，而且这种排放趋势也呈现逐渐加速的趋势。

如果气候逐渐变暖，会产生一系列严重后果，如海平面上升、生物多样性减少等。研究发现，全球气温的上升与大气中二氧化碳浓度的增加密切相关。自工业革命以来，生产力大大提高，人类向大气中排放的二氧化碳也迅速增加，导致大气中二氧化碳的浓度迅速提高，这种趋势还具有惯性，如果不加以干预会出现更严重的情况。

工业革命推动了经济迅速增长，能源消费也大大增加。对于中国经济长期平稳增长来看，能源紧张已经成为巨大的不稳定因素。中国的能源结构并不十分合理，煤炭占比较高，石油、天然气占比较低，新能源仍然占比较低。而且中国作为发展中的大国，人均能源占有量比较低，中国必须向更低能耗的低碳增长转型。

市场失灵现象的表现之一，气候变化已经成为全人类必须面临的巨大问题。为了积极应对气候变化，国际社会形成了若干个国际协议，督促各国进行减排。一方面，中国是发展中国家，必须保持经济的增长才能解决目前存在的问题，如提高人民生活水平，解决就业难题；另一方面，中国温室气体排放量比较大，国际压力越来越大，向低碳经济转型已经成为必然的选择。

有人类文明长久以来，中国长期处于世界前列，资源丰富、土地广袤。近代以来，中国科技水平逐渐落后于世界，中国整体发展水平也逐渐落后于世界。之所以科技水平落后于世界，主要是因为中国未赶上第一次工业革命、第二次工业革命。新中国成立之后，特别是改革开放之后，中国利用第三次科技革命推动了科学技术迅速发展，经济也实现了腾飞。低碳革命作为最新的一次科技革命，将把人类社会带入低碳时代，中国必须不断推进低碳技术发展，推动中华民族伟大复兴。

第15章

中国经济增长低碳化的实现路径

依靠高投入、高排放的粗放型经济增长方式,中国年均增速在改革开放之后非常高。2022 年,中国国内生产总值达 113.3 万亿元人民币,进一步巩固了世界第二经济体的地位①。作为发展中国家,中国必须保持经济合理的增长速度,只有经济稳定增长才能解决就业,才能不断提高人民生活水平。但是从另一个方面,中国是温室气体排放的大国,控制碳排放是中国应尽的义务,建设低碳经济是中国经济发展转型的必然选择。从碳循环来看,可以从碳的排放、流通和消除三个环节来入手。

15.1 控制碳排放

随着生产力水平的提高,人类改造自然的能力大大增加,也向大气中

---

① 国家统计局. 中国统计年鉴 [M]. 北京:中国统计出版社,2023.

排放了大量的二氧化碳。控制大气中二氧化碳的浓度，首先要控制人类经济活动产生的二氧化碳。中国作为世界上温室气体排放最多的国家，降低经济活动所导致的二氧化碳排放更加重要。煤炭、石油、天然气等化石能源消耗会导致二氧化碳排放，因此，降低能源消耗是降低二氧化碳排放的努力方向。

15.1.1　产业结构优化升级

根据国民经济行业的分类，可以将经济活动分成第三产业、第二产业、第一产业三大产业。交通运输、金融、房地产等行业属于第三产业；工业和建筑业属于第二产业；农业、林业等行业属于第一产业。从能耗上看，第三产业、第一产业的能耗远远小于第二产业。根据产业发展的一般规律，产业结构逐步由"一、二、三"向"三、二、一"变化，第二产业、第三产业先后超过第一产业成为国民经济的主导产业。中国在未来应该大力推动第三产业的发展，进一步提高第三产业占国民经济的比重，不断推动第三产业的发展，同时不断优化第二产业、第一产业内部结构，降低国民经济的总体能耗。

15.1.2　能源结构调整

从能源碳排放强度来看，不同能源的碳排放强度有很大的差别，煤炭的碳排放强度大大高于天然气和石油，天然气和石油的碳排放强度约分别相当于煤炭的不到60%和不到80%。而目前迅速发展的风能、核能等清洁能源的碳排放强度更低，接近于零。因此，降低温室气体排放可以从调整能源结构来入手。西方国家已经在能源结构调整方面走在前列，石油、天然气占比较高，清洁能源也成为重要部分，而中国的能源结构仍然以煤炭为主。另外，中国在风能、页岩气等方面拥有巨大的潜力，未来应该提高清洁能源、天然气、石油等碳排放强度较小的能源占比，降低煤炭的占比，优化能源结构，将中国的减排潜力挖掘出来。①②③

15.1.3 营造低碳生活

人类生活产生的温室气体排放也是温室气体排放的重要来源之一，降低生活中的温室气体排放是降低人类总温室气体排放的重要方式。一是养成低碳生活的习惯。不同的生活习惯会产生不同的碳排放，低碳生活碳排放较少，高碳生活碳排放较多。例如，使用空调来调节室内温度会消耗大量的电能，产生大量的碳排放，通过开窗通风也可以调节室内温度，从而降低碳排放。二是使用碳排放比较少的清洁能源。在生活中清洁能源也是重要的选择，安装太阳能热水器可以获取热力，从而降低对其他能源的消耗。三是使用低碳生活用品。同等光照之下，LED 光源耗电远小于节能灯和白炽灯。选用新能源汽车、小排量汽车也可以节约能源。④⑤

15.2 充分利用碳市场

市场是资源配置的有效方式，可以实现资源配置的最优化，对于碳排放而言，碳市场的发展可以实现碳减排的最优化。而且碳排放具有无论在何时何地对大气的影响都是无差别的。因此，在地球的任何地点实现了碳减排对大气的影响也是无差别的。这种无差别性意味着对全球的温室气体

① 余寅，唐宏德，郭家宝. 中国可再生能源发展前景分析 [J]. 华东电力，2009（8）：1306-1308.

② 中华人民共和国水利部. 中国水能资源开发研讨会在京召开 [EB/OL]. HRC，2009-12-22.

③ 王久臣，戴林，田宜水，秦世平. 中国生物质能产业发展现状及趋势分析 [J]. 农业工程学报，2007（9）：276-282.

④ 洪振德. 照明节能大有可为 [J]. 上海节能，2009（9）：35-42.

⑤ 清华大学建筑节能研究中心. 中国建筑节能年度发展研究报告 2009 [M]. 北京：中国建筑工业出版社，2008.

排放、消除非常有价值，促进了全球碳市场的形成。[①]

15.2.1　碳市场的作用

碳交易可以有效降低减少碳排放的成本。图 15.1 显示了一个地区的减排成本情况，边际减排成本由曲线 MAC 表示，阴影部分表示总减排成本，Q 为减排总量。图 15.2 显示了两个地区的减排情况，地区 R_1 和地区 R_2 的边际减排曲线分别为 MAC_1 和 MAC_2，R_1 减排 Q_1，R_2 减排 Q_2。成本较高的地区可以购买成本较低地区的"排放权"，直至两个地区的减排成本相同。可以发现，不允许贸易的总减排成本高于允许贸易情况下的总减排成本，高了 $AA'I_1 + BB'I_2$，也就是通过碳市场可以降低总减排成本，这种个体情况可以推广到多个地区。[②]

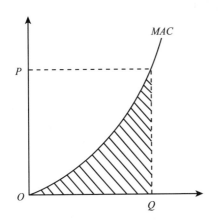
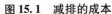

图 15.1　减排的成本

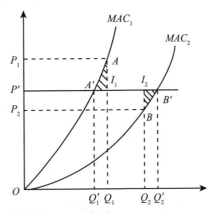

图 15.2　进行碳贸易可以降低减排成本

15.2.2　世界碳市场对中国的影响

中国是世界上最大的 CDM 供给国。与其他商品、服务类似，中国的

---

① IETA. State and Trend of Carbon Market 2006 [R]. World Bank, 2006.

② Ellerman A. D., Jacoby Henry. D., Decaux A. The Effects on Developing Countries of the Kyoto Protocol and CO_2 Emissions Trading [R]. http://w3. mit. edu/globalchange/www/MITJPSPGC_Rpt41. pdf.

碳信用在世界上有非常强的竞争力。表 15.1 显示了是否包含中国对于东欧、欧盟、日本、美国的减排成本。中国进入世界碳贸易体系能够非常明显地降低碳排放权的成本，碳减排价格仅相当于美国国内减排的不到 6%、日本国内减排的不到 4%。另外，中国加入世界碳贸易体系也可以获得多种收益。第一，减少碳排放。清洁发展机制可以使中国获得世界的支持，可以减少大量的二氧化碳，有力地支撑中国碳排放量的减少。① 第二，减排技术。中国作为发展中国家，目前的减排技术与世界先进水平尚有一定的差距，与世界合作进行清洁发展机制建设，可以引进世界先进技术，这些技术对于中国推进低碳经济发展，实现减排都有非常重要的作用。第三，减排资金。参与世界碳市场，合作进行清洁发展机制开发可以使中国获得资金支持，减轻资金压力。

表 15.1　　碳排放权的价格

贸易范围	不贸易	附件一国家	不含中国	含中国
东欧	4.5	40.7	18.6	9.6
欧盟	9.1	40.7	18.6	9.6
日本	311.8	40.7	18.6	9.6
美国	160.1	40.7	18.6	9.6
价格	—	40.7	18.6	9.6

15.2.3　充分利用碳市场

充分利用碳市场是中国进行低碳经济建设的重要途径。一是积极参与世界碳市场建设。国际社会签订的一系列协议推动世界碳市场的形成，发达国家与发展中国家通过交易可以降低总体的交易成本。中国作为世界上最大的发展中国家之一，通过参与碳市场交易可以实现自身减排，获得技

① 张中祥. 排放权贸易市场的经济影响——基于 12 个国家和地区边际减排成本全球模型分析 [J]. 数量经济技术经济研究, 2003 (9)：95–99.

术与资金。二是建设碳交易场所。碳交易场是碳信用的交易平台，市场的最主要作用是：沟通信息，解决信息不对称问题；调节供需，实现供给与需求的平衡；发现价格，反映真实的价值。通过碳交易场所的建设，中国可以通过向市场提供碳信用实现利益的最大化。三是推进排放贸易体系建设。中国是世界上国土面积较大的国家之一，幅员辽阔，通过碳排放贸易体系建设，可以实现中国碳减排的资源配置最优化，全面降低减排成本。[①]

15.3　大力发展碳汇

二氧化碳的化学性质相当稳定，使其能在大气中滞留很长时间。为了降低当前及未来排放至大气中的二氧化碳浓度，发展碳汇显得尤为重要。就当前形势而言，植物碳汇、土壤碳汇和地质碳汇都是比较好的发展方向。

15.3.1　森林碳汇

森林碳汇作为植物碳汇中至关重要且具有高度可操作性的部分，对于控制二氧化碳排放具有决定性作用。根据塔沃尼等（Tavoni et al.，2007）将森林管理与碳市场紧密结合，不仅有望减少 50ppmv（体积百万分之一）的二氧化碳浓度或降低全球温度 0.25℃，还能显著降低成本。[②] 此外，张等（Zhang et al.，2003）估算出，在 1990 年，中国森林每年的固定碳量接近 120MtC（每秒内存总线传输次数）。如果可以保持这个速率，按照平均的利润收益，中国每年大概可以从森林碳汇中获得 70 多亿元的收益。考虑到中国森林目前仍然发展迅速，森林覆盖率逐步增加，森林碳汇在中国

① 丁欣，周吉光，乔洁. 节能减排目标下低碳经济发展的政策机制创新 [J]. 科技管理研究，2014（21）：243-250.

② Tavonia M，Sohngen B，Bosetti V. Forestry and the Carbon Market Response to Stabilize Climate [J]. Energy Policy，2007，35：5346-5353.

具有较大的发展前景。①

15.3.2　土壤碳汇

土壤可以储存大量的碳，土壤的碳储存量大大高于植物的碳储存量。根据 IPCC 的估计，土壤碳汇超过 2000 十亿吨，而植物碳汇不到 500 十亿吨，也就是植物碳汇仅相当于土壤碳汇的不到 1/4。1850～1998 年，人类以土地利用转换的方式向大气中排放的碳达到了接近 140 十亿吨②。未来，可以通过草原管理、农田管理等方式来发展森林碳汇。而且，不同类型的土壤在土壤碳汇的发展方面的潜力也不同，要针对不同的土壤类型，分类施策，促进整体土壤碳汇的最大化。

15.3.3　地质碳汇

地质碳汇是另一种具有较大潜力的碳储存方式。地质碳汇指的是将二氧化碳封存到地下，使其不进入大气，从而达到降低大气中二氧化碳浓度的目的。数据显示，2000 年全世界因为化石燃料使用而产生的二氧化碳排放超过了 20 千兆吨/年。这些排放中，超过六成的是较大的排放源。这些排放源排放的碳可以被捕获封存在地质中。可以以电厂为例，采用碳捕获和封存的电厂大约能减少超过 80% 的二氧化碳排放。中国的碳捕获和封存的前景非常广阔，中国近海盆地大约有 7800 亿吨的二氧化碳储存能力，中国陆地上大约有 2.3 万亿吨的二氧化碳储存能力。值得一提的是，中国的排放源与可选储存地点之间的距离非常短，这极大地便利了二氧化碳的运输与储存。具体来说，超过 50% 的排放源附近即有合适的储存地点；超过 80% 的排放源与备选储存地的距离在 80 公里以内；超过 90% 的排放源则能在 161 公里范围内找到储存地。初步进行成本核算，中国二氧化碳运输

---

① Zhang XQ., Xu D. Y. Potential Carbon Sequestration in China's Forests [J]. Environmental Science & Policy, 2003 (6): 421 –432.

② 气候变化综合报告 [R]. IPCC, 2000.

与储存成本不到 10 美元/吨。①②③

15.4　本章小结

　　为实现中国经济的低碳增长，以有效应对气候变化，中国必须采取一系列措施推进低碳经济建设。第一，推动碳排放的减少。减少碳排放是控制大气中温室气体浓度的釜底抽薪措施。从产业结构来看，优化产业结构，促进较低碳排放的第三产业发展。从能源结构来看，要减少碳排放强度较高的煤炭使用，增加碳排放强度较低的石油、天然气使用，大力推行清洁能源使用。从生活碳排放来看，要推行低碳生活方式，降低生活中的碳排放。第二，充分利用碳市场。市场是进行资源配置的最有效方式。二氧化碳在全球排放与减少的无差别性使得在世界上的任何地方控制二氧化碳的意义是相同的。而各个地方的成本是不同的，于是碳市场的发展具有非常重要的实际意义，发展并完善碳市场可以极大地降低碳排放的价格，实现碳减排的最优化。第三，加强碳消除。将二氧化碳固定可以有效减少空气中二氧化碳的浓度，减轻气候变暖的压力。中国在森林、土壤、地质等方面的碳汇都具有较大的潜力。

---

① Chen W. Y., Liu J., Ma L. W., Ulanowsky D., Burnard G. K. Role for Carbon Capture and Storage in China [J]. Energy Procedia, 2009 (1): 4209 – 4216.

② Liu H. W., Gallagher K. S. Driving Carbon Capture and Storage forward in China [J]. Energy Procedia, 2009 (1): 3877 – 3884.

③ Dahowski R. T., Li X., Davidson C. L., Wei N., Dooley J. J., Gentile R. H. A Preliminary Cost Curve Assessment of Carbon Dioxide Capture and Storage Potential in China [J]. Energy Procedia, 2009 (1): 2849 – 2856.

第16章

国家生态工业示范园区政策
与中国产业生态化发展

遏制气候变暖的趋势，最重要的是转变经济增长方式，发展低碳经济，减少温室气体排放。中国目前已经成为世界上最大的温室气体排放国家，再加上中国气候的脆弱性，发展低碳经济，降低温室气体排放更加重要。近年来，中国将积极应对气候变化作为国家发展的重大战略，加快产业生态化转型。工业长期以来是中国经济增长的主要驱动力，同时也是碳排放的主要行业，中国工业部门的碳排放量超过总排放量的70%[1][2]。许多学者认为工业结构是驱动二氧化碳排放量差异的重要因素[3][4][5]。郭菊娥

[1] Xie P. , Yang F. , Mu Z. , Gao S. Infiuencing Factors of the Decoupling Relationship Between CO_2 Emission and Economic Development in China's Power Industry [J]. Energy, 2020 (209): 118341.

[2] 孙鹏博，葛力铭. 通向低碳之路：高铁开通对工业碳排放的影响 [J]. 世界经济，2021 (10)：201 – 224.

[3] Wang F. , Sun X. , Reiner D. M. , Wu M. Changing Trends of the Elasticity of China's Carbon Emission Intensity to Industry Structure and Energy Efficiency [J]. Energy Economics, 2020 (86): 104679.

[4] Wang J. , Rodrigues J. F. D. , Hu M. , Behrens P. , Tukker A. The Evolution of Chinese Industrial CO_2 Emissions 2000 – 2050: A Review and Meta—Analysis of Historical Drivers, Projections and Policy Goals [J]. Renewable and Sustainable Energy Reviews, 2019 (116): 109433.

[5] Tian X. , Bai F. , Jia J. , Liu Y. , Shi F. Realizing Low-Carbon Development in a Developing and Industrializing Region: Impacts of Industrial Structure Change on CO Emissions in Southwest China [J]. Journal of Environmental Management, 2019 (233): 728 – 738.

等（2023）对比了中国山东省和浙江省的情况。2019 年山东省工业增加值 22985.13 亿元，浙江省工业增加值 22840.53 亿元，两个省份的工业增加值基本相同，而山东省工业二氧化碳排放量为 842.53 百万吨，浙江省工业二氧化碳排放量为 316.98 百万吨，不足山东省的一半。两个省份的二氧化碳排放量差异需要从工业行业结构来找寻原因。山东省工业结构侧重于附加值较低的上游产业，具有明显的高能耗、高排放特征，工业重点行业包括煤炭开采和洗选业、石油和天然气开采业、黑色金属冶炼和压延加工业等。浙江省工业行业结构侧重于更高附加值的下游制造业，包括通用设备制造业、交通设备制造业、电气机械和器材制造业等。[①]

为了减少工业温室气体排放，中国政府在传统区位导向性产业政策基础上进一步融入绿色发展目标，依据清洁生产要求、循环经济理念以及工业生态学原理实施绿色区位导向性产业政策，开展国家生态工业示范园区建设。截至 2022 年，中国政府批准创建了 95 个国家生态工业示范园区，大约占传统国家级开发区数量的 1/5 左右[②]。绿色区位导向性产业政策不仅能通过产业发展促进经济增长，还能通过政策的激励约束效应，驱使产业、企业群体往生态化转型，建设低碳经济，减少碳排放。深入研究与探讨该政策对中国产业生态化的影响效果对于中国低碳经济建设及未来可持续发展具有非常重要的意义。

在本章的研究中主要作了以下几方面贡献：从理论贡献上看，介绍了国家生态工业示范园区的政策背景，讨论了该政策影响产业生态化的作用机制。从实践贡献上看，在对现有文献进行详细梳理的基础上，基于 2004～2020 年中国 197 个城市的面板数据进行实证研究，详细讨论该政策对产业生态化的影响。从研究设计贡献上看，采用多期双重差分法考察了国家级生态工业示范园区对产业结构生态化转型的影响效应，检验了稳健性及异质性，研究全面科学。

---

① 郭菊娥，张友恒. 科技创新的减排效应：中国工业碳排放因素分解研究 [J]. 计量经济学报，2023（1）：148-165.

② 华岳，谭小清. 绿色区位导向性政策与外商直接投资：来自国家生态工业示范园区的证据 [J]. 国际贸易问题，2022（1）：130-145.

■ 16.1　文献述评

生态工业示范园区作为世界可持续发展的重要探索，现有研究主要关注以下三个方面。第一类文献是关注绿色区位导向性产业政策的经济效应。世界银行（World Bank，2019）系统梳理了中国绿色工业园区的历史和发展历程，对比分析了中国和国际生态工业示范园区的监管框架，并提出了政策建议，以促进产业可持续性发展。周凤秀等（2019）通过以国家生态工业示范园区作为准实验对象进行研究，发现该政策实施后，城市工业部门的绿色经济效率显著提高，大约提升了9%。这一结果有力地证明了绿色产业集聚对于推动城市工业部门实现绿色转型和高质量发展的积极作用。法鲁克等（Farooque et al.，2022）的实证研究，探讨了循环供应链管理（CSCM）对成本和财务绩效的影响。研究发现，将 CSCM 作为一项统一战略实施时，会对成本和财务绩效产生显著的积极影响，与位于经济工业园区外的企业相比，工业园区内的企业采用 CSCM 的水平更高。华岳等（2022）深入研究发现，国家生态工业示范园区的创建不仅显著提高了城市的科研投入水平，还促进了绿色创新能力的提升。这一发现进一步揭示这种具有绿色区位导向性的产业政策在吸引高技术、清洁型外商直接投资方面所具有的巨大潜力。吴健贤等（2023）研究发现，创建国家生态工业示范园区显著促进了企业绿色创新，平均提升了上市公司绿色发明专利0.883项，绿色实用专利0.465项，抑制了企业排污费，显著增加了企业环保投资，而且国家生态工业示范园区对于东部经济发达地区、经营状况比较好的企业和非国有企业的企业绿色创新更有促进作用。罗玉明（2023）研究发现，绿色区位导向性政策在促进企业技术创新持续性提升方面主要通过营造创新环境和增加政府补助，而且这种促进作用在国有企业、中西部地区、高等级城市和资源禀赋短缺的省区市更为显著。吴（Wu，2023）评估了国家生态工业园区（EIPs）对绿色技术进步的影响，结果表明国家生态工业园区显著提高了绿色技术进步。

　　第二类文献是关注绿色区位导向性产业政策能否带来环境红利。从理论上进行深入分析，产业集聚内部能够形成资源的有效循环利用机制，这种循环利用不仅有助于提升资源利用效率，还能显著提高经济的绿色效率。特别是当考虑规模经济与专业化分工的协同作用时，集聚区内的企业可以共享统一的污染物处理设施，从而实现单位治污成本的显著降低。这种共享模式不仅减轻了企业的环保负担，还为整个集聚区带来了更加清洁、高效的生产环境。中国前期的经济技术开发区和高新技术开发区的探索集中于经济增长、科技进步，传统工业园区的建立会加剧城市环境污染问题，城市发展存在集聚增长与生态环境保护的两难悖论。例如，部分地区可能为了推动经济增长，将高污染、高排放企业引入经济技术开发区、高新技术开发区，经济增长了，科技也进步了，但是污染也变多了。这一现象随着中国对环境污染的重视，特别是国家生态工业示范园区的建设明显改观。郭（Guo，2008）指出，生态工业园对周边地区环境改善的积极影响，并不仅局限于园区内部环境的优化。更重要的是，它还能通过推动区域产业结构的优化升级及技术溢出等隐性环境扩散效应，对周边地区的环境产生更广泛、更深远的影响，形成关键生态产业链和生态产业发展格局，促使生产模式从粗放型向集约型转变。[①] 田金平等（2012）发现，国家生态工业示范园区在促进地区经济发展的同时取得了良好的环境绩效。范和方（Fan and Fang，2020）研究发现，由于实施了生态工业发展，江阴园区的应急生态足迹赤字和应急生态足迹强度分别下降了 16.75% 和 16.74%。具体而言，矿产的减少量最大，为 2.00E + 2 公顷/人，其次是化石燃料，减少了 1.01E + 2 公顷/人。[②] 曾等（Zeng et al.，2021）研究发现，中国通过实施生态工业园（EIPs），在绿色转型方面取得了令人瞩目的成果，生态工业园建设有助于经济特区的绿色转型，显著改善了环境绩效。陈和龚（Chen and Gong，2024）研究生态工业园建设对污染物减排的

　　① 郭莉. 生态工业园的环境扩散效应研究——以天津生态工业示范园为例 [J]. 工业技术经济，2008（9）：118 - 120.

　　② Fan Y. P.，Fang C. L. Assessing Environmental Performance of Eco - Industrial Development in Industrial Parks [J]. Waste Management，2020（107）：219 - 226.

政策效应，实证结果表明，EIP 政策实施后，试点城市的废水和二氧化硫排放量相对下降。世界范围内生态工业园区的探索也得出了一些有意义的结论。埃尔马萨（ElMassah，2017）以工业生态学理论为基础，重点关注了亚历山大附近的博格·埃尔·阿拉伯（Borg EI-Arab）工业区，并探讨了将该工业区或部分工业区改造成生态工业园的可能性。研究发现，Borg EI-Arab 工业城的环境绩效有可能得到改善，并与国家和全球可持续发展目标保持一致。苏尔等（Susur et al.，2019）讨论了生态工业园区如何超越传统工业生产体系。研究发现，在广泛的参与者网络中，生态工业园区实践的持续试验通过学习过程，形成了对工业生态的环境效益和经济收益的共同期望和愿景，从而使生态工业园区得以发展。布图里等（Butturi et al.，2019）认为生态工业园可以通过企业之间的创造协同作用，共享和有效利用自然和经济资源，从而鼓励工业部门使用可再生能源，减少温室气体排放。

绿色区位导向性产业政策作为近一段时期发展起来的事物，第三类文献关注了绿色区位导向性产业政策实施中需要注意的方面。高（Ko，2011）认为，建设韩国生态工业园区（Korean Eco-Industrial Park，K-EIP）的关键问题是缺乏专家、商业化融资困难等。朴等（Park et al.，2016）回顾了 2005～2010 年韩国国家生态工业园区（EIP）发展计划的第一阶段，讨论了韩国如何在全国范围内建立的生态工业发展方法，并研究该计划的成功经验和限制因素。洪等（Hong et al.，2020）认为，有效实施生态工业园区计划的一些主要挑战包括：生态工业园区指导方针和标准的差距（以及缺乏对这些指导方针和标准的遵守），生态工业园区规划和实施之间的脱节，对生态工业园区关键概念的误解和操纵，生态工业园区实施规模有限，知识差距和不全面的评估框架。坦等（Thanh et al.，2023）研究发现，由于缺乏激励政策、具体实施指导和环境法规等制度障碍，仍然存在巨大挑战。塞格里亚等（Ceglia et al.，2017）探讨了对传统工业园区进行生态改造的关键因素。研究发现，社会障碍是企业参与制定技术和物流解决方案的先决条件，低水平的信任行为与有限的废物认知领域相结合，阻碍了企业就废物交换倡议达成一致。

通过梳理上述文献可以发现，虽然现有研究的角度不同，但是基本指向是一致的。一是绿色区位导向性产业政策经济效应比较显著，国家生态工业示范园区的建设可以提高所在区域的企业、产业、城市的经济效率。二是绿色区位导向性产业政策具备明显的环境红利，可以促进生产模式从粗放型向集约型转变，所在区域的温室气体排放减少。三是区位导向性产业政策作为一种积极探索，其实施中需要关注各方面出现的问题，包括激励政策、法律法规等方面。这些研究为本章的研究奠定了基础，有利于本研究的深入全面开展。

16.2　政策背景与理论分析

16.2.1　政策背景

详细梳理中国产业园区的发展过程，大致分为三个阶段：第一代为经济技术开发区；第二代为高新技术产业开发区；第三代为生态工业园区。

经济技术开发区从 1984 年开始建设，在中国沿海地区最先创建，之后在全国推广，以知识密集型和技术密集型工业为主，在开发区内可以实行经济特区的优惠政策。其设立的初衷是加大对外开放的力度，加强技术、资金的引进力度。经济技术开发区由中国商务部负责日常管理，目前中国有经济技术开发区 230 个。高新技术开发区从 1988 年开始建设，主要用于推动高新技术产业的建设，高新技术产业开发区由中国科技部负责日常管理，目前中国有高新技术产业开发区 168 个。生态工业园区是为了发展生态工业而建设的园区。生态工业园区由中国生态环境部负责日常管理，目前中国有生态工业园区 95 个。[①] 中国 3 种类型的产业园区凸显了中国不同阶段的发展重心，在改革开放前中期，中国竭尽全力推动经济增长，设立

---

① 王瑞贤，罗宏，彭应登. 国家生态工业示范园区建设的新进展 [J]. 环境保护，2003 (3)：35 - 37.

经济技术开发区和高新技术产业开发区。随着中国经济实力的增强，温室气体的排放增多，中国必然要向生态经济转型，因此设立生态工业园区成为必然选择。

中国生态工业示范园区建设历程大致可以分为四个阶段。第一阶段为试点探索阶段（2001～2006年），中国从2001年开始启动国家生态工业示范园区建设试点工作，建立了第一个国家生态工业示范园区，之后发布相关要求，规定了生态工业示范园区的申报、命名和管理等基本制度。第二阶段为规范管理阶段（2007～2011年），发布了《关于开展国家生态工业示范园区建设工作的通知》等相关文件，自此国家生态工业园区的批准建设进入快速发展阶段。第三阶段为全面完善阶段（2012～2015年），发布了《关于加强国家生态工业示范园区建设的指导意见》，明确了国家生态工业示范园区建设的总体要求、重点任务、制度、政策体系、保障措施等内容。第四阶段为创新提升阶段（2016年至今），发布了《国家生态工业示范园区标准》，规范国家生态工业示范园区的建设和运行，明确国家生态工业示范园区的评价方法、评价指标和数据采集与计算方法。除了以上国家层面发布的政策文件，中国各级政府也相继发布了配套文件，有力推进了相关工作的持续开展。

当前国家生态工业示范园区建设形成了"规划编制—批准创建—验收命名—定期复查"的动态管理体系。在规划编制阶段，符合申报条件的园区要编制本园区建设的规划，向上级主管部门提出申报请求。上级主管部门对申报的园区进行科学论证，确定创建的园区，并按照规划明确经济、环境和资源能源利用等方面的指标。达到要求的获得正式命名。命名之后并不意味着固定拥有称号，上级主管部门对已命名的生态工业园区进行定期评估，合格的继续拥有称号，不合格的园区进行通报批评、限期整改或者取消命名。截至2022年，中国已有95个园区开展了国家生态工业示范园区建设工作。目前，国家生态工业示范园区的建设已覆盖24个省（市）。相对于中部地区和西部地区，东部地区的资源禀赋、区位条件、经济发展水平、产业结构更适合推进生态工业示范园区建设。在95个园区中，位于西部地区的园区不到10个，占总数不到10%，位于中部地区的园区有不到 20 个，占总数的不到 20%，位于东部地区的园区超过 70 个，占总数的超过 70%。[①]

16.2.2　理论分析

国家生态工业示范园区是绿色高质量发展的先行区，对于推进中国工业升级、促进经济发展的绿色转型具有非常重要的意义，是中国推动可持续发展的积极探索。国家生态工业示范园区建设一方面可以增强地方绿色发展的能力，保护生态环境，另一方面也可以确保地方能够保持比较高的经济增长。地方政府在推动国家生态工业示范园区申报、建设中，必然要做到重点污染源稳定排放指标、重点污染物总量控制指标等达到要求，甚至高于要求，以此来为自身政绩加码，从而实现升迁。[②] 具体来说，国家生态工业示范园区政策对地区产业生态化转型的促进机制主要体现在更有效的约束机制和激励机制上，从而发挥生态环境保护的倒逼和引导作用，以持续改善环境质量促进产业绿色转型。据此提出研究假说 H16 - 1：

H16 - 1： 国家生态工业示范园区政策有利于提升区域产业生态化水平。

从约束机制上看，国家生态工业示范园区的重要建设目标之一是显著提高地区生态环境治理的效能，致力于全面改善园区及其周边地区的水、大气以及土壤环境质量。为实现这一目标，这类园区所面临的环境规制标准相较于传统开发区而言更为严格和高强度，从而确保其生态环境得到切实有效的保护与改善。[③]《国家生态工业示范园区标准》包括经济发展、产业共生、资源节约、环境保护 4 个维度，高新技术企业工业总产值占园区工业总产值比例、再生资源循环利用率等 32 个具体指标（17 项必选，15 项可选）。每一个试图申报、正在建设、验收通过的园区都必须满足这些指标。这些指标最终将分解到园区内每一个企业，所有的企业必须权衡节

①③　华岳，谭小清. 绿色区位导向性政策与外商直接投资：来自国家生态工业示范区的证据 [J]. 国际贸易问题，2022 (1)：130 - 145.

②　杨宝剑，杨宝利. 委托代理视角下政府间纵向竞争机制与行为研究 [J]. 中央财经大学学报，2013 (2)：1 - 13.

能降污的成本与收益。能够实现技术升级达到要求的企业，将继续留在园区，而缺乏资金和技术积累的企业可能无法承受环境规制引致的环保设施改造升级成本，会选择退出市场。另外，园区在后续项目点额引进中严把准入关，以生态企业的标准来考核评价每一个项目，达标的项目引进，不达标的项目不引进。于是在"倒逼"机制的作用下，整个地区的产业生态化水平将逐步提高。据此，提出研究假说 H16 - 2：

H16 - 2： 国家生态工业示范园区建设通过发挥政策约束效应，促使污染企业淘汰或转移，并推进企业进行绿色创新活动实现污染产业绿色转型升级，进而提高产业生态化水平。

从政策激励机制看，绿色区位导向性产业政策可为进入生态工业园区的企业提供各种支持措施，有助于企业获取各项绿色发展的要素，缓解其绿色发展面临的各种约束。在绿色区位导向性产业政策实施的资金支持方面，政府积极采用一系列税收优惠政策手段，直接或间接地为企业提供坚实的政策制度支撑。这些举措有效激励企业走绿色发展之路，进而显著提升企业绿色发展的可持续性和长远竞争力。通过这种方式，政府在资金层面上为企业的绿色发展注入了强劲动力，促进了产业整体的绿色转型升级。① 在劳动力资源方面，生态工业集聚展现出其独特的优势。通过在生态工业园区内汇聚拥有不同知识背景和专业技能的多样化劳动者，生态工业集聚成功构建了一个多元化的"劳动力蓄水池"。这种集聚效应不仅丰富了园区的劳动力资源，还通过规模经济效应显著提升了园区的整体生产率水平，为园区的持续发展和竞争力提升奠定了坚实基础。② 在知识创新方面，绿色区位导向性产业政策实施可以营造良好的政策环境，可吸引各类型企业入驻生态工业示范园区，激发区内企业持续性技术创新动力。③ 据此，提出研究假说 H16 - 3：

H16 - 3： 国家生态工业示范园区建设通过发挥政策激励效应促进企业

①③ 罗玉明. 绿色区位导向性政策对企业技术创新持续性的影响研究 [J]. 现代管理科学，2023 (6)：126 - 134.

② 周凤秀，温湖炜. 绿色产业集聚与城市工业部门高质量发展——来自国家生态工业示范园政策的准自然实验 [J]. 产业经济评论，2019 (1)：5 - 19.

绿色技术创新，强化绿色产业培育和发展，提升资源配置效率，推动产业生态化水平提高。

■ 16.3　模型与数据

16.3.1　模型构建

16.3.1.1　基准回归模型

评估政策效应的常用方法主要是多期双重差分法。本书使用该方法评估绿色区位导向性产业政策对区域产业生态化发展的影响效应，如下：

$$Ecost_{it} = c + \beta_1 Nedp_{it} + \theta X_{it} + \delta_i + \gamma_t + \varepsilon_{it} \qquad (16-1)$$

其中，$Ecost_{it}$ 为第 i 个城市在第 t 年的产业结构生态化水平，$Nedp_{it}$ 是地区虚拟变量 $treat_i$ 和时间虚拟变量 $post_t$ 的交互项，即 $Nedp_{it} = treat_i \times post_t$，表示政策虚拟变量。在样本期内，地区虚拟变量 $treat_i$ 根据城市 i 是否获批示范园区分别赋值 1 或者 0，时间虚拟变量 $post_t$ 根据获批示范园区的年份分别赋值 1 或 0。影响地区产业生态化转型的其他控制变量如外商直接投资、人力资本水平使用 X_{it} 表示，δ_i 是城市固定效应，γ_t 为时间固定效应，ε_{it} 为随机扰动项。估计系数 β_1 即为实验组（获批城市）与控制组（未获批城市）产业生态化发展的差异。

16.3.1.2　作用机制检验模型

为准确讨论国家生态工业示范园区具体作用于区域产业生态化发展的机制，考虑将环境规制、绿色创新、资源配置效率作为作用机制变量：

$$Mach_{it} = \alpha_0 + \alpha_1 Nedp_{it} + \eta X_{it} + \delta_i' + \gamma_t' + \varepsilon_{it}' \qquad (16-2)$$

$$Ecost_{it} = \omega_0 + \omega_1 Mach_{it} + \omega_2 X_{it} + \delta_i'' + \gamma_t'' + \varepsilon_{it}'' \qquad (16-3)$$

其中，$Mach_{it}$ 为作用机制变量，α_1 和 ω_1 为核心变量系数，α_0 和 ω_0 为常数项，

其余变量与基准回归模型相同。

16.3.2　变量选取

16.3.2.1　被解释变量

产业生态化发展使用产业生态化指数来反映。产业生态化指数 *Ecost* 是一个复合指数，由产业节能发展指数、产业减污发展指数、产业降碳发展指数 3 个 2 级指标综合而成。产业节能发展指数由单位 GDP 能耗的倒数来衡量，测算天然气、液化石油气、电等能源的综合消耗。产业减污发展指数由污染物排放强度的倒数来衡量，污染物排放强度主要基于单位 GDP 的工业废水排放量、工业二氧化硫排放量以及工业粉尘排放量等指标综合测算得到。产业降碳发展指数由单位 GDP 二氧化碳排放量的倒数来衡量，二氧化碳排放数据基于夜间灯光总亮度值数据反演模拟测算城市的二氧化碳排放。在指标的综合测算中，采用考虑时间变量的熵值法进行处理（见表 16.1）。

表 16.1　　　　　　　　　　　产业生态化指数

一级指标	二级指标	指标定义
产业生态化指数	产业节能发展指数	单位 GDP 能源消耗总量的倒数
	产业减污发展指数	单位 GDP 污染物排放量的倒数，污染物包括工业废水、废气、废物，利用考虑时间变量的熵值法测算
	产业降碳发展指数	单位 GDP 二氧化碳排放量的倒数

16.3.2.2　核心解释变量

核心解释变量 *Nedp* 为政策虚拟变量，反映国家生态工业示范园区政策情况，为地区虚拟变量和时间虚拟变量的交互项，相应的取值为 0 或 1。

16.3.2.3　机制变量

机制变量包括环境规制、资源配置效率、绿色创新。环境规制 *Regu* 反映政府对污染排放及清洁生产的控制，本书借鉴王鹏等（2021）采用环境规制效果型指标，以 GDP/二氧化碳排放量作为代理变量。资源配置效率 *Allo* 反映资源配置情况，参考王喆等（2023）的研究，采用城市绿色全要素生产率衡量。绿色创新 *Giov* 体现了研发和创新绩效的结果，借鉴李豫新等（2023）的研究，采用城市每万人绿色发明专利申请量进行衡量。

16.3.2.4　控制变量

本书选取了其他有可能影响产业结构生态化情况的变量。地区经济发展水平 *Pgdp*，不同的地区经济发展水平可能对应不同的产业结构，采用人均 GDP 取对数加以衡量。金融发展水平 *Fina*，不同的金融发展水平可能影响产业生态化的资金供给，采用地区金融机构各项贷款余额占 GDP 的比重加以衡量。人力资本水平 *Stud*，产业生态化可能需要更多的人力资本供给，采用每百人中普通高等学校在校学生数加以衡量。消费水平 *Spe*，消费水平可能影响产业结构生态化水平，采用社会消费品零售总额与地区 GDP 比重加以衡量。城市规模 *Scale*，不同的城市规模往往意味着不同资源的丰裕程度，采用每单位行政区域面积人口数加以衡量。地区科技创新水平 *Inno*，产业结构生态化可能需要更高的科技创新水平，采用城市科学技术支出占 GDP 的比重加以衡量。

16.3.3　数据来源

文章所需数据主要来源于相应年份的《中国统计年鉴》等年鉴以及中经网统计数据库，还包括相应城市的统计年鉴及国民经济发展统计公报等，个别缺失数据使用插值法补齐。由于部分指标统计口径有所调整，本书使用相似的指标进行替代，例如，普通高等学校在校学生数只统计到 2016 年，2017 年之后调整为普通本专科在校学生数指标；工业烟尘排放量只统计到 2010 年，2011 年之后改为工业烟粉尘排放量指标。专利数据来自国家知识产权局。此外，相关名义经济变量均采用 GDP 平减指数进行平减。变量的描述性统计如表 16.2 所示。

表 16.2　　　　　　　　　　描述性统计分析

变量类型	名称	符号	观察值	均值	标准差	最大值	最小值
被解释变量	产业结构生态化指数	$Ecost$	3349	0.06437	0.05107	0.7452	0.005729
核心解释变量	国家生态工业示范园区政策	$Nedp$	3349	0.1221	0.3275	1	0
机制变量	环境规制强度	$Regu$	3349	0.5517	0.5750	4.5165	0.0337
	资源配置效率	$Allo$	3349	1.4437	1.1842	19.6684	0.0677
	绿色创新水平	$Giov$	3349	0.7629	1.4317	13.5193	0
控制变量	经济发展水平	$pgdp$	3349	3.5766	2.5783	38.0136	0.0079
	金融发展水平	$fina$	3349	0.9610	0.6011	6.0705	0.1122
	消费水平	spe	3349	0.3662	0.0993	1.0125	0.0264
	人力资本水平	$stud$	3349	1.9244	2.1197	12.7642	0.0091
	城市规模	$scale$	3349	0.5388	0.6085	8.8282	0.0050
	科技创新水平	$inno$	3349	0.2284	0.2402	2.2912	0.0015

■ 16.4　实证结果与分析

16.4.1　基准模型回归结果

使用地区固定效应和时间固定效应的双固定效应进行模拟，表 16.3 显示了基准回归的结果。整体来看，模拟结果比较优良，核心解释变量 $Nedp$ 均在 0.01 的显著性水平下显著，大部分控制变量也显著。模型 1 显示，在未加入其他控制变量的情况下，$Nedp$ 的估计系数为 0.0266，说明国家生态工业示范园区政策对产业结构生态化的影响为 2.66%。模型 2～模型 4 显示了逐步加入控制变量的估计结果，$Nedp$ 的估计系数分别为 0.0174、0.0108、0.0101，逐渐趋于稳定。作为完整模型的模型 4 的估计结果说明国家生态工业示范园区政策对产业生态化指数的影响为 1.01%。整体来看，基准模型回归结果支持 H16-1 成立。

表 16.3 基准回归分析

变量	模型 1 Ecost	模型 2 Ecost	模型 3 Ecost	模型 4 Ecost
Nedp	0.0266 *** (0.0021)	0.0174 *** (0.0021)	0.0108 *** (0.0018)	0.0101 *** (0.0018)
Pgdp		0.0077 *** (0.0004)	0.0057 *** (0.0004)	0.0056 *** (0.0004)
Fina		− 0.0016 (0.0021)	− 0.00537 *** (0.0018)	− 0.0061 *** (0.0018)
Scale			0.1245 *** (0.0038)	0.1224 *** (0.0039)
Spe			− 0.0385 *** (0.0079)	− 0.0370 *** (0.0079)
Stud				0.0017 ** (0.0008)
Inno				0.0068 ** (0.0030)
Cons	0.0369 *** (0.0018)	0.0260 *** (0.0027)	− 0.0167 ** (0.0038)	0.0177 ** (0.0039)
个体固定	YES	YES	YES	YES
时间固定	YES	YES	YES	YES
N	3349	3349	3349	3349
R^2	0.306	0.360	0.526	0.527

注：*** 、** 分别表示通过 0.01、0.05 的显著性水平检验。

从其他控制变量的估计结果来看，在模型 4 中，Pgdp 的估计系数为 0.0056，通过了显著性水平为 0.01 的显著性检验，说明经济发展水平越高，产业生态化水平越高。Fina 的估计系数为 − 0.0061，通过了显著性水平为 0.01 的显著性检验，说明金融发展水平越高，产业生态化水平越低。这与一般理解的金融对产业发展的支持有所偏离，一般情况下，金融水平越高意味着可以更便利地获得资金支持。出现这种情况的可能原因在于：一方面，中国经济有一定程度的脱实向虚倾向，资金不愿意投向生态产业等实体领域，而更愿意投降虚拟领域；另一方面，生态产业投入产出比还不高，即使相对于其他实体领域，也不能吸引足够的资金。这种情况的出现，恰恰说明建设国家生态工业示范园区的重要作用，进一步提高规模效益，引导增强金融支持生态产业发展。Scale 的估计系数为 0.1224，说明城市规模越大，产业生态化水平越高。Spe 的估计系数为 -0.0370，说明消费水平越高，产业生态化水平越低。消费是能源消耗、污染排放、碳排放的重要来源之一，消费水平对产业生态化水平存在逆向作用，意味着居民的消费观念、结构仍需要进一步调整优化。Stud 的估计系数为 0.0017，通过了显著性水平为 0.05 的显著性检验，说明人力资本水平越高，产业生态化水平越高。Inno 的估计系数为 0.0068，通过了显著性水平为 0.05 的显著性检验，说明科技创新水平越高，产业生态化水平越高。

16.4.2 稳健性检验

16.4.2.1 平行趋势检验

为进一步验证绿色区位导向性产业政策的效果，采用事件分析法进行平行趋势检验，结果如图 16.1 所示。可以发现，在政策实施之前，处理组和对照组的差异并不大，统计意义不显著，在政策实施之后，回归系数 β 在 0.1 的显著性水平下显著异于 0，且效应呈现逐年增大趋势。这表明国家生态工业示范园区建设对产业结构生态化具有持续的促进作用。

16.4.2.2 安慰剂检验

为了检验城市产业生态化指数的变化是受到国家生态工业示范园区政策的影响而不是其他随机性因素导致的，可以使用安慰剂检验对偶然性加以识别。随机抽样 1000 次构建"伪政策虚拟变量"，并重新估计，估计系数及其 P 值分布情况如图 16.2 所示。可以看出，"伪政策虚拟变量"基本呈现正态分布，均值接近于 0，绝大部分系数的 P 值大于 0.1。这说明国家生态工业示范园区政策对产业生态化的影响是显著的，并非其他随机性因素导致。

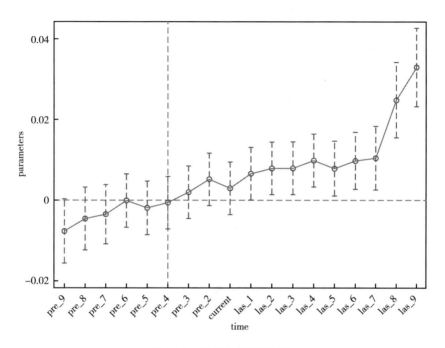

图 16.1　平行趋势检验情况

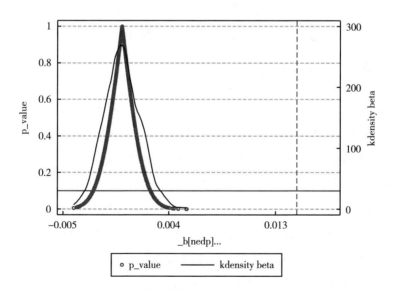

图 16.2　安慰剂检验

16.4.2.3 PSM – DID 方法

"选择性偏差"是运用 DID 方法容易出现的问题，也就是要求在政策执行前，实验组和对照组应该具有相同的个体特征。本书的样本容量为中国 197 个地级市，这些样本存在地域差异、经济差异、社会差异。使用倾向得分匹配法（PSM）对处理组城市重新匹配控制组，以减轻样本选择偏误。具体处理过程是采用人均 GDP、人口密度等控制变量作为协变量进行匹配，剔除少数没有被匹配的样本后，利用多时点 DID 模型重新进行估计，结果如表 16.4 中的模型 5 所示，估计结果与其他模型差别不大。核心解释变量 Nedp 的系数为 0.0125，在 0.01 的显著性水平下显著，不存在样本选择偏误问题。

16.4.2.4 异质性处理效应检验

如果双重差分模型存在异质性处理效应，负权重数量较多，占比较大，可能导致模型估计结果不稳健。对异质性处理效应进行检验，结果显示，正权重为 400 个，负权重为 9 个，正权重之和为 1.004，负权重之和为 −0.004，负权重占比较小，说明本书的模拟结果是比较稳健的。

16.4.2.5 样本数据筛选处理

样本的选择对模拟结果有很大的影响，同一个模型不同的样本可能产生不同的结果，本书采用三种方式检验模型在不同样本下的稳健性。第一，改变样本区间。剔除 2020 年新冠疫情后的样本数据进行回归，结果如表 16.4 中的模型 6 所示，核心解释变量 Nedp 的系数为 0.0093，在 0.05 的显著性水平下显著。第二，缩尾处理。由于异常值可能对模拟结果产生较大影响，本书将样本数据进行排序缩尾 1% 处理后再次进行回归，结果如表 16.4 中的模型 7 所示，核心解释变量 Nedp 的系数为 0.0103，在 0.01 的显著性水平下显著。第三，删除部分省份和城市数据。中国幅员辽阔，各地的资源禀赋、经济社会发展水平差异较大，将样本期内未获批创建国家生态工业示范园区的宁夏、甘肃、青海、黑龙江、海南、广西等省区数据，以及北京、上海、重庆等直辖市数据删除。苏州获批了 8 个国家生态工业示范园区，将其作为离群值删除。再进行模拟，结果如表 16.4 中的模型 8 所示，核心解释变量 *Nedp* 的系数为 0.0096，在 0.05 的显著性水平下显著。

表 16.4　　　　　　　　　　稳健性检验分析

变量	模型 5 *Ecost*	模型 6 *Ecost*	模型 7 *Ecost*	模型 8 *Ecost*
Nedp	0.0125 *** (0.0037)	0.0093 ** (0.0041)	0.0103 *** (0.0035)	0.0096 ** (0.0041)
Pgdp	0.0077 *** (0.0019)	0.0045 ** (0.0018)	0.0080 *** (0.0013)	0.0055 *** (0.0017)
Fina	− 0.0042 *** (0.0025)	− 0.0046 (0.0028)	− 0.0059 * (0.0031)	− 0.0065 ** (0.0027)
Scale	0.0862 *** (0.0193)	0.1363 *** (0.046)	0.0799 *** (0.0159)	0.1235 *** (0.0192)
Spe	− 0.0242 (0.0142)	− 0.0470 (0.0162)	− 0.0167 (0.0115)	− 0.0399 ** (0.0150)
Stud	0.0020 (0.0025)	0.0026 (0.0027)	0.0015 (0.0023)	0.0028 (0.0028)
Inno	− 0.0004 (0.0073)	0.0038 (0.0071)	0.0021 (0.0077)	0.0083 (0.0114)
Cons	0.0205 (0.0139)	− 0.0217 (0.0188)	0.0065 (0.0091)	− 0.0187 * (0.0098)
个体固定	YES	YES	YES	YES
时间固定	YES	YES	YES	YES
N	3221	3152	3349	2907
R^2	0.486	0.519	0.525	0.527

注：***、**、* 分别表示通过 0.01、0.05、0.1 的显著性水平检验。

16.4.3　机制分析

机制分析从环境规制、资源配置效率、绿色创新三方面展开，模拟结果如表 16.5 所示。模型 9 ~ 模型 11 模拟了国家生态工业示范园区对机制变量的影响情况，估计系数分别为 0.212、0.7743、0.9264，均在 0.01 的显著性水平下显著，说明国家生态工业示范园区对环境规制、资源配置效率、绿色创新的影响是显著的。模型 12 ~ 模型 14 模拟了机制变量对产业生态化的影响情况，估计系数分别为 0.0634、0.011、0.0094，均在 0.01 的显著性水平下显著，说明机制变量环境规制、资源配置效率、绿色创新影响对产业生态化的影响是显著的。模型 9 ~ 模型 14 结合在一起，可以发现，国家生态工业示范园区政策可以显著提高环境规制水平、资源配置效率、绿色创新水平。随着环境规制水平、资源配置效率、绿色创新水平的提高，产业生态化水平越高，也就证明 H16 – 2 和 H16 – 3 是成立的。

表 16.5　　　　　　　　　　　机制检验分析

变量	模型 9 Regu	模型 10 Allo	模型 11 Giov	模型 12 Ecost	模型 13 Ecost	模型 14 Ecost
Nedp	0.212 *** (0.0421)	0.7743 *** (0.1891)	0.9264 *** (0.1679)			
Regu				0.0634 *** (0.0047)		
Allo					0.0110 *** (0.0027)	
Giov						0.0094 *** (0.0026)
Pgdp	0.0702 *** (0.0217)	0.1612 *** (0.0601)	0.1967 *** (0.0679)	0.0010 (0.0012)	0.0039 *** (0.0012)	0.0038 *** (0.0014)
Fina	– 0.0317 (0.0275)	– 0.1161 (0.0995)	0.1908 ** (0.0933)	– 0.043 * (0.0022)	– 0.0047 * (0.0024)	– 0.0078 *** (0.0029)
Scale	0.3742 *** (0.0792)	0.9470 ** (0.4086)	2.7186 *** (0.3726)	0.0983 *** (0.0178)	0.1122 *** (0.0217)	0.0969 *** (0.020)
Spe	– 0.1368 (0.1074)	– 0.6936 (0.5049)	– 0.9850 ** (0.4809)	– 0.0281 ** (0.0114)	– 0.0295 ** (0.0120)	– 0.027 ** (0.0119)
Stud	0.0543 (0.0335)	– 0.0043 (0.0721)	– 0.0351 (0.0460)	– 0.0017 (0.0010)	0.0018 (0.0023)	0.0021 (0.0024)

续表

变量	模型 9 Regu	模型 10 Allo	模型 11 Giov	模型 12 Ecost	模型 13 Ecost	模型 14 Ecost
Inno	0.0928 (0.0766)	0.0975 (0.2226)	1.7099 *** (0.3260)	0.0001 (0.0072)	0.0061 (0.0092)	− 0.009 (0.0092)
Cons	− 0.0095 (0.0889)	0.7056 ** (0.3412)	− 1.4630 *** (0.3781)	− 0.0164 ** (0.0083)	− 0.0258 (0.010)	− 0.041 (0.0104)
个体固定	YES	YES	YES	YES	YES	YES
时间固定	YES	YES	YES	YES	YES	YES
N	3349	3349	3349	3349	3349	3349
R^2	0.574	0.230	0.682	0.644	0.574	0.562

注：*** 、** 、* 分别表示通过 0.01、0.05、0.1 的显著性水平检验。

16.4.4　异质性分析

异质性分析从两个角度展开，是否是老工业基地城市和是否是资源型城市。老工业基地城市在中国发展过程中起了非常重要的作用，这些城市产业也呈现高能耗高污染的特征，是产业生态化发展的重点突破区域。另外，中国部分城市以依靠资源形成发展起来的，如钢铁城市、煤炭城市、石油城市等，这些城市的产业生态化发展面临较大压力。模拟结果如表 16.6 中的模型 15 ~ 模型 18 所示。模型 15 核心解释变量 Nedp 的系数为 0.0188，在 0.01 的显著性水平下显著，模型 16 核心解释变量 Nedp 的系数为 0.0056，未通过显著性检验。这说明老工业基地城市基础较好，国家生态工业示范园区政策对产业结构生态化影响显著，效果比较明显，而对于非老工业基地城市国家生态工业示范园区政策对产业结构生态化影响不显著。模型 17 核心解释变量 Nedp 的系数为 0.0032，不显著，模型 18 核心解释变量 Nedp 的系数为 0.0099，在 0.05 的显著性水平下显著。这说明对于资源型城市，路径依赖效应比较明显，国家生态工业示范园区政策效果有限，而对于非资源型城市，制约较少，国家生态工业示范园区政策效果比较明显。

表 16.6   异质性分析

变量	模型 15 老工业基地城市	模型 16 非老工业基地城市	模型 17 资源型城市	模型 18 非资源型城市
Nedp	0.0188 *** (0.0052)	0.0056 (0.0044)	0.0032 (0.0065)	0.0099 ** (0.0046)
Cons	−0.0041 (0.0173)	−0.016 (0.0105)	0.0017 ** (0.0090)	−0.0182 (0.0122)
控制变量	YES	YES	YES	YES
个体固定	YES	YES	YES	YES
时间固定	YES	YES	YES	YES
N	1190	2159	1122	2227
R^2	0.602	0.569	0.410	0.569

注: *** 、** 分别表示通过 0.01、0.05 的显著性水平检验。

16.5 本章小结

本章的贡献从理论上主要在于详细梳理了国家生态工业示范园区的政策背景和理论机制。中国产业园区大致可以划分为经济技术开发区、高新技术产业开发区、生态工业园区 3 个阶段。中国 3 种类型的产业园区凸显了中国不同阶段的发展重心，随着中国温室气体的排放增多，中国必然要向生态经济转型，于是设立生态工业园区成为必然的选择。当前，国家生态工业示范园区建设形成了"规划编制—批准创建—验收命名—定期复查"的动态管理体系。国家生态工业示范园区政策对地区产业结构生态化转型的促进机制主要体现在约束机制和激励机制，从而发挥生态环境保护的倒逼和引导作用，以持续改善环境质量，促进产业绿色转型。本章研究的理论分析基于中国国家生态工业示范园区的具体情况，考虑了中国的发展实际，能够准确解构该政策的前提条件和影响机理。

在实践上，本章对现有国家生态工业示范园区的相关文献进行了详细梳理，借鉴这些成果的合理之处。基于 2004 ~ 2020 年中国 197 个城市的面板数据进行实证研究，全面讨论国家生态工业示范园区的政策对产业生态化的影响。为了使分析更加全面，除了国家生态工业示范园区情况、产业生态化情况两个关键变量之外，还将地区经济发展水平、金融发展水平、人力资本水平、消费水平、城市规模、地区科技创新水平等其他可能影响产业生态化发展情况的变量纳入讨论。统筹来看，实证研究比较全面、客观，得出了一些有益结论。这些结论对于量化评价中国国家生态工业示范园区的政策效果，未来该政策需要关注的方向具有一定的参考价值。

从研究设计贡献上看，本章充分借鉴现有研究，采用多期双重差分法考察了国家级生态工业示范园区对产业生态化发展的影响效应。基准回归部分，本章逐步增加控制变量以全面观察估计系数的变化情况。然后使用平行趋势检验、安慰剂检验、PSM – DID 方法、异质性处理效应检验、样本数据筛选处理等多种方法来检验模型的稳健性，使研究更加科学。最后，为正确对比不同城市国家生态工业示范园区政策效果，选择是否是老工业基地城市和是否是资源型城市进行了异质性分析。

整体来看，国家生态工业示范园区建设是加快工业现代化、促进绿色低碳循环发展的重要举措，对于促进区域经济发展绿色转型具有重要探索意义，是中国推动可持续发展的积极探索。本章运用多期双重差分模型，以 2003 ~ 2020 年中国 197 个地级及以上城市为研究样本，深入讨论了国家生态工业示范园区对产业生态化的影响，得出了以下结论。

一是国家生态工业示范园区建设显著促进了产业生态化发展。将能源消耗、污染物排放、温室气体排放等指标综合为产业节能发展指数、产业减污发展指数、产业降碳发展指数，并进一步综合为产业生态化指数，作为被解释变量。国家生态工业示范园区政策情况作为核心解释变量，地区经济发展水平、金融发展水平等作为控制变量。多期双重差分模型模拟结果显示，核心解释变量始终是显著的，在经过平行趋势检验、安慰剂检验、PSM – DID 方法、异质性处理效应检验、排除其他政策干扰和样本数据筛选处理等一系列稳健性检验后，上述研究结论依然成立。

二是提高环境规制力度、促进绿色技术创新以及提升资源配置效率是国家生态工业示范园区的三条作用路径。国家生态工业示范园区的建设将改变地区产业发展的约束机制和激励机制。约束机制的变化主要体现在园区内的企业所面临的环境规制比传统开发区大得多，在"倒逼"机制的作用下，产业生态化水平将逐步提高。激励机制的变化主要体现在绿色区位导向性产业政策，可为进入生态工业园区的企业提供更多优惠支持，创造更好的发展环境，利用规模经济效应促进园区生产率水平提升、激发区内企业持续性技术创新动力。实证研究对机制分析提供了强有力的支持，国家生态工业示范园区对环境规制、资源配置效率、绿色创新等机制变量的影响是显著的，机制变量对产业生态化水平的影响也是显著的。

三是绿色区位导向性产业政策效果存在异质性。国家生态工业示范园区建设对产业生态化的影响会因为城市的产业特征、资源禀赋的不同而有所差异。老工业基地城市基础较好，国家生态工业示范园区政策对产业结构生态化影响显著，效果比较明显，而对于非老工业基地城市国家生态工业示范园区政策对产业结构生态化影响不显著。资源型城市，路径依赖效应比较明显，国家生态工业示范园区政策效果有限，而对于非资源型城市，制约较少，国家生态工业示范园区政策效果比较明显。

也就是国家生态工业示范园区建设对产业生态化的影响是显著的。这一研究结论与现有生态工业示范园区能促进城市可持续发展[1]、减少二氧化碳排放[2]、减少工业二氧化硫排放、促进城市绿色创新[3]等研究结论是基本一致的。为了有效推动国家生态工业示范园区建设，进而实现中国可持续发展，提出如下政策建议。

一是强化顶层设计，不断优化生态工业示范园区建设布局。依据中国生态文明建设的大格局，逐步增加国家生态工业示范园区的数量，扩大国

---

[1] He X. , Li B. A Study on the Influence of Green Industrial Policy on Urban Green Development: Based on the Empirical Data of Ecological Industrial Park Pilot Construction [J]. Sustainability, 2023 (15): 10065.

[2] Butturi M. A. , Lolli F. , Sellitto M. A. , Balugani E. , Gamberini R. , Rimini B. Renewable Energy in Eco-Industrial Parks and Urban-Industrial Symbiosis: A Literature Review and a Conceptual Synthesis [J]. Appl Energy 2019 (255): 113825.

[3] Wu Y. C. , Gao X. Y. Can The Establishment of Eco-Industrial Parks Promote Urban Green Innovation? Evidence From China [J]. J Clean Prod, 2000 (341): 130855.

家生态工业示范园区的规模。考虑到中国是大国、区域发展差异比较大，要根据不同地区的不同特点优化国家生态工业示范园区的布局，特别是中西部地区要给予一定程度的倾斜。结合黄河流域生态保护和高质量发展等重大国家战略，在重点区域引导建设一批高水平国家生态工业示范区。①②

二是夯实建设基础条件，增强生态工业示范区建设支持力度。对于生态产业补链、资源能源综合利用、污染防治基础设施等项目有限审批立项，在用地指标和排污指标方面适当倾斜，给予税收优惠和财政扶持。应该提高产业生态化发展的技术支持和创新能力，增加对国家生态工业示范园区科创体系的投入。为了推动国家生态工业示范园区的创建与发展，应当为这类园区提供具有针对性的财政补贴支持。具体而言，需要设立专门的发展专项资金，以确保园区在建设和运营过程中拥有稳定的资金来源。同时，对于相关政策研究和重点项目的推进，还应当提供额外的补贴、贴息贷款或税收减免等优惠政策，从而进一步降低园区的经济负担，促进其健康、持续的发展。③

三是抓好园区建设调控，提高园区发展质量。在技术与环境管理、人才引进、土地利用、融资、招商等房源全面渗透循环技术经济，以此作为园区项目的准入条件。建立健全"一票否决"制度，限制环境风险高、能源资源消耗高的项目进入。提升企业清洁生产水平，提高园区内重点企业清洁生产审核实施标准。开展建立园区综合优化调控，提高环境安全水平和运行稳定性。开展产业链招商，大力引进环境友好的生产性项目。④⑤

---

① 陈梅，张龙江，苏良湖. 国家生态工业示范园区建设进展及成效分析［J］. 环境保护，2021，49（20）：59 - 61.

② 关于印发《国家生态工业示范园区管理办法》的通知［EB/OL］. 中华人民共和国生态环境部，2015 - 12 - 17.

③ 吴素芳，张鹏飞. 中国生态工业示范园区的建设要点探讨［J］. 绿色科技，2015（7）：245 - 246.

④ 李杨，陈何潇，杨子杰，狄瑜，生态工业园区绿色发展与环境管理实践分析［J］. 中国资源综合利用，2020（6）：138 - 140.

⑤ 国家生态工业示范园区标准［EB/OL］. 中华人民共和国生态环境部，2015 - 12 - 01.

第17章

黄河流域九省区农业投入碳排放

在当前气候变暖的大背景下，必须建设低碳经济，研究农业碳减排非常重要。黄河流域是我国发展的重点区域，研究黄河流域碳排放问题，对于中国其他地区的碳排放具有重大的借鉴意义。减少农业碳排放是中国建设低碳经济的重要一环，有利于积极应对气候变化。现代农业的碳排放量比较高。克里帕等（Crippa et al.，2021）研究发现，2015 年，全球每年的食品系统排放量达 18 十亿吨二氧化碳当量，占温室气体排放总量的 34%[1]。中国是农业大国，2022 年耕地面积达 1.18 亿公顷，粮食产量达 6.87 亿吨。农业生产需要大量的投入，农业生产中的化肥、农药及能源等生产资料投入，翻耕、灌溉等工艺投入是农业碳排放的重要来源。2000 ~ 2020 年，化肥使用量由 4146.4 万吨增长到 5079.2 万吨，增长了 22.5%，农业投入的增多意味着会产生更多的碳排放[2]。黄河是中国的第二大河，

① Crippa M.，Solazzo E.，Guizzardi D.，Monforti-Ferrario F.，Tubiello F. N.，Leip A. Food Systems Are Responsible for a Third of Global Anthropogenic GHG emissions［J］. Nat Food，2021（2）：198 - 209.

② 国家统计局. 中国统计年鉴［M］. 北京：中国统计出版社，2023.

全长 5464 公里[①]，黄河流域是中国文明的起源地，黄河丰富的水资源为黄河两岸的农业生产提供了重要的保障，于是黄河流域成为中国农业生产的重要地带，包括山东、河南、山西、陕西、内蒙古、宁夏、甘肃、四川、青海等九个省区。黄河流域农业生产具有非常明显的高投入特点，深入研究与探讨黄河流域九省区农业投入碳排放情况对于中国低碳经济建设及未来可持续发展具有非常重要的意义。

本章主要作了以下几方面贡献：从理论贡献上看，在气候变暖的大背景下，讨论了低碳农业发展对中国低碳经济建设的重要性；从实践贡献上看，在对现有文献进行详细梳理的基础上，推动黄河流域九省区低碳农业发展有利于中国低碳经济总体建设，有利于中国"碳达峰""碳中和"目标的达成；从研究设计贡献上看，从化肥、农药及能源等生产资料投入，翻耕、灌溉等工艺投入测算了农业投入碳排放。然后，计算了各影响因素的贡献率对各影响因素的作用大小进行反映，选用了脱钩指数讨论了黄河流域农业生产与农业投入碳排放脱钩情况，研究更加科学全面。

■ 17.1　文献述评

农业碳排放是温室气体增加的重要来源，同时相对于其他行业，农业也是最容易受到气候变化影响的行业。据测算农业温室气体排放总量约占中国排放总量的 20%[②]。中国农业温室气体排放中，甲烷和氧化亚氮排放量比较大。董红敏等（2008）对中国农业活动产生的甲烷和氧化亚氮进行了测算，发现农业活动产生的甲烷和氧化亚氮占全国甲烷和氧化亚氮排放量的 50.15% 和 92.47%[③]。从世界碳排放来看，中国目前是世界上温室气

---

①　国家统计局. 中国统计年鉴 [M]. 北京：中国统计出版社，2023.

②　李波，张俊飚，李海鹏. 中国农业碳排放时空特征及影响因素分解 [J]. 中国人口·资源与环境，2011（8）：80－86.

③　董红敏，李玉娥，陶秀萍，彭小培，李娜，朱志平. 中国农业源温室气体排放与减排技术对策 [J]. 农业工程学报，2008（10）：269－273.

体排放最多的国家之一。作为农业大国，为了保障粮食供给，确保粮食产量稳定增长，中国农业生产的高碳特征十分突出，中国农业碳排放总量占全球的 12.54%。因此，推动中国低碳农业建设对于全球温室气体减少都具有非常重要的意义。

田云等（2012）借助 Tapio 脱钩模型，深入剖析了我国农业碳排放与农业经济增长之间的内在联系，揭示出两者主要呈现弱脱钩状态。于卓卉等（2022）的研究则进一步显示，中国各省份农业经济增长与农业净碳排放的脱钩关系呈现弱脱钩与强脱钩两种情况，其中近半数省份已成功实现强脱钩，即农业绿色发展的高水平状态，其余省份则仍处于弱脱钩阶段，但整体脱钩趋势积极。张志高等（2017）聚焦河南省，细致探究了该省农业碳排放与农业经济发展的脱钩关系，发现自 2004 年起，弱脱钩成为主导趋势。韦等（Wei et al.，2023）利用河南省 20 年的面板数据，深入探讨了农牧业经济与碳排放的复杂关系及影响因素，研究同样揭示出强脱钩与弱脱钩并存的状态。蒋添诚等（2021）的研究则定位于湖北省，他们测算了该省的农业碳排放强度及脱钩弹性，发现自 2012 年以来，农业碳排放强度持续降低，尤其在 2015～2018 年，强脱钩特征显著，农业经济稳步增长的同时，碳排放量实现了有效下降。张玉梅等（2014）则运用脱钩理论，结合 Tapio 弹性方法，分析了北京市在推行低碳经济政策背景下，都市农业发展与碳排放的动态关系。结果表明，北京市在保障农产品自给率的同时，成功实现了碳排放量的逐步减少，农业经济增长与碳排放呈现出积极的脱钩态势。

黄晓慧等（2022）运用农业碳排放测算模型，全面评估了中国 31 个省份的农业碳排放总量，并深入剖析了其时序演变和地域差异。研究揭示，化肥使用是中国农业碳排放的首要源头，因此，推进低碳农业建设需持续致力于农药化肥的减量施用，积极引导农户减少农药化肥的使用量[①]。陈晓芳等（2018）则基于生命周期评价，构建了化肥施用碳排放分析模

---

① 黄晓慧，杨飞. 碳达峰背景下中国农业碳排放测算及其时空动态演变 [J]. 江苏农业科学，2022（14）：232–239.

型，专注于安徽省 2000～2016 年小麦种植过程中化肥施用产生的碳排放量。研究发现，这 17 年间小麦化肥施用总量显著上升，增幅高达 38.6%。为降低碳排放，他们建议研发并推广针对小麦生长需求的最佳复合肥配方①。罗文兵等（2015）聚焦于中国不同区域的棉花种植，探讨了化肥施用与减排潜力之间的关系。研究发现，湖北、安徽、湖南、新疆和江苏这五个地区的棉花种植施肥碳排放减排潜力尤为突出②。邓明君等（2016）的研究则进一步拓展至中国主要粮食作物的化肥施用减排潜力，揭示了三大粮食作物种植区在化肥施用碳排放减排方面存在的显著差异。

　　能源消耗是农业生产的另一种重要投入。韩岳峰等（2013）强调，能源效率的提升对于减少农业领域的碳排放至关重要，同时农业技术的革新也有助于实现农业能源的低碳化目标。李国志等（2010）借助 LMDI 模型深入分析了碳排放的影响因素，他们的研究揭示出农业能源消费结构的变动在一定程度上加剧了碳排放问题，而能源效率的提升则有助于缓解农业碳排放。史常亮等（2017）的研究发现，尽管能源强度的降低在一定程度上抑制了因产值增长带来的碳排放增加，但由于农业领域依然主要依赖煤炭等化石能源，这种抑制效应近年来已逐渐减弱，农业能耗碳排放量总体上仍呈上升趋势。胡剑波等（2019）通过泰尔指数进一步探究了中国农业能源消费碳排放的区域差异，他们的实证分析表明，中国农业仍处于高消耗、高污染、高排放的粗放经营状态，且不同区域间的碳排放差异显著。王连龙（2013）以河北秦皇岛市为例，详细测算了该市的农业碳排放情况。研究发现，秦皇岛市的农业碳排放总量呈现温和增长趋势，年均增长率为 4.01%，但农业能源消费碳排放的增长速度较快，年均增长率高达 9.63%，这表明该市在农业能源消费和碳排放管理方面仍需加强努力③。昆达尔（Koondhar，2021）探讨了巴基斯坦农业碳排放、能源消耗、化肥

　　① 陈晓芳，王晓旭，卫凯平，黄莉. 安徽省小麦化肥施用产生的碳排放初探 [J]. 南方农业，2018（34）：90－92，101.

　　② 罗文兵，邓明君，向国成. 我国棉花种植化肥施用的碳排放时空演变及减排潜力 [J]. 经济地理，2015（9）：149－156.

　　③ 王连龙. 基于能源和物质投入的秦皇岛市农业碳排放研究 [J]. 广东农业科学，2013（2）：226－228.

消耗和谷物粮食产量之间的关系，研究表明，巴基斯坦农民必须从燃烧不可再生能源转向可再生能源，以减少碳排放[1]。

除了农业投入，许多研究也关注了影响碳排放的其他方面。杨红娟等（2015）运用 LMDI 模型，对云南省农业碳排放量的影响因素进行了深入剖析。研究结果表明，云南省农业碳排放量的增长主要受农业经济发展水平和农业生产效率的提升所驱动。然而，农业结构因素和农业劳动力规模因素在一定程度上对碳排放量的增加起到了抑制作用。这些发现为云南省农业可持续发展和碳排放减排提供了重要参考[2]。王（Wang，2022）基于 2000～2019 年中国省级面板数据，构建中介模型，实证检验农业专业化对农业碳排放的影响。结果表明，农业专业化通过增加农业外部投入对农业碳排放产生了显著的正向影响。董红敏等（2008）的研究表明，通过优化反刍动物的饲养管理，特别是改善其营养状况，可以有效地减少单个肉牛的甲烷排放量，降低幅度可达 15%～30%。此外，他们还建议推广稻田间歇灌溉技术，这种技术可以减少单位面积稻田甲烷排放量的 30%，对农业减排具有积极意义[3]。洪业应（2015）运用 LMDI 模型对西藏农业碳排放的驱动因素进行了深入分析。研究结果表明，牲畜养殖业是主要的碳排放来源，占碳排放总量的 96.56%，从时间序列变化特征来看，西藏农业碳排放总体上经历了"上升—平稳—下降"的趋势[4]。其中，王劼等（2018）发现畜牧养殖规模越大，动物粪便及肠道发酵所产生的 CH_4 排放量也相应越多。雅努斯等（Janus et al.，2023）认为农业用地是碳排放的一大来源，减少碳排放的潜力巨大，通过全面重组农场的空间布局进行土地整合，可

① Koondhar M. A., Udemba E. N., Cheng Y., Khan Z. A., Koondhar M. A., Batool M., Kong R. Asymmetric Causality Among Carbon Emission from Agriculture, Energy Consumption, Fertilizer, and Cereal Food Production-a Nonlinear Analysis for Pakistan [J]. Sustainable Energy Technologies and Assessments, 2021 (45): 101099.

② 杨红娟, 李明云, 刘红琴. 农业碳排放特征及影响因素分析——以云南为例 [J]. 生态经济, 2015 (10): 76-78.

③ 董红敏, 李玉娥, 陶秀萍, 等. 中国农业源温室气体排放与减排技术对策 [J]. 农业工程学报, 2008 (10): 269-273.

④ 洪业应. 西藏农业碳排放的实证研究：测算、时空分析及因素分解 [J]. 数学的实践与认识, 2015 (19): 65-73.

以减少燃料消耗，从而减少排放。

　　为了应对气候变化，必须减少农业碳排放，推动低碳农业发展，减排成本是发展低碳农业需要考虑的重要因素。吴贤荣等（2014）在构建包含期望产出与非期望产出的农业经济核算框架的基础上，运用方向距离函数对中国 31 个省（区、市）的低碳农业绩效水平进行了估算。同时，他们引入碳排放影子价格，对各地区的农业边际减排成本进行了深入分析。在后续的研究中，吴贤荣（2021）进一步运用参数法测度了中国农业碳排放的边际减排成本。研究结果显示，中国农业碳排放的影子价格估计值范围为 6.62～551.05 元/吨，平均值为 67.71 元/吨。各地区农业碳排放的边际减排成本在时间序列上呈现出降多增少的趋势，且不同省份之间的农业碳减排成本差异较大[①]。然而，值得注意的是，这种地区差异在考察期内呈现出明显的缩小趋势。陈胜涛等（2021）进行了江苏省的农业碳排放绩效研究。他们发现，对于排放总量较小的地级市，由于工业占主导地位，农业边际减排成本变化较大，减排代价较高。因此，这些地区可以在保持现有农业排放总量的条件下，将减排资金用于支持传统农业主产区的减排活动。对于排放量较大的传统农业生产区，如徐州、盐城、宿迁和淮安，可以加大减排力度以实现更有效的碳减排。[②] 李琦等（2016）则通过影子价格指标对安徽省 16 个城市的边际减排成本进行了评估。他们发现，各地市的边际碳减排成本与低碳农业绩效水平之间存在密切关系，具体表现为，随着绩效水平的提升，其边际减排成本也不断增长。

　　减少农业碳排放需要制定相应的政策，一些研究讨论了政策的影响。杜等（Du et al.，2023）发现中国实施的国家农业可持续发展试验示范区政策大幅减少了碳排放，并对碳排放源产生了影响。甘达（Ganda，2023）研究了 2000～2020 年期间农业政策如何影响 27 个经合组织国家的碳排放，研究发现，农业政策在短期内是排放的驱动因素，但从长期来看，该变量

　　① 吴贤荣. 中国农业碳排放边际减排成本：参数法测度与时空分析［J］. 世界农业，2021（1）：46 - 56.

　　② 陈胜涛，张开华，张岳武. 农业碳排放绩效的测量与脱钩效应［J］. 统计与决策，2021（21）：85 - 88.

不再是驱动因素。张等（Zhang et al.，2023）利用2000~2018年中国县级面板数据，发现农业信贷补贴政策显著降低了样本县的碳强度，而且这种效应在第一产业产值高的地区更加显著。李等（Li et al.，2023）提出了2000~2017年中国30个省份农村能源扶贫的综合测度方法，发现农村能源扶贫对农业碳排放产生了倒"U"型效应，这意味着农村能源扶贫会在一个阈值后降低农业碳排放。李等（Li et al.，2023）利用2001~2019年中国31个省份的面板数据发现，资源集聚型的环境规制显著降低了农业碳排放，平均下降3.9%[①]。

上述学者从不同的角度对农业碳排放进行了研究，基本指向是一致的。一是农业碳排放是碳排放的主要来源之一，建设低碳经济，减少人类碳排放必须减少农业碳排放，推动低碳农业发展。二是有多种因素影响农业碳排放，能源、化肥使用、农业结构都是重要的影响因素，建设低碳农业需要厘清这些因素的影响。三是不同区域、不同时期的农业碳排放特点不同，因此，不同区域、不同时期的低碳低碳农业发展措施应是不同的。这些研究为本书的研究奠定了基础，有利于深入全面的开展。

■ 17.2　研究方法与数据来源

17.2.1　研究方法

17.2.1.1　农业投入碳排放测算方法

农业投入碳排放一般使用排放系数法进行测算。农业投入碳排放主要来自化肥、农药、农膜等农业生产资料的投入，农业机械的使用，以及农业翻耕、灌溉等，测算公式为：

----

① Li L.，Han J. L.，Zhu Y. C. Does Environmental Regulation in the Form of Resource Agglomeration Decrease Agricultural Carbon Emissions? Quasi-Natural Experimental on High-Standard Farmland Construction Policy [J]. Journal of Cleaner Production，2023（420）：138342.

$$C = \sum C_i = \sum T_i \times \delta_i \qquad (17-1)$$

其中，C 为粮食生产碳排放总量，C_i 为各类碳源引发的农业碳排放量，T_i 为各类碳源量，δ_i 表示各类碳排放源对应的碳排放系数，碳排放系数的具体值如表 17.1 所示。

表 17.1　　　　　　　　　　　　碳排放系数

碳源	系数
柴油	0.592 千克/千克
翻耕	312.6 千克/平方千米
灌溉	20.476 千克/公顷
化肥	0.895 千克/千克
农膜	5.18 千克/千克
农药	4.934 千克/千克

17.2.1.2　农业投入碳排放影响因素分解方法

农业投入碳排放量受到化肥、农药、农膜等多种因素的影响，碳排放量变化是多种因素共同作用的结果，即：

$$\Delta C^t = C^t - C^0 = \Delta C_1^t + \Delta C_2^t + \Delta C_3^t + \Delta C_4^t + \Delta C_5^t + \Delta C_6^t \qquad (17-2)$$

其中，ΔC_1^t、ΔC_2^t、ΔC_3^t、ΔC_4^t、ΔC_5^t、ΔC_6^t 分别代表化肥、农药、农膜等多种因素导致的碳排放量增加量，于是可以计算各影响因素的贡献率对各影响因素的作用大小进行反映，公式如下：

$$CR = \frac{\Delta C_i^t}{\Delta C^t} \times 100\% = \frac{C_i^t - C_i^0}{C^t - C^0} \times 100\% \qquad (17-3)$$

其中，C_i^t 为第 i 种碳源报告期碳排放量，C_i^0 为第 i 种碳源基期碳排放量，C^t 为报告期总碳排放量，C^0 为基期总碳排放量。

17.2.1.3　脱钩指数测算方法

脱钩是耦合的对立概念。耦合指的是两个或者多个事物相互联系的现象，脱钩指的是两个或多个事物逐渐脱离的情况。经济增长需要要素的投入，当经济增长的速度与要素投入的速度呈现正相关时，也就是要素投入越快，经济增速越快，要素投入越慢，经济增速越慢，此时出现了耦合现象。环境指数基于 DPSIR 框架设计，是由 PSR 模型发展成熟的。脱钩指数可以根据 DPSIR 模型进行测算，也就是测算推动力和环境压力的关系，公式如下：

$$D = \frac{(EP/DF)_t}{(EP/DF)_0} \qquad (17-4)$$

环境压力由 EP 表示，推动力由 DF 表示。对于温室效应而言，环境压力是碳排放 C，推动力是农业产值增长，进行公式变换，如下：

$$D = \frac{(C/Y)_t}{(C/Y)_0} \qquad (17-5)$$

碳排放与农业生产之间的脱钩关系可以分为两种类型：绝对脱钩和相对脱钩。绝对脱钩时，农业产值的增长趋势与碳排放的增长趋势是不同的，指的是在农业产值持续增长的同时，碳排放量却呈现减少趋势，从而实现农业经济增长与碳排放之间的完全分离。与绝对脱钩不同，相对脱钩时，农业产业的增长趋势与碳排放的增长趋势是相同的，农业产值的增长速度超过了碳排放的增长速度，导致农业产值增长与碳排放之间出现相对的分离现象。塔皮奥（Tapio，2005）引入了弹性的概念，对脱钩指数进行了深入拓展，从而对脱钩的程度进行了更为细致和精确的划分。他将脱钩指数定义如下：

$$D = \frac{\dfrac{\Delta C}{C}}{\dfrac{\Delta Y}{Y}} \qquad (17-6)$$

塔皮奥将脱钩分为强脱钩、弱脱钩、增长连接、增长负脱钩、强负脱钩、弱负脱钩、衰退连接、衰退脱钩 8 个类别，具体定义如图 17.1 和表 17.2 所示[①]。

---

① Tapio P. Towards a Theory of Decoupling：Degrees of Decoupling in the EU and the Case of Road Traffic in Finland between 1970 and 2001 [J]. Transport Policy，2005（12）：137-151.

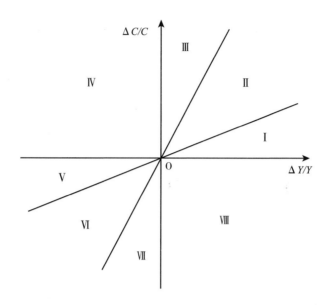

图 17.1 脱钩分类

表 17.2 脱钩分类

区域	状态	脱钩指数	△Y	△C
I	弱脱钩	0.8 > D > 0	> 0	> 0
II	扩张挂钩	1.2 > D > 0.8	> 0	> 0
III	扩张负脱钩	D > 1.2	> 0	> 0
IV	强负脱钩	D < 0	< 0	> 0
V	弱负脱钩	0.8 > D > 0	< 0	< 0
VI	衰退挂钩	1.2 > D > 0.8	< 0	< 0
VII	衰退脱钩	D > 1.2	< 0	< 0
VIII	强脱钩	D < 0	> 0	< 0

17.2.2 数据来源

本书使用的化肥、农药、农膜、农用柴油、翻耕面积、灌溉面积均来自 2001~2022 年的《中国统计年鉴》《中国农村统计年鉴》，以及山东、河南、山西、陕西、内蒙古、宁夏、甘肃、四川、青海各省份的统计年鉴和农村统计年鉴，部分数据来自全国及相应省份的统计公报、部门公报等。其中，农药为农药实际使用量，翻耕面积为农作物播种面积，农业灌溉面积为当年有效灌溉面积，化肥为实际化肥使用量。

17.3　测算结果与分析

17.3.1　黄河流域九省区农业投入碳排放情况

17.3.1.1　黄河流域九省区农业投入碳排放总体情况

表 17.3 显示了 2000～2020 年黄河流域九省区农业投入碳排放总体情况。2020 年与 2000 年相比，碳排放总量由 20438.7 千吨增长到 27086.9 千吨，增长了 32.5%，排放强度由 379.9 千克/公顷增长到 471.7 千克/公顷，增长了 24.2%。

表 17.3　　黄河流域九省区农业投入碳排放总体情况

年份	总和（千吨）	增速（%）	排放强度（千克/公顷）	增速（%）
2000	20438.7		379.9	
2001	20945.4	2.5	389.9	2.6
2002	21740.3	3.8	411.0	5.4
2003	22102.4	1.7	415.1	1.0
2004	22988.6	4.0	436.3	5.1
2005	23997.2	4.4	453.8	4.0
2006	25053.9	4.4	467.0	2.9
2007	26061.1	4.0	487.8	4.5
2008	26476.9	1.6	491.0	0.6
2009	27551.7	4.1	505.0	2.9
2010	28501.7	3.4	524.1	3.8
2011	29227.1	2.5	532.8	1.7
2012	30107.7	3.0	544.3	2.1
2013	30660.9	1.8	551.3	1.3

续表

年份	总和（千吨）	增速（%）	排放强度（千克/公顷）	增速（%）
2014	30852.1	0.6	549.2	-0.4
2015	31071.9	0.7	548.2	-0.2
2016	30964.2	-0.3	540.8	-1.4
2017	30090.5	-2.8	520.5	-3.8
2018	29045.7	-3.5	505.0	-3.0
2019	27830.8	-4.2	484.5	-4.1
2020	27086.9	-2.7	471.7	-2.6
2000~2020 年增长	32.5	—	24.2	—

将表 17.3 中农业投入碳排放的数据做成图形如图 17.2 所示。碳排放总量呈现倒 "U" 型变化趋势，2000~2015 年环比增长速度均大于 0，碳排放总量最大值出现在 2015 年，达 31071.9 千吨，比 2000 年增长 52%。从 2016 年开始，碳排放总量逐渐下滑，2016~2020 年环比增长速度均小于 0，2020 年的碳排放总量比 2015 年减少了 3985.1 千吨，下降了 12.8%。

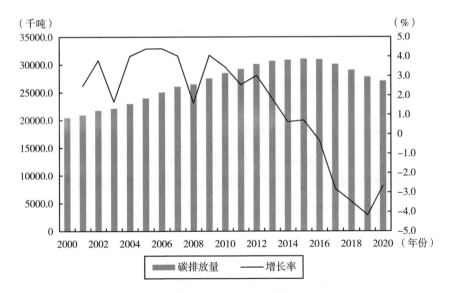

图 17.2　黄河流域九省区农业投入碳排放总量及增速

将表 17.3 中农业投入碳排放强度的数据做成图形，如图 17.3 所示，与图 17.2 显示的趋势基本一致。碳排放强度也呈现倒 "U" 型变化趋势，

2000 ~2013 年环比增长速度均大于 0，碳排放强度最大值出现在 2013 年，达 551.3 千克/公顷，比 2000 年增长 45.1%。从 2014 年开始，碳排放强度逐渐下滑，2014 ~2020 年环比增长速度均小于 0，2020 年的碳排放总量比 2013 年减少了 79.5 千克/公顷，下降了 14.4%。

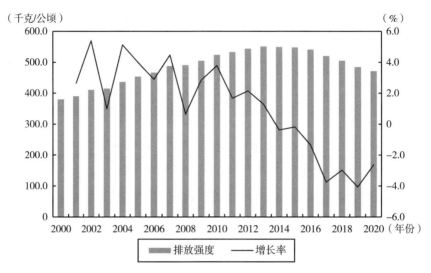

图 17.3　黄河流域九省区农业碳排放强度及增速

化肥、农药、农膜、柴油导致的碳排放的变化趋势与碳排放总量和碳排放强度的变化趋势基本相同，也呈现倒 "U" 型，前期呈现上升趋势，达到最大值后开始呈现下降趋势。化肥导致的碳排放最大值出现在 2015 年，农药导致的碳排放最大值出现在 2013 年，农膜导致的碳排放最大值出现在 2016 年，柴油导致的碳排放最大值出现在 2015 年。土地翻耕和灌溉导致的碳排放呈现缓慢上升趋势，2000 ~2020 年土地翻耕导致的碳排放增长了 7.4%，灌溉导致的碳排放增长了 19.1%。

17.3.1.2　黄河流域九省区农业投入碳排放分省份情况

从各省份农业投入碳排放来看，河南碳排放总量最大，2020 年为 7829.5 千吨，青海省碳排放总量最小，仅 137.8 千吨，仅相当于河南的 1.8%（见表 17.4）。2020 年与 2000 年相比，九个省份中有八个省份的碳排放量呈现上涨趋势，分别是青海、四川、甘肃、宁夏、内蒙古、陕西、山西、河南。内蒙古碳排放量增幅最大，2000 年内蒙古碳排放量为 1136.6 千吨，2020 年为 3025.3 千吨，增加了 1888.8 千吨，增长 166.1%。2000 年内蒙古在九省区排第 6 位，2020 年已经上升至第 4 位。河南碳排放量增长量最大，2000 年河南碳排放量为 5313.3 千吨，2020 年为 7829.5 千吨，增加了 2516.2 千吨，增长 47.4%。2000 年河南碳排放量少于山东，2020 年河南已超过山东位居九省区第 1 位。山东是黄河流域九省区中唯一碳排放量减少的省份，2000 年山东碳排放量为 6713.4 千吨，2020 年为 6242.8 千吨，减少了 470.6 千吨，降低了 7%。

表 17.4　　2000 年和 2020 年黄河流域各省区农业投入碳排放情况

省份	2000 年碳排放（千吨）	2020 年碳排放（千吨）	增长量（千吨）	增长率（%）
青海	118.2	137.8	19.6	16.6
四川	2836.1	3082.5	246.4	8.7
甘肃	1091.1	1964.5	873.5	80.1
宁夏	323.3	578.4	255.1	78.9
内蒙古	1136.6	3025.3	1888.8	166.2
陕西	1728.6	2693.1	964.5	55.8
山西	1178.1	1532.8	354.7	30.1
河南	5313.3	7829.5	2516.2	47.4
山东	6713.4	6242.8	−470.6	−7.0

17.3.2　农业投入碳排放影响因素分析

17.3.2.1　黄河流域九省区农业投入碳排放因素分析总体情况

表 17.5 显示了 2000~2020 年黄河流域九省区农业投入碳排放总体情况。化肥引起的碳排放由 12927.6 千吨增加到 16842.3 千吨，增长了 30.3%；农药引起的碳排放由 1717.6 千吨增长到 1790.1 千吨，增长了 4.2%；农膜引起的碳排放由 2832.3 千吨增长到 4669.9 千吨，增长了 64.9%；柴油引起的碳排放由 2416.6 千吨增长到 3155.5 千吨，增长了 30.6%；土地翻耕引起的碳排放由 167.9 千吨增长到 180.3 千吨，增长了 7.4%；灌溉引起的

碳排放由 376.7 千吨增长到 448.7 千吨，增长了 19.1%。

表 17.5 黄河流域九省区农业投入各排放源碳排放总体情况 单位：千吨

年份	化肥	农药	农膜	柴油	翻耕	灌溉
2000	12927.6	1717.6	2832.3	2416.6	167.9	376.7
2001	13213.0	1742.7	3028.0	2415.0	165.4	381.3
2002	13592.3	1856.2	3273.1	2470.3	166.5	381.8
2003	13761.3	1872.0	3384.4	2539.5	164.7	380.5
2004	14386.2	1837.0	3598.8	2618.2	165.3	383.1
2005	15039.4	1917.4	3699.5	2786.6	167.7	386.6
2006	15677.6	2052.1	3861.7	2904.0	167.0	391.5
2007	16393.4	2145.3	3959.6	2999.0	168.6	395.6
2008	16734.1	2212.5	3983.8	2971.9	170.6	404.2
2009	17311.6	2256.4	4169.3	3236.4	170.0	408.0
2010	17865.6	2289.9	4461.1	3300.6	171.5	413.0
2011	18190.6	2436.5	4646.0	3362.9	172.9	418.2
2012	18822.9	2474.5	4792.6	3420.3	173.9	423.6
2013	19078.9	2495.7	5031.6	3473.1	175.6	406.1
2014	19197.2	2480.4	5059.2	3522.7	177.2	415.5
2015	19321.8	2462.6	5120.2	3564.4	179.0	423.9
2016	19238.7	2389.1	5179.7	3543.5	180.7	432.5
2017	18823.4	2226.8	4969.4	3454.3	179.8	436.9
2018	18271.4	2025.4	4770.5	3358.1	179.6	440.7
2019	17372.0	1895.2	4684.1	3256.9	179.5	443.1
2020	16842.3	1790.1	4669.9	3155.5	180.3	448.7

表 17.6 显示了 2000～2020 年黄河流域九省区农业投入各排放源占比情况。化肥使用导致的碳排放最大，占比始终高于 60%，稳定在 62.1%～63.3%，波动小于 1.5%。农膜使用导致的碳排放量占比居于第二位，占比始终高于 10%，在 13.9%～17.2%，波动小于 3.5%。柴油使用导致的碳排放量占比居于第三位，占比始终高于 10%，在 11.2%～11.8%，波动小于 1%。农药使用导致的碳排放占比小于 10%，在 6.6%～8.5%，呈现缓慢下降趋势。灌溉导致的碳排放占比小于 2%，在 1.3%～1.8%。翻耕

导致的碳排放占比小于 1%，在 0.6% ~ 0.8%。结合表 17.3，整体来看，各排放源导致的碳排放尽管绝对量有较大的变化，但是占比基本维持稳定，投入结构比较稳定。

表 17.6　　　黄河流域九省区农业投入各排放源占比情况　　　单位：%

年份	化肥	农药	农膜	柴油	翻耕	灌溉
2000	63.3	8.4	13.9	11.8	0.8	1.8
2001	63.1	8.3	14.5	11.5	0.8	1.8
2002	62.5	8.5	15.1	11.4	0.8	1.8
2003	62.3	8.5	15.3	11.5	0.7	1.7
2004	62.6	8.0	15.7	11.4	0.7	1.7
2005	62.7	8.0	15.4	11.6	0.7	1.6
2006	62.6	8.2	15.4	11.6	0.7	1.6
2007	62.9	8.2	15.2	11.5	0.6	1.5
2008	63.2	8.2	15.0	11.2	0.6	1.5
2009	62.8	8.2	15.1	11.7	0.6	1.5
2010	62.7	8.0	15.7	11.6	0.6	1.4
2011	62.2	8.3	15.9	11.5	0.6	1.4
2012	62.5	8.2	15.9	11.4	0.6	1.4
2013	62.2	8.1	16.4	11.3	0.6	1.3
2014	62.2	8.0	16.4	11.4	0.6	1.3
2015	62.2	7.9	16.5	11.5	0.6	1.4
2016	62.1	7.7	16.7	11.4	0.6	1.4
2017	62.6	7.4	16.5	11.5	0.6	1.5
2018	62.9	7.0	16.4	11.6	0.6	1.5
2019	62.4	6.8	16.8	11.7	0.6	1.6
2020	62.2	6.6	17.2	11.6	0.7	1.7

表 17.7 显示了 2000 ~ 2020 年黄河流域九省区农业投入各排放源导致的碳排放环比增长情况。从总碳排放来看，2001 ~ 2015 年碳排放呈现逐年增长态势，增长量最大的年份为 2009 年，增长 1074.8 千吨，增长量最小的年份为 2014 年，增长 191.2 千吨。自 2016 年开始，总碳排放量呈现逐年下降态势，2018 年、2019 年的减少量都超过了 1000 千吨，分别为

1044.8 千吨和 1214.9 千吨。化肥使用导致的碳排放的环比增长趋势与总碳排放增长趋势是基本一致的，2001~2015 年，化肥使用导致的碳排放逐年增长，增长量最大的年份是 2007 年，增长 715.9 千吨，增长率最小的年份是 2014 年，为 118.3 千吨。自 2016 年开始，化肥使用导致的碳排放呈现下降态势。农药、农膜、柴油使用导致的碳排放与总碳排放变化的趋势也基本相同，虽然个别年份变化趋势不同，基本呈现前半段逐年增长，后半段逐年下降趋势。翻耕导致的碳排放相对比较稳定，增长年份和下降年份交替出现。灌溉导致的碳排放基本呈现逐年增长态势，仅在 2003 年和 2013 年出现了下降。

表 17.7　　黄河流域九省区农业投入各排放源碳排放环比增长情况　　单位：千吨

年份	化肥	农药	农膜	柴油	翻耕	灌溉	总和
2000	—	—	—	—	—	—	—
2001	285.3	25.2	195.7	-1.6	-2.5	4.6	506.7
2002	379.4	113.5	245.1	55.3	1.1	0.5	794.9
2003	168.9	15.8	111.3	69.2	-1.8	-1.4	362.1
2004	624.9	-35.0	214.4	78.7	0.6	2.6	886.2
2005	653.2	80.4	100.7	168.4	2.4	3.5	1008.7
2006	638.2	134.7	162.2	117.4	-0.7	4.9	1056.7
2007	715.9	93.3	97.5	95.0	1.6	4.0	1007.2
2008	340.7	67.1	24.6	-27.1	2.0	8.6	415.8
2009	577.5	43.9	185.5	264.6	-0.6	3.9	1074.8
2010	554.0	33.6	291.8	64.2	1.5	5.0	950.0
2011	325.0	146.5	184.8	62.3	1.5	5.2	725.4
2012	632.3	38.0	146.6	57.4	0.9	5.4	880.6
2013	256.0	21.2	238.9	52.8	1.7	-17.5	553.2
2014	118.3	-15.3	27.7	49.5	1.6	9.4	191.2
2015	124.6	-17.8	61.0	41.8	1.8	8.4	219.8
2016	-83.1	-73.5	59.5	-20.9	1.7	8.6	-107.8
2017	-415.3	-162.1	-210.3	-89.2	-0.9	4.4	-873.7
2018	-552.0	-201.3	-198.9	-96.2	-0.2	3.8	-1044.8
2019	-899.4	-130.3	-86.4	-101.3	-0.1	2.4	-1214.9
2020	-529.7	-105.1	-14.2	-101.4	0.8	5.6	-743.9

表 17.8 显示了 2000～2020 年分时间段黄河流域九省区农业投入各排放源碳排放贡献率情况。化肥使用贡献率最高，每一个时间段贡献率均高于 50%，2005～2010 年贡献率最高，为 62.7%，2010～2015 年贡献率最低，为 56.7%。农膜使用贡献率变化较大，2000～2005 年、2010～2015 年、2000～2020 年贡献率均高于 20%，分别为 24.4%、25.6%、27.6%。2005～2010 年、2015～2020 年贡献率降至 20% 以下，分别为 16.9%、11.3%。农药使用贡献率也出现了较大变化，2000～2005 年、2005～2010 年、2010～2015 年贡献率均小于 10%，分别为 5.6%、8.3%、6.7%。2015～2020 年农药使用导致的碳排放大幅度下降，为总碳排放降低作出了较大贡献，贡献率上升至 16.9%。柴油使用导致的碳排放贡献率均比较稳定，基本维持在 10% 左右。土地翻耕、灌溉导致的碳排放贡献率也比较稳定，贡献比较小。

表 17.8 分时间段黄河流域九省区农业投入各排放源碳排放贡献率情况 单位：%

时间段	化肥	农药	农膜	柴油	翻耕	灌溉
2000～2005 年	59.3	5.6	24.4	10.4	-0.01	0.3
2005～2010 年	62.7	8.3	16.9	11.4	0.1	0.6
2010～2015 年	56.7	6.7	25.6	10.3	0.3	0.4
2015～2020 年	62.2	16.9	11.3	10.3	-0.03	-0.6
2000～2020 年	58.9	1.1	27.6	11.1	0.2	1.1

17.3.2.2 黄河流域九省区农业投入碳排放因素分析分省份情况

表 17.9 显示了以 2000 年为基期、2020 年为报告期的黄河流域九省区农业投入各排放源碳排放贡献率情况。2020 年青海省的碳排放相比于 2000 年呈现增长趋势，农膜使用、柴油使用、土地翻耕和灌溉均为正贡献，农膜使用导致的碳排放由 3.3 千吨上升到 38.2 千吨，贡献率为 178.2%，柴油使用导致的碳排放由 35.2 千吨上升到 38.5 千吨，贡献率为 16.9%。化肥使用导致的碳排放由 64.2 千吨下降为 48.8 千吨，农药使用导致的碳排

放由 9.4 千吨下降到 5.9 千吨,贡献率分别为 -78.6% 和 -17.6% 。四川省的情况与青海省类似,总碳排放量呈现增长态势,而化肥使用和农药使用碳排放呈现下降趋势,于是贡献率为负值,农膜使用、柴油使用、土地翻耕、土地灌溉导致的碳排放与总碳排放趋势一致,于是贡献率为正值。内蒙古是碳排放增长率最大的省份,化肥使用导致的碳排放由 669.5 千吨增长到 1860.1 千吨,贡献率为 63%,农膜使用导致的碳排放由 179.2 千吨增长到 493.6 千吨,贡献率为 16.7%,柴油使用导致的碳排放 177 千吨增长到 462.9 千吨,贡献率为 15.1% 。

2020 年河南的碳排放总量在九省区中排名第一,化肥使用导致的碳排放由 3756.7 千吨增长到 5803.3 千吨,贡献率为 81.3%,农膜使用导致的碳排放由 476 千吨增长到 785.9 千吨,贡献率为 12.3% 。山东的总碳排放量呈现下降趋势,化肥使用导致的碳排放由 3790.1 千吨下降到 3411.2 千吨,贡献率为 80.5%,柴油使用导致的碳排放由 931.3 千吨下降到 749.2 千吨,贡献率为 38.7%,农药使用导致的碳排放由 692.3 千吨下降到 564 千吨,贡献率为 27.3% 。农膜使用导致的碳排放呈现上升趋势,由 1166.1 千吨增长到 1376.1 千吨,贡献率为 -44.6% 。

表 17.9　　　2020 年相较于 2000 年黄河流域九省区分省份农业投入
各排放源碳排放贡献率情况　　　　　　　　单位:千吨

省份	化肥	农药	农膜	柴油	翻耕	灌溉
青海	-78.6	-17.6	178.2	16.9	0.3	0.8
四川	-6.4	-37.2	97.3	41.8	0.3	4.3
甘肃	16.2	16.3	52.6	13.9	0.1	0.8
宁夏	50.8	1.2	23.5	23.0	0.2	1.2
内蒙古	63.0	3.8	16.7	15.1	0.5	0.9
陕西	65.7	0.9	10.4	23.1	-0.1	0.1
山西	51.6	10.3	30.7	5.5	-0.4	2.4
河南	81.3	1.4	12.3	4.2	0.2	0.6
山东	80.5	27.3	-44.6	38.7	0.2	-2.0

17.3.3　农业生产与农业投入碳排放脱钩情况

17.3.3.1　黄河流域九省区农业生产与碳排放脱钩总体情况

表 17.10 显示了 2000～2020 年农业生产与农业投入碳排放脱钩情况。2000～2015 年，除了 2003 年之外，碳排放量呈现正增长，农业总产值也呈现正增长，于是脱钩指数为正数。大部分年份脱钩指数 0.8 > D > 0，处于弱脱钩。2002 年脱钩指数为 1.1，处于扩张挂钩。2003 年脱钩指数为 −4.3，处于强脱钩。2016～2020 年，碳排放呈现负增长，农业总产值呈现正增长，于是脱钩指数为负值，处于强脱钩。

表 17.10　　　　　　　　农业生产与农业投入碳排放脱钩情况

年份	总排放量（千吨）	增长量（千吨）	总产值（十亿元）	增长量（十亿元）	脱钩指数
2000	20438.7		451.5		
2001	20945.4	506.7	467.1	15.6	0.7
2002	21740.3	794.9	484.0	16.8	1.1
2003	22102.4	362.1	482.1	−1.9	−4.3
2004	22988.6	886.2	603.5	121.4	0.2
2005	23997.2	1008.7	656.8	53.3	0.5
2006	25053.9	1056.7	725.6	68.8	0.4
2007	26061.1	1007.2	841.7	116.1	0.3
2008	26476.9	415.8	969.1	127.4	0.1
2009	27551.7	1074.8	1067.9	98.8	0.4
2010	28501.7	950.0	1271.2	203.3	0.2
2011	29227.1	725.4	1389.8	118.7	0.3
2012	30107.7	880.6	1510.6	120.8	0.3
2013	30660.9	553.2	1651.0	140.3	0.2
2014	30852.1	191.2	1751.1	100.1	0.1
2015	31071.9	219.8	1808.5	57.4	0.2
2016	30964.2	−107.8	1828.9	20.4	−0.3
2017	30090.5	−873.7	1889.2	60.3	−0.9
2018	29045.7	−1044.8	2013.8	124.6	−0.5
2019	27830.8	−1214.9	2152.5	138.7	−0.6
2020	27086.9	−743.9	2370.7	218.2	−0.3

17.3.3.2 黄河流域九省区农业生产与农业投入碳排放脱钩分省份情况

表 17.11 显示了 2000～2020 年分时间段黄河流域九省区分省份农业生产与农业投入碳排放脱钩情况。大部分省份的大部分时间段脱钩指数 0.8 > D > 0，处于弱脱钩。相对于其他时间段，2015～2020 年时间段所有省份脱钩指数都小于 0，处于强脱钩。2000～2020 年，9 个省份有 8 个省份脱钩指数大于 0，处于弱脱钩，山东省脱钩指数小于 0，处于强脱钩。相对于其他省份，内蒙古脱钩指数比较大，2000～2005 年、2005～2010 年、2010～2015 年三个时间段，脱钩指数均在 0.5 以上。其次为河南，2000～2005 年、2005～2010 年、2010～2015 年脱钩指数均在 0.3 以上。相对于其他省份，山东农业生产与碳排放脱钩情况最好，2000～2005 年、2005～2010 年、2010～2015 年、2015～2020 年脱钩指数呈现逐渐下降趋势，2010～2015 年、2015～2020 年脱钩指数均小于 0，处于强脱钩。

表 17.11　　　　　分时间段黄河流域九省区分省份农业生产与

农业投入碳排放脱钩情况　　　　　　　单位：吨

时间段	青海	四川	甘肃	宁夏	内蒙古	陕西	山西	河南	山东
2000～2005 年	- 0.1	0.2	0.2	0.4	0.8	0.1	0.5	0.5	0.3
2005～2010 年	0.2	0.1	0.1	0.3	0.5	0.3	0.1	0.3	0.01
2010～2015 年	0.4	0.1	0.1	0.1	0.5	0.3	0.3	0.3	- 0.2
2015～2020 年	- 0.8	- 0.3	- 0.3	- 0.1	- 0.5	- 0.2	- 0.3	- 0.3	- 1.6
2000～2020 年	0.03	0.02	0.02	0.1	0.4	0.1	0.1	0.1	- 0.02

17.4　本章小结

当前气候变暖已经成为世界各个国家和人民关注的问题，有效控制气候变暖成为事关人类生存的大事。气候变暖与大气中温室气体的增加紧密相关，建设低碳经济，减少向大气中排放温室气体成为控制气候变暖的关键。农业碳排放是温室气体排放的重要来源，建设低碳农业是未来的发展方向。本书对黄河流域九省区农业投入碳排放进行了全面研究，得出了以下结论。

2020 年与 2000 年相比，农业投入碳排放总量由 20438.7 千吨增长到 27086.9 千吨，增长了 32.5%，农业投入碳排放强度由 379.9 千克/公顷增长到 471.7 千克/公顷，增长了 24.2%。碳排放总量、碳排放强度均呈现倒"U"型变化趋势，碳排放总量最大值出现在 2015 年，达 31071.9 千吨，碳排放强度最大值出现在 2013 年，达 551.3 千克/公顷。化肥、农药、农膜、柴油导致的碳排放的变化趋势也呈现倒"U"型，前期呈现上升趋势，达到最大值后，呈现下降趋势。土地翻耕和灌溉导致的碳排放呈现缓慢上升趋势。从各省份碳排放来看，2000～2020 年，各省份碳排放呈现了不同的变化。2020 年与 2000 年相比，九个省份中有八个省份的碳排放量呈现上涨趋势，山东是黄河流域九省区中唯一碳排放量减少的省份。

各排放源对黄河流域农业投入碳排放的影响是不同的。化肥使用导致的碳排放最大，占比稳定在 62.1%～63.3%，每一个时间段贡献率均高于 50%。农膜使用导致的碳排放量占比居于第二位，占比在 13.9%～17.2%。柴油使用导致的碳排放量占比居于第三位，占比在 11.2%～11.8%。分省区来看，化肥、农膜使用、柴油使用、土地翻耕和灌溉对各个省份农业生产的碳排放各不相同。内蒙古是碳排放增长率最大的省份，化肥、农膜使用、柴油使用的贡献居于前三位。2020 年河南的碳排放总量在九省区中排名第一，化肥使用的贡献率高达 81.3%。山东的总碳排放量呈现下降趋势，化肥使用、柴油使用、农药使用导致的碳排放均呈现不同程度的下降。

黄河流域九省区农业生产与农业投入碳排放整体脱钩趋势是不断增强的。2000～2015 年，大部分年份脱钩指数 0.8＞D＞0，处于弱脱钩。2016～2020 年，碳排放呈现负增长，农业总产值呈现正增长，于是脱钩指数为负值，处于强脱钩。从分省份农业生产与碳排放脱钩情况来看。2000～2005 年、2005～2010 年、2010～2015 年三个时间段大部分省份脱钩指数 0.8＞

D > 0，处于弱脱钩。2015～2020 年所有的省份脱钩指数都小于 0，处于强脱钩。山东农业生产与碳排放脱钩情况最好，分时间段脱钩指数呈现逐渐下降趋势，2010～2015 年、2015～2020 年脱钩指数均小于 0，处于强脱钩。

基于以上研究结论，为了有效推动黄河流域低碳农业建设，减少农业碳排放，进而实现中国可持续发展，可以采取以下措施。

第一，必须树立并强化发展低碳农业的意识。过去几百年间，温室气体排放量的激增主要源于人类的经济活动，这些活动虽然旨在推动社会进步和经济增长，但同时也引发了关于经济增长与碳排放控制的深刻讨论。当前，农业的发展方式仍显得相对粗放，这反映出在意识层面尚未全面认识到气候变暖的严峻性以及发展低碳农业的紧迫性。因此，农业领域的所有从业者都需要不断深化对低碳农业发展的认识。我们必须清醒地意识到，气候变暖不仅对人类生存环境构成严重威胁，更可能危及生存本身。控制气候变化、扭转这一趋势需要全社会的共同努力，每个人都应肩负起自己的责任。在农业生产领域，同样需要齐心协力，共同推动低碳农业的发展，有效降低农业碳排放，为应对全球气候变暖贡献一分力量。

第二，必须着力提升低碳农业的科技水平。科技作为第一生产力，在人类数百万年的发展历程中，始终是推动社会进步、解决发展难题的关键力量。如今，面对气候变暖这一全球性挑战，同样需要依靠科技的突破和创新。在农业生产中，应该大力推广低碳生产技术，提高化肥、农药、农膜等农业生产资料的利用效率，从源头上减少碳排放。同时，借助现代科技手段，推动农业机械化、智能化和数字化的深度融合，实现农业生产的高效、节能和环保。还应积极研发和推广节能型农业生产设备和技术，降低农业生产过程中的能源消耗。此外，清洁能源的研发与应用也是降低传统化石能源依赖、减少农业碳排放的重要途径。通过这些科技手段的综合运用，不仅能够提高农业生产的效率和质量，更能为应对气候变暖、推动低碳农业发展提供有力的技术支撑。

第三，注意省区差别。黄河横贯中国东西，黄河流域九省区资源禀赋存在巨大差异，农业生产条件也存在巨大差异，建设低碳农业必须根据各个省区具体的情况采取差别化的政策。根据吴贤荣（2021）的测算，黄河流域九省区的农业碳减排成本差距非常大，青海农业每吨减排成本高达551.05 元，山东农业每吨碳减排成本为 8.02 元，青海是山东的近 70 倍。因此，推动黄河流域九省区碳减排要分类施策。对于成本较低、经济基础较好的山东、河南等省份要做好低碳农业建设的先行者，更多地承担资金和技术研发，大力推动技术集约型农业发展项目。对于成本较高、经济基础较差的青海、宁夏等省份，要加大扶持力度，在确保经济增长的前提下，逐渐实现农业生产的集约化转型。这些省份的部分生态环境脆弱区域，要逐步减少甚至退出农业生产。[①]

　　第四，必须加强体制机制的建设，为低碳农业的发展奠定坚实的基础。低碳农业的繁荣离不开良好的政策环境和制度支持。对于那些在低碳农业发展方面取得显著成效、展现广阔前景的地区和行业，应给予充分的激励和扶持，以进一步激发其潜力和活力。同时，应充分发挥市场机制的作用，推动碳市场的建立与发展。通过市场的力量，可以实现效益的提升和成本的降低，为低碳农业的持续发展注入强劲动力。此外，建立健全的法律法规体系也至关重要，对于那些损害低碳农业发展利益的个体和行为，应依法予以惩处，以维护良好的市场秩序和发展环境。还需建立黄河流域九省区农业低碳发展的协同机制。这种区域协同的发展模式将有助于更好地应对气候变暖挑战，推动农业生产的绿色转型和可持续发展。通过推动区域间的合作交流，实现资金、技术的广泛流通与共享，可以共同推动整个区域低碳农业的发展，实现更大的经济效益和环境效益。

---

　　① 中国农业碳排放边际减排成本：参数法测度与时空分析 [J]. 世界农业，2021（1）：46 - 56.

第7篇
大数据与中国经济增长

随着信息技术的迅猛推进，数据的发展与应用已成为引领时代的热点领域。类似于历史上的游牧、农耕与工业时代，大数据时代的曙光已初现，预示着人类生产生活方式的深刻变革。在这个新兴的时代里，数据将升格为至关重要的生产资料，任何忽视其价值的经济个体，都可能在激烈的市场竞争中黯然失色。面对大数据带来的无尽机遇与潜在挑战，中国必须积极行动，专注于大数据人才的培养，激发创新活力，并大力发展大数据产业。唯有如此，才能确保中国经济在复杂多变的全球环境中保持长期、平稳、较快的增长态势。

在电子信息技术不断进步的推动下，电子支付作为一种新的支付形式登上历史的舞台并发展迅速。从货币供给上看，提高了传统商业银行货币创造，在一定程度上，第三方支付平台电子支付类似于央行的货币发行职能。从货币需求上看，按照凯恩斯理论对货币的需求划分，交易需求倾向、预防需求倾向、投机需求倾向也会变小。从货币流通速度上看，较低的交易成本将提高货币流通速度。货币体系的变化将对宏观调控的政策效果产生巨大的影响，以常见的 IS－LM 模型进行讨论。货币供给变化压缩了中央银行扩张货币政策空间，同时扩大了紧缩货币政策的空间。货币需求变化要更复杂，财政政策效果增强，在不同的条件下，货币政策效果可能增强，也可能减弱。为了实现中国经济平稳健康发展，必须采取加强理论研究、推动法定货币的数字化、完善电子支付监测、确保电子支付安全、优化宏观调控政策等措施。

经济增长始终依赖于生产要素的有效投入，然而，这些要素的范围及其在经济活动中的重要性，随着历史进程的推进在不断演变和变化。在当前的时代背景下，数据作为一种新型生产要素，其在推动经济增长中的作用正日益凸显。本书通过间接测量法深入探究了数据在中国经济增长中的贡献，并发现尽管其影响力尚未达到资本、劳动力和科技等传统要素的水平，但其潜力巨大，不容忽视。考虑到正处于一个数据爆炸式增长的时代，数据的价值将愈发显著，其在经济增长中的角色也将越发重要。必须深刻认识到数据生产要素的关键作用，积极推动数据的共享与融合，打破数据孤岛，释放数据价值。同时，还应致力于完善数据生产要素的分配机制，确保其公平、合理、高效地服务于经济增长。此外，数据的安全问题也不容小觑，需要全力加强数据生产要素的安全监管，保障数据安全，为经济的持续健康发展提供坚实保障。

中国的经济增长迫切需要经济学研究与时俱进的发展，特别是在大数据时代的浪潮下，经济学研究必须进行相应的革新。当前，主流的经济学研究主要依赖于模型驱动的研究范式，这一范式无疑在近代经济学的发展历程中扮演了重要角色，与思辨驱动的研究范式共同铸就了经济学的辉煌历史。然而，随着 21 世纪的到来，数据的增长速度呈现出前所未有的爆炸性。目前，数据量已经达到了惊人的 ZB（2^{70}B）级别，并且仍在以指数级的速度不断膨胀。这种数据的大爆炸给经济学研究带来了前所未有的挑战，传统的模型驱动研究范式已经难以应对如此海量的数据。幸运的是，随着计算机技术的飞速发展，数据驱动的研究范式逐渐崭露头角。这一范式能够最大限度地利用巨量数据中的有价值信息，展现出模型驱动研究范式所无法比拟的优势。因此，未来的经济学研究必将由数据驱动的研究范式所主导，引领经济学进一步发展。

第18章

大数据的由来机遇与挑战

当前，大数据的发展与应用已成为广受瞩目的热点领域。随着信息技术的飞速发展，人们即将迎来大数据时代，这一时代将彻底改变人类的生产与生活方式。在大数据时代背景下，数据将晋升为最重要的生产资料，任何经济体若想实现增长，都必须充分挖掘和利用数据的价值。邬贺铨（2014）强调，大数据不仅提升了决策的智能化水平，还成为推动两化融合的关键力量。当大数据被应用于社会管理和民生服务时，其产生的社会效应将极为显著。沈国麟（2014）从媒介、信息、数据等主权的演变，讨论了在大数据时代保持数据主权的重大意义。他提出，中国应构建自己的国家数据战略，涵盖加强国家安全、推动技术创新及完善政府决策等多个方面。简言之，那些规模庞大的数据集就是大数据①。麦肯锡认为大数据是超出常规数据库工具所能分析处理的数据集合。无论何种定义，大数据无疑在现代社会中扮演着举足轻重的角色。

目前，大数据被普遍认为具备六大核心特征，以"6V"来概括：第一是"体量巨大"（volume），大数据的计量单位已经达到了 EB（2 的 60 次

---

① Manyika J., Chui M., Brown B., Bughin J., Dobbs R., Roxburgh C., Hung A., Big Data: the Next Frontier for Innovation, Competition, and Productivity [R/OL]. Mckinscy & Company, 2023.

方字节）甚至 ZB（2 的 70 次方字节）的级别[①]；第二是"价值巨大"（value），大数据蕴含着极高的价值，能够为各行各业带来深刻的洞察和变革；第三是"类型多样"（variety），大数据涵盖了结构化、半结构化和非结构化等多种数据类型；第四是"处理速度非常快"（velocity），对大数据的处理要非常迅速、高效[②]；第五是"灵活"（vendor），大数据的获取和传输方式极为灵活多样，能够适应各种场景和需求；第六是"准确性高"（veracity），相较于传统数据，大数据经过处理后的结果更为准确可靠。[③] 这些特征共同构成了大数据的庞大体系，并且其增长速度仍在不断加快。[④]

18.1　大数据出现的基础

近代信息技术的迅猛发展推动了大数据的出现，其中涵盖了硬件设备的持续升级、软件技术的不断创新，以及互联网基础设施的日益完善。

18.1.1　硬件

在 20 世纪 60 年代，戈登·摩尔在描述芯片发展时提出了摩尔定律。他预测，芯片上的晶体管密度将按照指数级的趋势增长，大约每一年增长一倍。自该定律提出之后，观察 60 年的增长趋势，可以发现，集成电路上的晶体管数量确实呈现惊人的指数级增长趋势。以英特尔公司的 CPU 为例，在 20 世纪 70 年代左右推出的全球首款商用微处理的晶体管数量超过2000 个，一年之后，该公司推出的第二代处理器已经达到 3000 个以上。

---

① 马建堂. 大数据在政府统计中的探索与应用［M］. 北京：中国统计出版社，2013.

② 俞立平. 大数据与大数据经济学［J］. 中国软科学，2013（7）：177－183.

③ Opresnik D. , Taisch M. The Value of Big Data in Servitization［J］. International Journal of Production Economics，2015（156）：174－184.

④ 邬贺铨. 大数据时代的机遇与挑战［J］. 求是，2013（4）：47－49.

而至强处理器（Westmere-EX）的晶体管数量已经达到 20 亿级别。这一数字令人震惊，也再次验证了摩尔定律的准确性。[①]

信息技术的迅猛发展推动了数据体量的急剧膨胀，而且这种趋势还呈现加速趋势，这种情况在数据存储方面表现得更加明显。在人类文明的初期，记忆是平时发生事情的记录方式，然而记忆极易出错，且随着时间的流逝，遗忘成为不可避免的问题。随后，人类开始尝试使用结绳、符号和图形等方式来记事，这些方法虽然在准确性上有了显著提升，但这些简单的记录方式，能够记录的信息非常有限，只能是非常简单的情况，如单一的场景或某几个数字。文字和书籍的出现，标志着数据信息载体的一次重大革新。书籍不仅极大地提升了信息的记载量，能够记录的信息和场景更加丰富多样，内容也随之大大增加。作为书籍存储场所的图书馆见证了这一数据存储和传承方式的巨大飞跃。

数字化技术的诞生带来了数据存储领域翻天覆地的变化。运用数字化手段更加轻松快捷、更大体量地存储数据，一张普通光盘的数据存储量可以储存大量的书籍才能记载的内容，而一块硬盘的数据存储量能够与一个图书馆相比较。更有创新性的是，数据的储存类型也大大丰富起来，不仅仅局限于文字，声音、连续的图像也可以进行存储，并且能够保存的时间更长。希尔伯特等（Hilbert et al. , 2011）对 1986～2007 年全球存储能力进行了研究，结果显示，人均数据存储量的增长速度惊人。最开始，人均数据存储不到 600 兆，而到了 2007 年，这一数字已经飙升至 44.7 吉，增长了 80 多倍，年均增长超过 20%。[②]

18.1.2　软件

软件与硬件是相辅相成的关系，离开了软件，硬件根本无法工作。与

---

① Gordon E. M. Cramming More Components onto Integrated Circuits [J]. Proceedings of the IEEE, 1998 (1): 81 –85.

② Hilbert M. , López P. The World's Technological Capacity to Store, Communicate, and Compute Information [J]. Science, 2011 (3): 60 –65.

计算机硬件的进步相类似，计算机软件的进步也是日新月异。最初的软件以"打孔纸带"为代表，现代的软件更加复杂、智能，软件指令的规模和复杂性不断增长，使得计算机能够执行更多、更复杂的任务。同时，随着软件界面的日益友好和操作的不断简化，即使没有多少计算机知识的人也可以完成很多专业的工作，特别是目前 AI 技术的进步，只需要几个简单的指令，就可以生成非常专业的图片、视频，甚至是计算机程序。这种工作以往需要非常专业的人士才能完成，这些专业的人士学习这些知识就需要很长的时间。软件的智能化使得数据的产生来源大幅度增加，每一个普通人都可以产生数据，数据体量的大幅度增长成为必然。

18.1.3　网络

网络是人类文明史上巨大的飞跃。以往人类的信息传递需要通过语言、烽烟、通信，信息传递的速度非常慢，形式非常简单。自无线电产生之后，信息的传递速度大大加快，通过无线电电波，信息可以从一个点迅速地传递到另一个点。但是这种传递往往是点与点之间的传递，或者是少数点之间的传递。互联网产生之后，信息传递的形式发生了根本性的变化，不再是点与点，或者少数点之间的传递。信息的传递架构变成了立体式网络架构，网络中的每一个点都是信息接收端，也是信息发送端。于是就可以发现一个与以往完全不同的信息传递方式，当某一件事情发生的时候，最先发送该事件消息的往往不是传统的电视媒体，往往是一个处于事件的普通人，这使得信息的传递速度和传递范围大幅度增加，不再是线性级别的，而是指数级别。

■ 18.2　大数据时代有可能迎来发展的领域

大数据的研究与使用具有巨大的经济效益，推动大数据的发展意义重大。据估算，仅 2016 年全世界在大数据领域的支出就超过了 2300 亿美元，这说明市场普遍看好该领域的发展前景。中国作为世界上最大的市场之一，大数据在中国也具有巨大的发展前景，分析 2011～2016 年的数据，2011 年大数据在中国不到 4 亿元，5 年之后，这一数字已经攀升至 100 亿元以上，几十倍的增长，而且速度还越来越快（见表 18.1）。①②

表 18.1　　　　　　　　　大数据在中国的发展情况

项目	2011 年	2012 年	2013 年	2014 年	2015 年	2016 年
市场规模（亿元）	3.2	4.5	8	19.9	46.4	101
增长率（%）	—	40.6	77.8	148.8	133.2	117.7

根据马克思主义经济学理论，生产工具是生产力水平的直接体现。在原始社会和游牧时期，人类能够掌握的生产工具比较少，生产力水平比较低。人类往往通过资源的丰裕程度来获取生活资料，例如，某一个地区水草丰美，可以获取的生活资源多，那么该地的人口就比较多，一旦该地的资源下降，那么可以获取的生活资源就大幅度减少，该地的人口也将大大减少。中国历史上的楼兰古城被放弃就是一个明显的例子。然而，随着农耕文明的兴起，生产力的发展开始依赖于土地资源和农耕工具的进步。广阔的土地和先进的农耕工具促进了粮食生产的增长，成为国家强盛的重要标志。

随着工业文明的崛起，生产力的发展状况逐渐由工业技术的水平来决定。工业技术的不断革新与进步，使得工业生产能力日益强大，进而推动了生产力发展水平的提升。然而，当人类社会步入信息时代，一个国家是否现代化已不再仅仅取决于工业技术的先进程度，而是更多地依赖于数据的利用程度。从某种意义上说，数据已经演变为一种新型的生产资料，成为推动生产力发展的新动力。目前，大数据应用已经渗透到多个领域，成为推动行业创新和转型升级的重要力量。③ 统筹分析，大数据是可以在以

① 钟瑛，张恒山．大数据的缘起、冲击及其应对 [J]．现代传播，2013（7）：104-109．

② Xiao L. J., Wah B. W., Cheng X. Q., Wang Y. Z. Significance and Challenges of Big Data Research [J]. Big Data Research, 2015（2）：59-64．

③ 邬贺铨．挖掘释放大数据价值 [J]．中国经济和信息化，2014（14）：90-91．

下几个方面获得较大的发展的。

18.2.1 大数据在医疗领域的应用

医疗是典型的数据分析领域。医疗水平的进步，医生医疗技术的提高与经验总结紧密相关。人们生活中通常相信老中医，非常重要的原因是这些医生的经验比较丰富。那么经验从何而来？经验从看病中来，老中医看的病人多了，经验自然丰富，经验丰富了，能够提出有针对性的治疗的可能性就增加了。抽象成为数据，每一个病人、每一个病例实际上就是一个数据源，数据多了自然可以提高医疗水平，提高医疗技术。大数据时代之前，数据的来源非常少，范围可能仅仅局限于医生本身，或医院本身，这种样本量可能仅有几百例、几千例。在大数据时代，某一个区域、某一个国家，甚至是全世界的医院都可以建立数据共享机制，推动数据量的大幅度提升。每一个医生、每一个医院都能为疾病诊断贡献自己的智慧和经验，从而显著提高诊断的准确性。[①]

18.2.2 大数据在金融领域的应用

一种形象的说法是：金融是经济的媒介，是经济的催化剂。金融作为一种中介，其本身实际上并不创造经济价值，金融的贡献体现在对其他领域经济活动的促进，有了金融的加持，经济活动活跃程度大幅度提升。金融同样需要数据的支持，脱离了数据，金融活动往往无法进行，或者说会面临非常大的困难。以银行业为例，大数据技术的融入为银行带来了革命性的变革。在客户维度上，借助大数据的深入挖掘与分析，银行能够更精准地识别潜在客户，优化服务流程，提升营销效果，从而为客户提供更加个性化、高效的服务体验。在风险管理方面，大数据的应用显著增强了银行的授信决策准确性和风险预警能力，使银行在风险与收益之间找到更佳

---

① Mackie P., Sim F., Johnman C. Big Data! Big Deal? [J]. Public Health, 2015 (125)：189–190.

的平衡点。而在产品创新层面，通过对大数据的智能分析，银行能够更深入地洞察客户需求和市场趋势，进而设计出更符合市场需求、更具竞争力的金融产品。①

18.2.3　大数据在工业领域的应用

自工业革命起，便开启了人类生产力飞速提升的新纪元。在过去的几百年里，人类所创造的财富总量，已远超过此前数百万年进化史中的累积。目前，人类工业生产已经进入了第三代工业，即将进入第四代工业阶段。第四代工业源于德国，其发起是使用物联网等技术对工业过程进行升级改造。与第三代工业相比，第四代工业的主要特征是与数据技术的深度融合。第三代工业产出的产品，多是标准化产品，其外观、功能大同小异。这种标准化生产模式要求消费者去适应产品，而在第四代工业的时代，生产模式将发生颠覆性变革。通过高度智能化的生产线和精准的数据分析，第四代工业能够精准满足消费者的个性化需求，实现真正意义上的定制化生产。更为前瞻的是，借助大数据技术的深度挖掘，第四代工业甚至能够在消费者需求产生之前，就精准预测并提前准备满足这些未来需求（见表18.2）。②

表 18.2　　　　　　　　　　四代工业的发展情况

阶段	时间	特点
第一代工业	18 世纪60 年代至 19 世纪中期	通过巧妙地利用水力和蒸汽机的力量，工厂生产实现了机械化，从而彻底改变了传统的生产方式。机械生产的高效性逐渐取代了手工劳动，引领经济社会从以农业和手工业为主导的基础，逐步转型为以工业和机械制造为核心的发展模式
第二代工业	19 世纪后半期至 20 世纪初	在精细的劳动分工基础上，电力驱动技术的引入使得产品的大规模生产成为可能。通过成功地将零部件生产与最终产品的装配过程分离，工业生产迎来了创新的批量生产模式，极大地提高了生产效率

---

①　芮祥麟. 金融业大数据应用［J］. 软件和信息服务业，2014（11）：63.

②　罗文. 德国工业 4.0 战略对我国推进工业转型升级的启示［J］. 工业经济评论，2014（4）：53 -59.

续表

阶段	时间	特点
第三代工业	20 世纪 70 年代至今	电子与信息技术的广泛应用，推动了制造过程的自动化水平不断提升。自此，机器逐渐能够替代人类进行各种作业，不仅承担了相当大比例的体力劳动，甚至还开始涉足一些原本属于人类的脑力劳动领域
第四代工业	未来	在信息物理系统（cyber-physical system，CPS）的智能化驱动下，智能制造成了主导力量。通过实现产品全生命周期和全制造流程的数字化，以及基于信息通信技术的模块集成，可以构建一个高度灵活、个性化和数字化的产品与服务生产模式

18.3 大数据的冲击

在人类文明的发展历史中，组织、国家的建立与主权的讨论是同时的。荷兰杰出的学者雨果·格劳修斯为主权赋予了深刻的定义：它是一种权力，其行使既不受其他权力的束缚，也不能被任何外在意志所否定或削弱。对于国家而言，主权是其代表全体人民，在自身领土范围内行使的至高无上的权力，它使得国家在处理国内外事务时能够保持独立和自主，免受任何外部干涉。主权涵盖了多个层面，包括政治、经济、军事、文化及信息等领域。以往对于数据主权的理解大多停留在政治、经济、军事、文化的层面，某一个组织、某一个国家对于自己的政治拥有主权，可以自己决定外交方式，可以自己决定政治体制；可以对辖区内经济个体进行管理，征收税收，制定经济政策；可以控制本国的军队，不受其他组织、国家的干涉；可以推行自己认可的文化，拒绝不认可的文化。到了大数据时代，数据作为一种资源，同样需要确定主权。某一个组织、国家对于自己辖区内的数据拥有数据主权，该权力不受其他组织、国家的干涉。为了确保这一主权，必须注意以下几方面工作，这也是确保国家在未来发展中保持竞争力的关键所在。[①]

---

① 沈国麟. 大数据时代的数据主权和国家数据战略 [J]. 南京社会科学, 2014 (6)：113-127.

18.3.1　大数据人才

　　劳动力作为生产力的核心要素，具有不可替代的重要作用。在大数据时代，数据被赋予了生产资料的地位，但要将其转化为财富，则需要依赖大数据人才的精湛技艺。他们负责数据的收集、整理与深度加工，是数据价值得以实现的关键。美国作家托马斯·弗里德曼在其 2008 年的著作《世界是平的》中深刻指出，尽管中国、印度等发展中国家凭借低廉的成本和互联网的普及给美国带来了空前的竞争压力，但美国依然有信心保持领先地位。这其中，教育质量的卓越是美国的一大优势。美国拥有丰富的教育资源，美国高校常年在世界各大高校排行榜上位居前列。这些高校为美国培养了大量的数据处理人才，为美国应对大数据时代的到来进行了大量的人才储备。中国是世界上人力资源最丰富的国家之一，中国的高等教育规模也是世界上规模较大的。近年来，中国高等教育水平迅速提升，为中国经济社会发展提供了巨大的人才助力。大数据时代需要大量的大数据人才，这就要求中国要推动大数据人才的培养。①

18.3.2　对数据进行处理分析的方法

　　对数据进行挖掘，需要数据处理方法的进步。纵观人类文明史，数学作为一种处理数据的学科发挥了重要的作用。在人类文明的早期，如何对某一种事物的量进行表示是一个难题，这一难题直到数量产生之后才得以解决。人口的数量、田地的数量、牲畜的数量等，这些简单的数字可以有效地对统治者所关心的事物进行描述。随着人类社会的发展进步，简单的数字无法描述更复杂的问题，如土地的面积，水的体积这些问题的出现，这催生了几何学的发展。之后，速度、加速度等更复杂的问题又需要微积分来解决。可以说，数学以一种非常精炼的方式，对人类所碰到的问题进

---

　　① 托马斯·弗里德曼. 世界是平的 [M]. 长沙：湖南科学技术出版社，2008.

行抽象处理，总结一般性的规律。在大数据时代同样需要数学等数据处理技术的广泛进步。大数据时代，人类面临的数据体量更大，数据类型更多，数据结构更复杂，只有发展出更加科学有效的办法才能对这些数据进行处理，从而得出更有价值的信息。否则，如果没有更加科学有效的办法，那么面对这么复杂的数据，人类只能束手无策。①

18.3.3　对数据进行处理分析的工具

对数据进行处理还必须借助相应的工具。发明并使用工具是人类区别于其他物种的重大差别。如人类发明耕犁对土地进行翻耕，可以大大提高土地的生产力。在数据处理方面，人类为了应对更复杂的数据处理也发明了大量的工具，如古代中国使用算盘来加快数据处理速度。希尔伯特等（Hilbert et al.，2011）的研究显示，1986～2007年，人类的数据计算能力相较于数据存储量的快速增长，呈现出更为迅猛的增长态势，平均增长率高达58%。基于这一历史数据，我们有理由相信人类完全有能力应对大数据时代的到来。② 大数据时代，人类面临的数据更加复杂，数据的处理速度也需要更快，这就需要在硬件、软件、网络等方便加快发展。

18.4　本章小结

随着信息技术的迅猛发展，大数据时代即将来临，这一时代变革势必会像游牧时代、农耕时代和工业时代一样，深刻改变人类的生产生活方式。在大数据时代，数据将晋升为最重要的生产资料，对以农林牧渔为代表的第一产业、以工业为根基的第二产业，以金融和销售为龙头的第三产业，产生根本性的影响。面对这样的变革，每一个经济个体都必须倾尽全

---

① 李文林. 数学史概论 [M]. 北京：高等教育出版社，2002.

② Hilbert M.，López P. The World's Technological Capacity to Store，Communicate，and Compute Information [J]. Science，2011 (3)：60-65.

力，做好数据的收集、整理和加工工作，以适应新的市场环境。否则，他们将无法跟上时代的步伐，最终将被市场所淘汰。

大数据犹如一把锋利的"双刃剑"，既孕育着巨大的机遇，也伴随着严峻的挑战。它拥有推动实现跨越式发展的巨大潜力，但同时也可能加剧国与国之间的差距。在这样的背景下，中国必须充分认识到大数据发展的重要性，积极采取有效措施，以应对这一时代变革带来的机遇与挑战。

首先，需要重视大数据人才的培养。将大数据领域的人才发展纳入国家的整体人才培养战略规划中，通过有序、分阶段地推进，系统性地加强大数据专业人才的培育。同时，建立一批在大数据科学研究领域具有引领作用的科研中心，借助这些高水平的科研平台，可以培养更高水平的科学家，推动我国从大数据人才储备的大国变成大数据人才储备的强国。

其次，大力推进大数据领域的创新。大数据领域是未来创新的重点领域，下一个改变人类发展进度的创新可能就产生在大数据领域。例如，目前，英伟达从硬件方面推动了人工智能的发展进步，大模型从软件方面推动了人工智能的进步。中国也有很多硬件和软件公司，但是与国际水平还有一定的差距，这就需要大力推动这些领域的进步。

最后，大力推动大数据产业的发展。大数据的发展与利用需要充分借助市场的力量，只有市场充分发展才能有效推动大数据的进步，也就是推动大数据形成产业，发挥规模效益。必须制定有效的措施，优化大数据发展的市场环境，对于有潜力的大数据企业给予一定的政策倾斜和支持。

第**19**章

数据生产要素对中国经济增长的贡献

从人类的发展历史来看，经济增长一直是宏观经济学的核心研究领域。而经济增长的实现，始终离不开各种生产要素的投入。随着历史时期的演进，这些生产要素的范围和重要性也在不断地发生变化。在党的十九届四中全会上，通过了具有里程碑意义的《中共中央关于坚持和完善中国特色社会主义制度推进国家治理体系和治理能力现代化若干重大问题的决定》（以下简称《决定》）。这一《决定》首次将数据明确列为生产要素之一，强调要"健全劳动、资本、土地、知识、技术、管理、数据等生产要素由市场评价贡献、按贡献决定报酬的机制"①。随后，在 2020 年初，中共中央、国务院进一步发布了《关于构建更加完善的要素市场化配置体制机制的意见》，其中明确提出了土地要素、劳动力要素、资本要素、技术

---

① 中共中央关于坚持和完善中国特色社会主义制度 推进国家治理体系和治理能力现代化若干重大问题的决定［EB/OL］. 中国政府网，2019–11–05.

要素和数据要素这五大生产要素的改革方向[①]。这一系列的决策和部署，不仅凸显了数据在现代经济体系中的重要地位，也为我国未来经济的持续增长奠定了坚实的基础。

作为世界上最大的发展中国家之一，经济的平稳且快速增长对于实现中华民族的伟大复兴以及持续提升人民群众的生活水平具有至关重要的作用。自改革开放以来，中国的人口增长了不到50%，然而，其经济总量却增长了惊人的近300倍。尽管人口在持续增长，但人均GDP仍然实现了接近200倍的增长，这一成就令人瞩目[②]。在这一过程中，土地、劳动力、资本和技术这四大生产要素均扮演了举足轻重的角色。从土地的角度看，中国地域辽阔，自然资源丰富多样，多种矿产资源储量位居世界前列，为经济发展提供了坚实的物质基础。在劳动力方面，中国的人口总数居世界前列，随着教育水平的普遍提升，人口素质得到了显著提高，巨大的人口红利为经济增长注入了源源不断的活力。在资本领域，国内资本的积累和外资的引进共同构成了充足而有效的资本支持体系，为经济发展提供了强大的资金保障。从科学技术方面来看，中国实现了科技的飞速发展。从新中国成立初期的一穷二白，螺丝钉制造都比较困难，发展到现在中国的工业实力是世界上最全的，在许多领域都领先于世界。进入大数据时代之后，数据要素将成为驱动经济发展的新引擎，为中国经济的腾飞注入新的动力。

▉ 19.1　生产要素的历史演变

19.1.1　生产要素的内涵

国民经济核算主要采用三种方法：支出法、生产法和收入法。对于生

---

①　中共中央 国务院关于构建更加完善的要素市场化配置体制机制的意见［EB/OL］. 中国政府网，2020 - 03 - 30.

②　国家统计局. 中国统计年鉴［M］. 北京：中国统计出版社，2020.

产要素的界定，可以从狭义和广义两个层面来理解。从狭义的角度来看，生产要素主要指的是那些在生产过程中最初的投入，这些投入可以按照收入法的思路，资本、劳动、政府及管理等要素。而从广义的角度来看，生产要素则涵盖了所有在生产过程中尚未进入最终使用领域的中间投入，这一观点融合了生产法和支出法的思想。①

19.1.2 生产要素的变化

所谓生产要素简单地讲是用于生产的要素，随着生产领域的变化，生产要素的范围也逐步发生改变。在人类文明的开始时期，人类并不进行生产，或者只进行简单的生产，采集浆果，狩猎野兽。这一时期生产要素也比较简单，自然界的生物需要生存在相应的空间内，或者说是土地上，土地便被称为最初的生产要素。采集和狩猎需要人类劳动，人类劳动也是生产要素。游牧活动产生之后，土地的重要性更加凸显，牲畜需要一定的生存空间，土地可以提供生存空间，提供牲畜所需的植物、水等资源。游牧活动同样需要人类劳动来推动，劳动要素变得更加重要起来。

农耕文明产生之后，农业的发展更加依赖于土地。农作物必须在土地上才能生长，脱离了土地之后，不可能进行农业生产。而且，这一时期人类劳动的重要性也开始凸显起来，农作物不能直接扔到土地上让其自然生长，这种生产方式效率过于低下。通过人类劳动之后，为农作物除草、施肥、灌溉，农作物的产量将大大增加。于是，在满足自身需要之余，还有大量的剩余产品出现，剩余产品出现之后，出现了财富不均的问题，也促生了相互交换的需要。一部分人将自己的剩余产品与其他人的剩余产品进行交换，满足各方不同的需求。交换也带来货币的产生，货币充当媒介来推动交易的顺利进行。随着货币的越来越多，这些货币有可能成为资本再进入生产过程，于是资本要素便产生了。在农耕文明时期，技术要素也开

---

① 许宪春. 中国国民经济核算中的若干重要指标与有关统计指标的比较 [J]. 世界经济，2014（3）：145 – 159.

始出现，农业生产同样需要技术的支持，例如，耕犁的进步，开始的耕犁可能仅是木板，后期的耕犁有了金属部件，耕作效率大大提高。但总体来看，在农耕文明时期，最重要的生产要素仍然是土地，劳动要素是第二重要的要素，资本要素、技术要素的重要性不是特别大。①

到了工业革命之后，土地要素、劳动要素仍然重要，因为工厂的建立需要土地，工厂生产需要的各种原材料仍然需要土地。劳动也是如此，工厂中机器的运转需要工人来操作，不同的工人的劳动效率有很大的差别，特别是精细化分工之后，流水线上的工人的劳动效率提升了几十倍，甚至几百倍。这一时期，资本要素与技术要素的重要性逐渐提高。工厂是典型的资本密集型组织，工厂的运转需要厂房、机器，这些都需要资本的投入，这也是工业化进程为什么需要大量资本的原因。技术要素决定了生产效率，高技术水平的工厂，生产成本低、生产效率高、产品竞争力强，生产的产品拥有更广阔的市场。另外，管理作为一种要素也登上了历史的舞台，在小规模生产阶段，不需要管理，如个体手工业者自己就可以决定各个生产流程。但是进入大规模生产阶段之后，如何有效调度各种生产资源就显得非常重要，管理不可或缺。

进入信息文明之后，数据就是价值，数据就是资源。企业利用数据可以精准地获知市场的需求，可以获知成本的大小，可以了解未来的方向。消费者利用数据可以知晓产品的质量，反映自己的个性化需求。特别是近期推动第四代工业，企业可以根据消费者的个性化需求来生产个性化产品，从而实现个人需求的精准化符合。当然，土地、资本、劳动、技术、管理等传统要素仍然非常重要，脱离了这些要素，仅仅依靠数据生产要素不可能完成生产过程，或者说不可能高效完成生产过程。在大数据时代，将数据生产要素与传统生产要素有机结合，可以大幅度地提高生产效率，原有需要大量人力物力才能获知的信息，目前仅需要进行大数据分析就可以，大大减少的试错成本。特别是人工智能的迅速发展，使用人工智能来

---

① 亨利·威廉·斯皮格尔. 经济思想的成长 [M]. 晏智杰，刘宇飞，王长青，蒋怀栋译. 北京：中国社会科学出版社，1999.

补充人类知识、技能的不足。人工智能的进步必须基于海量的数据，反过来，海量的数据也推动了人工智能的发展进步，数据就是人工智能生产过程中重要的生产要素。①

19.2　数据生产要素的特点

19.2.1　生产要素的不同属性

经济要素可根据其竞争性和排他性的属性细分为四大类别。首先，当某要素既表现出竞争性又体现排他性时，它便归为私人物品。此类物品的特点在于：一旦某个个体使用，其他个体的使用机会便会受限或缩减。其次，若某要素虽具备竞争性却不具备排他性，它便被称为公用物品。这类物品的使用不受限制，但当某个个体使用时，其他个体可使用的量会相应减少。再次，对于那些既非竞争性又具备排他性的经济要素，称之为俱乐部物品。这类物品的使用权限仅限于满足特定条件的个体，且其使用并不会影响其他个体的可用量。最后，既无竞争性又无排他性的经济要素被划分为公共物品，其特点在于任一个体的使用均不会对其他个体造成任何影响。根据这一分类逻辑，土地、劳动及资本因其竞争性和排他性被归类为私人物品。一旦这些要素被某个个体占用或使用，其他个体的使用机会便会受到制约。另外，知识、技术和数据则因其非竞争性和排他性特点被划归为俱乐部物品。尽管某个个体的使用并不会减少这些要素对其他个体的可用量，但在实际操作中，个体往往需获得特定的授权才能访问和使用这些要素，从而体现了其排他性的特征。②

① 邬贺铨. 大数据时代的机遇与挑战 [J]. 求是，2013（4）：47-49.
② 于立，王建林. 生产要素理论新论——兼论数据要素的共性和特性 [J]. 经济与管理研究，2020（4）：62-73.

19.2.2　关于数据生产要素的部分讨论

随着大数据时代的来临，关于数据作为生产要素的讨论和争议日益增多。

首当其冲的是其在经济活动中所扮演的角色和发挥的作用。纵观人类历史，每当新的生产要素崭露头角，总会伴随着一系列的争议和探讨，而这些要素也往往在经过漫长的历史发展过程后才得以确立其地位。在农耕文明时期，农业被推崇至前所未有的高度，成为当时社会经济的支柱。世界各地的历史记载都显示出一种对农业的尊崇和对其他行业的相对限制。在中国古代，诸如"奖耕战""抑商贾""崇本抑末""士农工商"等观念，都是不同时期"重农抑商"思想的体现。而在西方文明中，柏拉图等哲学家对私人财产和商业活动的排斥态度，以及基督教将商业与罪恶相提并论的观念，都反映出他们对商业活动的轻视。这种观念直到工业文明的兴起才得以逐渐改变。如今，数据作为新的生产要素，其在生产过程中的作用也正在逐步显现。与历史上的新生产要素一样，关于数据的作用和地位的讨论也需要经历一段时间的沉淀和发展。只有经过深入的探讨和广泛的实践应用，数据才能最终确立其在现代经济体系中的关键支撑地位。①

另一个是关于数据产权的争议。产权是市场机制能够有效运转的重要基础，如果在一个市场中，产权无法明确，那么市场机制根本无法有效运行。数据生产要素的产权界定存在非常大的困难。如果数据产生的机制非常简单，参与方较少，产权界定还比较简单；如果数据产生的机制非常复杂，需要很多的参与方，产权界定就比较困难。例如，经济个体在某个平台上产生的数据，经济个体与平台对数据产权就会产生争议，经济个体与平台都会声明对这些数据有产权。产权无法有效明确，使得数据生产要素的保护与交易都面临巨大的障碍。②

---

① 亨利·威廉·斯皮格尔. 经济思想的成长 [M]. 晏智杰，刘宇飞，王长青，蒋怀栋译. 北京：中国社会科学出版社，1999.

② 刘泽刚. 大数据隐私权的不确定性及其应对机制 [J]. 浙江学刊，2020（6）：48-58.

最后是关于数据价格的争议。市场的调节作用是通过价格发挥出来的，价格反映了某种产品、服务的供给与需求，反映了产品、服务的价值。若缺乏一个健全的价格反馈机制，数据作为生产要素的价值及其在生产中的贡献将难以得到准确衡量。然而，目前数据生产要素的重要性虽日益凸显，但其产权归属问题尚未得到完全明确，这直接导致了数据价格形成机制的不完善。在多数情况下，数据价格呈现出剧烈的波动，这无疑加大了准确衡量其价值和贡献的难度，进而影响了经济成果的合理分配。

■ 19.3 运用计量模型测算数据生产要素对中国经济增长的贡献

贡献度测算有多种方法，总结来看可以分为直接方法和间接方法。直接方法指的是已经准确掌握了各种要素的经济价值，结合产出，对每种要素的贡献程度进行计算。间接方法指的是无法准确掌握各种要素的经济价值，只能采用间接推导的方法进行，从侧面反映某种要素的贡献。一般情况下，通常假定生产函数为：

$$y = F(x_1, x_2, \cdots, x_n) = x_1^{z_1} x_2^{z_2} \cdots x_n^{z_n} \tag{19-1}$$

两边取对数得：

$$\ln y = z_1 \ln x_1 + z_2 \ln x_2 \cdots z_n \ln x_n \tag{19-2}$$

两端对时间求导，进行变换：

$$1 = z_1 \frac{\dot{x}_1 / x_1}{\dot{y} / y} + z_2 \frac{\dot{x}_2 / x_2}{\dot{y} / y} \cdots + z_n \frac{\dot{x}_n / x_n}{\dot{y} / y} \tag{19-3}$$

右侧各项分别是要素 $x_1, x_2, \cdots, x_n$ 的贡献率。假如要素 $x_1, x_2, \cdots, x_n$ 的价值已知，可以直接测算。如果要素 x_i 价值未知，那么其贡献率为：

$$z_i \frac{\dot{x}_i / x_i}{\dot{y} / y} = 1 - z_1 \frac{\dot{x}_1 / x_1}{\dot{y} / y} \cdots - z_{i-1} \frac{\dot{x}_{i-1} / x_{i-1}}{\dot{y} / y} - z_{i+1} \frac{\dot{x}_{i+1} / x_{i+1}}{\dot{y} / y} \cdots - z_n \frac{\dot{x}_n / x_n}{\dot{y} / y}$$

$$\tag{19-4}$$

由于数据生产要素存在诸多争议，尤其是价格争议的存在使得数据生产要素的价值无法准确测度，因此无法采用直接测算方法，只能采用间接测算方法，建立模型如下：

$$y = k^{\alpha} l^{\beta} s^{\gamma} d^{\mu} \tag{19-5}$$

k, l, s, d 分别代表资本、劳动力、科技、数据生产要素，取对数得：

$$\ln y = \alpha \ln k + \beta \ln l + \gamma \ln s + \mu \ln d \tag{19-6}$$

衡量产出的标准采用 GDP（国内生产总值），而资本投入则以固定资产投资额作为衡量指标。对于劳动力的投入，可以选择使用劳动工资总额进行评估。至于科技方面的投入，则通过专利授权数来具体量化。以上所有数据均来源于《中国统计年鉴》，并经过综合分析与测算得出。估计得：

$$\ln y = 0.362 \ln k + 0.304 \ln l + 0.284 \ln s$$
$$261.1^{***} \quad 158.6^{***} \quad 109.7^{***}$$
$$F = 143.5^{***} \quad R^2 = 0.989 \tag{19-7}$$

根据计算结果[①]，可以得知数据生产要素对中国经济增长的贡献率为 5.6%。与资本、劳动力和科技等其他生产要素相比，目前数据对中国经济增长的贡献还存在较大差距。具体来说，其贡献率约相当于资本的 20.7%、劳动力的 28.1% 和科技的 11.7%。尽管如此，正如前文所分析的那样，可以预见，随着时间的推移，数据在中国经济增长中的贡献将逐渐增大，最终将成为推动经济增长的重要力量。[②]

▌ 19.4 本章小结

在土地、资本等要素兴起之后，数据作为一种新的生产要素进入生产

---

① 式（19-7）中 *** 表示通过 0.01 的显著性水平检验。

② 吴喜之. 复杂数据统计方法——基于 R 的应用（第二版）[M]. 北京：中国人民大学出版社，2013.

过程，发挥了越来越重要的作用。在大数据时代，数据生产要素所扮演的角色日益重要，其对经济增长的推动作用也日益凸显。为了最大限度地发挥数据生产要素对中国经济增长的积极推动作用，必须采取一系列切实有效的策略和措施。

要深刻认识数据生产要素的核心作用。数据在分析和挖掘过程中展现出的巨大价值，是决策过程中不可或缺的重要参考。缺乏数据支持和深入分析的决策往往存在极高的错误风险。过去，人们依赖描述统计与推断统计的结合来辅助科学决策。但在大数据时代，样本的广泛性和全面性使得人们可以更加精准、及时地作出决策，从而优化资源配置，提升生产效率，并实现更高的投入产出效益。在国家政策的引导和推动下，数据的重要性正逐渐得到全社会的广泛认可。各行各业应积极响应国家号召，深入挖掘数据价值，释放数据潜力，以推动经济的持续健康发展。[1]

要稳步推进数据生产要素的共享与深度融合。每个经济个体都在不断生成数据，但这些数据通常各自为营，未能有效发挥数据的集群效应，形成了数据孤岛。为了消除数据孤岛现象，必须建立共享机制，推动政府与社会各界、不同行业、企业以及领域之间的数据共享与互通。这将有助于确保数据要素能够在各个领域中自由、高效地流动，从而释放其巨大潜力。同时，还应该努力推动数据与产业、企业的深度融合，以加快产业的数字化进程，并推动数据产业化的发展。通过充分利用数据的力量，可以促进传统产业的转型升级，同时为新兴产业的培育与壮大提供有力支持。[2]

需要切实完善数据生产要素的分配机制。根据《决定》的部署，要并存多种分配方式，并健全由市场来评价各生产要素贡献，进而按贡献决定报酬的机制。鉴于数据已经作为一种重要的生产要素参与了生产过程并作出了贡献，必须确保其在分配报酬方面的公平公正。这意味着要明确界定数据的所有权、使用权等各项权益，确保每种权益的种类和属性都得到清

---

① 郭凯明，颜色，杭静. 生产要素禀赋变化对产业结构转型的影响 [J]. 经济学（季刊），2020（4）：1213－1236.

② 王建冬，童楠楠. 数字经济背景下数据与其他生产要素的协同联动机制研究 [J]. 电子政务，2020（3）：22－31.

晰的划分。还需要积极推动数据资产化和市场化的进程。通过市场机制来公平定价数据，确保数据能够在市场中自由交易并反映其真实价值。此外，保障数据的合法自由流通也是至关重要的。在法律法规的严格监管下，应依靠市场机制来决定数据要素的合理配置，确保数据能够在经济活动中发挥最大效用，并促进经济的持续健康发展。①

为了充分保障数据生产要素的安全性，必须全力加强对其的监管。与其他生产要素如土地、劳动力和资本不同，数据属于特殊的俱乐部物品，它具有非竞争性和排他性，只有具备特定资格的主体才能完全使用这些数据。若缺乏有效的法律约束和保护，数据可能成为公共物品，其非竞争性和非排他性将使得任何个体都能随意占用和使用数据。尤其是在当前信息技术迅猛发展的背景下，数据使用的混乱极易引发"公地悲剧"。例如，涉及国家安全、商业秘密和个人隐私的数据，在经过授权的单位或个体的正确使用下，可以发挥积极的作用。然而，一旦出现非法使用或滥用，就会引发严重的后果，损害各方的利益。因此，迫切需要完善数据治理体系，建立健全相关的法律法规，对经济社会各领域的数据存储、流通和使用进行全面规范，并实施有效的监管，以确保数据的安全和合规性。②

---

① 李松龄. 新时代生产要素按贡献参与分配的深化认识与制度安排 ［J］. 经济问题，2020 （2）：1 - 9.

② 谢康，夏正豪，肖静华. 大数据成为现实生产要素的企业实现机制：产品创新视角 ［J］. 中国工业经济，2020 （5）：42 - 60.

大数据时代电子支付、货币供需与中国宏观调控

　　中国经济的平稳较快增长与中国宏观调控政策的有效运用密不可分，改革开放之后大约进行了十几轮宏观调控政策调整，平均 3～4 年调整 1 次①。近年来，国际国内经济发展出现了新的变化，在电子信息技术不断进步的推动下，大数据时代已经到来，电子支付作为一种新的支付形式登上历史的舞台并发展迅速。电子支付的出现与快速增长对经济发展、宏观调控所产生的影响需要给予必要的关注。我国电子支付领域的探索和应用走在世界前列，2003 年以支付宝为代表的第三方支付机构开始开展支付业务，电子支付市场迅速发展。2020 年，银行共处理电子支付业务 2352.2 亿笔，金额 2711.8 万亿元。相较于网上支付业务，移动支付增速更快，移动支付业务笔数和金额同比分别增长 21.48% 和 24.50%，分别高于网上支付业务 9 个百分点和 22.6 个百分点②。

---

　　① 王曦，金钊. 新中国金融宏观调控体系的演变与改革方向：1949—2019 [J]. 中山大学学报（社会科学版），2019（5）：13-25.
　　② 2020 年支付体系运行总体情况 [R/OL]. 中国政府网，2021-03-24.

与此同时，为适应现代信息技术发展与国民经济发展需要，中国人民银行在法定数字货币领域做了大量的开拓性工作。2014 年成立了法定数字货币研究小组，启动法定数字货币发行框架、关键技术、发行流通环境等相关研究工作。2016 年，成立数字货币研究所，搭建中国第一代法定数字货币概念原型，提出双层运营体系、可控匿名等数字人民币顶层设计和基本特征。2017 年底，选择大型商业银行、电信运营商、互联网企业作为参与研发机构开始数字人民币研发工作，探索建立总体标准、安全标准、监管标准等较为完备的标准体系。2019 年末，遵循稳步、安全、实用等原则，在深圳、苏州、雄安等地开展数字人民币试点测试、检验。截至 2021 年 6 月 30 日，数字人民币试点场景已覆盖生活缴费、餐饮服务、交通出行等领域，超过 132 万个。开立个人钱包、对公钱包分别达到 2087 万余个、351 万余个，交易笔数、交易金额分别达到 7075 万余笔、约 345 亿元。[1]

通过研究发现，电子支付尤其是移动电子支付的发展，因其方便、快捷，改变了货币职能的履行方式，将推动货币供需两方面的变化以及流通速度加快，进而对整个货币体系产生巨大影响。在 $IS-LM$ 模型的框架下，本书尝试讨论了货币体系的改变对宏观调控政策实施效果的影响，得出了一些有益结论，整体来看，电子支付迅猛发展的背景下，需要采取必要措施来有效地发挥宏观调控体系的作用。

本章研究的贡献主要体现在以下几个方面：（1）从理论贡献上看，电子支付的迅猛发展将极大地改变现有的货币体系，本书依据现有货币理论，从货币供给、货币需求、货币流通速度等方面详细分析了电子支付对货币体系的影响。（2）从实践贡献上看，中国宏观调控政策的有效运用有力保障了中国经济平稳较快增长，本书有利于增强电子支付迅速发展的条件下对中国宏观调控政策作用的理解，为未来宏观调控政策的制定提供更多的实践启示。（3）从研究设计贡献上看，本书采用 $IS-LM$ 模型深入讨论了货币体系变化导致的宏观调控政策效果的变化，能够比较清晰地揭示电子支付的发展对宏观调控政策效果的影响。

---

[1]　中国数字人民币的研发进展白皮书［R/OL］. 中国政府网，2021 - 07 - 16.

20.1　文献回顾

中国人民银行发布的《电子支付指引（第一号）》明确了电子支付的具体定义。电子支付是指单位、个人直接或授权他人通过电子终端发出支付指令，实现货币支付与资金转移的行为。电子支付的类型按电子支付指令发起方式分为网上支付、电话支付、移动支付、销售点终端交易、自动柜员机交易和其他电子支付。[①] 巴塞尔委员会（1998）认为电子货币指的是通过销售终端、电子设备、公开网络执行支付的"储值"和预付支付机制，储值可以基于硬件（电子钱包），也可以基于软件（数字现金）[②]。目前电子支付与电子货币尚未广泛推广，主要是因为纸币作为世界主要的法定货币，其统治地位仍未改变，电子货币作为新型支付工具尽管相对于纸币具有诸多优点，其替代过程仍需要一段历史时期。可以预见，可能在未来，对于货币的讨论默认指的就是电子货币而不是纸币，如同现在对于货币的讨论指的是纸币而不是金银一样。鉴于正处于这一过渡阶段，大量的研究是探索性研究，本书采用广义界定方式，不严格区分电子支付和电子货币，统一进行讨论。电子支付是随着信息技术发展起来的，2000 年左右，部分学者开始关注电子支付发展及其影响，大致主要集中在以下四个领域。

20.1.1　电子支付对货币供给的影响

现有研究首先关注了电子支付对货币乘数的影响。弗德曼（Friedman，2000）发现，电子货币会改变货币乘数，影响货币供给。江晴等（2001）的研究揭示，随着电子支付系统的广泛应用，传统货币体系中基础货币的界定变得日益困难。这一现象不仅冲击了货币乘数范式，更推动了货币创

---

① 中国人民银行发布《电子支付指引（第一号）》[EB/OL]. 中国政府网，2005 - 10 - 30.

② Basel Committee on Banking Supervision. Risk Management for Electronic Banking and Electronic Money Activities [R]. Basle Committee on Banking Supervision Working Paper, 1998.

造机制的深刻变革。在这一背景下，信用经济有望迈向一个全新的发展阶段。周光友（2009）提出，电子货币的诞生与迅速发展对传统金融理论构成了前所未有的挑战。电子货币对传统货币展现出显著的替代效应，深刻改变了货币的供给结构，进而影响了货币供应量，为金融体系带来了新的变革与发展机遇。电子货币对货币供给影响主要是因为现金漏损率和电子货币使用量改变了货币乘数。张娟等（2019）的研究揭示，在电子信息技术不断革新与互联网金融蓬勃发展的时代背景下，移动终端用户群体成了移动支付迅猛增长的重要推动力。随着移动支付的广泛普及，现金流通量显著减少，这一现象不可避免地引发了货币乘数的变动，进而对广义货币数量产生了深远影响。鉴于电子支付对货币供给的影响，部分研究提出了应对策略。印文等（2016）提出，电子货币对纸币的替代效应不仅拓展了央行监管下的货币供给范围，同时也增加了央行监管之外的货币供给。因此，央行需要制定恰当的标准和规则，以有效引导电子货币的健康发展，并加强对社会经济中货币供给的掌控能力，从而确保金融体系的稳定与经济的持续增长。兰虹等（2021）指出，相较于私人数字货币、第三方移动支付及纸质货币，法定数字货币展现出诸多显著优势。因此，应积极推动法定数字货币的应用范围扩大，以增强央行对货币体系的控制力，确保金融稳定与经济安全。

20.1.2　电子支付对货币需求的影响

现有文献从交易成本、金融市场发展等多种角度讨论了电子支付对货币需求的影响。谢平等（2013）认为，移动电子支付和电子货币具有网络规模效应，将减少移动支付的交易成本，人们对现金货币的需求也将随之减少，改变了货币需求形式。方等（Fung et al.，2014）研究发现，电子支付减少了居民和企业对现金的需求。史新鹭（2018）研究发现，银行卡电子货币对现金的替代是不完全的，而第三方支付电子货币则能够对现金产生完全替代，将对货币需求产生重大影响。段伟杰等（2020）研究发现，电子货币逐渐取代现金和银行卡成为最主流的支付方式，而这对传统的货币需求理论造成了一定的冲击，会减少交易性货币需求水平，增加货币需求总量预测难度。兰虹等（2021）提出，随着法定数字货币的发行和应用，金融市场的证券化趋势预计将进一步加强。在这一背景下，金融资产作为连接资本与货币的重要桥梁，必然会经历一系列创新。金融机构预计将推出大量既能保持收益性又兼具交易便利性的新型产品。随着这些产品的推出和普及，投机性货币需求量将呈现下降趋势。

20.1.3　电子支付对货币流通速度的影响

电子支付作为一种信息技术手段，将大幅度改变货币流通速度。史向东（1998）认为，电子支付方式缩短了结算时间，加快了资金的流通速度。尹恒（2002）认为电子支付体系可以实现资金的低成本转移，提高了支付效率，结算速度可以快到与交易同时进行，使货币流通速度大大加快。陈仲常等（2010）研究发现，在电子支付体系下，公众将会增加存款和变现次数，银行也能更快地进行清算和资金调动。刘生福（2019）认为，数字化支付降低了交易成本，提高了货币的流通速度。陶士贵（2017）深入探讨了第三方电子支付对货币流通速度所产生的短期与长期影响。由于消费者可以借助第三方支付平台便捷地购买高收益的货币基金，这激发了更强的投机性动机，从而在短期内减缓了广义货币的流通速度。从长期来看，电子支付凭借其低成本优势，有效地推动了货币流通速度的加快。方兴等（2017）利用时变参数的 TVP – VAR 模型，深入分析了第三方互联网支付发展对中国货币流通速度的动态影响，分别从产出渠道和价格渠道两方面进行了细致探讨。研究结果表明，第三方支付的广泛应用及电子货币的普及，显著提升了中国的货币流通速度。

20.1.4　电子支付对宏观调控政策的影响

货币体系的改变势必影响宏观调控政策的选择及效果，多数研究认为电子支付对于宏观调控是挑战，将增加宏观调控政策效果的不确定性。伯克（Berk，2002）认为，电子货币对纸币的替代会削弱中央银行作为整个金融体系结算中心的地位，中央银行需要利用新的金融工具来调控经济运行。阿里等（Ali et al.，2014）认为，电子支付的发展增大了货币政策实施的难度。

米晓文（2016）提出，数字货币对货币政策实施效果的影响主要取决于银行存款准备金需求的变化，以及数字货币使用者与主权货币使用者之间在经济和金融领域的互联程度。如果数字货币对传统主权货币的替代程度较高，而两者之间的互联程度相对较弱，那么货币政策的有效性可能会受到显著削弱，甚至可能失去其应有的作用。温信祥等（2016）强调，一旦双向兑换型私人数字货币的发行规模达到相当水平，它将对中央银行的宏观调控能力产生深远影响。具体而言，这种影响可能体现在削弱货币政策的有效性、减少铸币税收入以及降低货币指标的准确性等多个方面，从而对整体经济稳定和金融秩序构成挑战。刘生福（2019）通过构建一个涵盖政府、中央银行、商业银行、家庭、企业五个部门的 DSGE 模型，深入探究了数字化支付对中央银行福利损失函数以及货币政策传导机制的影响。研究结果显示，在数字化支付环境下，传统货币政策框架（主要基于数量型调控）的政策传导效率显著降低[①]。罗等（Luo et al.，2021）在新凯恩斯主义框架下建立了基于家庭、商业银行和中央银行三个经济部门的 DSGE 模型，发现价格型货币政策的调控效果优于数量型货币政策，电子货币具有风险抑制作用。与上述成果的研究结论相反，印文等（2015）认为，中国货币政策的有效性存在一定的不足，推动货币电子化可以显著提升货币政策的有效性。这种改进作用不仅具有即时效应，能够在当期就显现出改善货币政策效果的作用，还具有滞后效应，能够在后续期间持续发挥作用，进一步优化货币政策的效果。这种双重效应的存在，有助于宏观经济形势的改善。杜金富等（2023）提出，法定数字货币的发行将对宏观经济和金融体系产生深远而广泛的影响。其不仅能显著提升支付效率，丰

---

① 刘生福. 数字化支付时代的货币政策传导：理论推演与经验证据 ［J］. 当代经济科学，2019（2）：1 - 12.

富支付场景，更能增强货币政策的有效性和精准性，从而有力推动经济增长。

梳理现有文献可以发现，国内外学者都注意到电子支付对现有货币体系的重大影响，也进行了一定程度的研究讨论，为本书的研究奠定了基础。不过，目前电子支付仍处于快速发展当中，对其研究仍然需要进一步探索。一方面，电子支付对整体货币体系的影响需要进一步讨论，包括货币供给、货币需求和货币流通速度的改变。尤其是第三方支付的货币创造潜力更应该引起关注。另一方面，在中国经济增长过程中，宏观调控发挥了重要的作用，电子支付对货币体系将产生重大影响，进一步影响中国宏观调控政策的制定。中国宏观调控体系与其他国家地区有很大区别，由于中国金融市场仍处于发展当中，中国的宏观调控以财政政策为主，而现有研究大多是对货币政策的讨论。本书将讨论电子支付对货币体系的改变，并利用 $IS-LM$ 模型讨论对财政政策、货币政策实施效果的影响，以期获得有价值的结论。

20.2　电子支付对货币供需的影响

货币的供给、需求、流通速度是现代宏观经济理论和实践中的重要变量，电子支付的迅猛发展对货币供给、需求、流通速度都将产生重大影响。

20.2.1　电子支付对货币供给的影响

电子支付对货币供给的影响体现在两个领域，一个领域是中央银行监管之内的传统商业银行货币创造，另一个领域是中央银行监管之外的第三方支付平台货币创造。

20.2.1.1　传统商业银行货币创造

货币创造是商业银行的重要作用之一，按照法定准备金率留备法定准备金后，其他的存款可以放贷出去，这部分贷款有可能再存到银行形成新的存款，然后可以继续放贷，不断循环，形成远大于原始存款的存款总额 D。假定不存在超额准备现象，这一过程受到两方面因素影响，现金漏出 C 和法定准备金 R。可以表达为以下关系式：

$$\begin{cases} M = C + D \\ H = C + R \\ r_D = \dfrac{R}{D} \\ r_C = \dfrac{C}{D} \end{cases} \quad (20-1)$$

于是，货币乘数 k 为：

$$k = \frac{M}{H} = \frac{C+D}{C+R} = \frac{D \times r_C + D}{D \times r_C + D \times r_R} = \frac{r_C + 1}{r_C + r_D} \quad (20-2)$$

货币乘数 k 关于现金漏出率 r_C 求偏导得：

$$\frac{\partial k}{\partial r_C} = -\frac{1 - r_D}{(r_C + r_D)^2} < 0 \quad (20-3)$$

可知，货币乘数 k 与现金漏出率 r_C 为反相关关系，现金漏出率下降将提高货币乘数，于是单位基础货币将创造更高的货币供给量。电子支付会降低交易成本，进而减少公众的纸币需求，现金漏出率 r_C 必将随之下降。[①] 实际货币统计数据也显示了这一趋势。2000 ~ 2020 年，M_0 的平均增速为 9.1%，比 M_1 和 M_2 的平均增速低 4 个百分点和 5.4 个百分点（见图 20.1）。增速的差异表现在整个货币体系中是 M_0 占比呈现逐渐下降趋势，M_0 占 M_1 比重由 27.6% 下降到 13.5%，下降了 14.1 个百分点，年均下降 0.7 个百分点；M_0 占 M_2 比重由 11.1% 下降到 3.9%，下降了 7.2 个百分点，年均下降 0.3 个百分点。[②]

在货币政策相对稳定的情况下，银行的准备金率短期内也保持相对稳定。假定电子支付没有打破这一平衡，银行的准备金率 r_D 保持不变，那么

① 印文，裴平．电子货币的货币供给创造机制与规模——基于中国电子货币对流通中纸币的替代［J］．国际金融研究，2016（12）：3 - 12.

② 中国人民银行调查统计［DB/OL］．中国人民银行，2024.

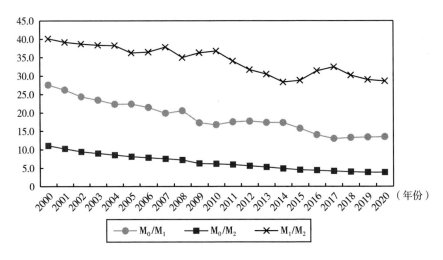

图 20.1　中国货币供应情况

漏出的现金因为电子货币的使用将逐渐回到银行体系形成准备金，进而进行信用创造，货币供给量 M 的变动为：

$$dM = dHk = Hdk = H\Big[-\frac{1-r_D}{(r_C+r_D)^2} \Big] dr_C \qquad (20-4)$$

以借记卡为载体的借记卡电子支付、以信用卡和准信用卡为代表的贷记卡型电子支付都可以按照上面的货币创造机制增加货币供给量，该过程仍然在传统银行体系之内，在中央银行的监管之内。[①]

20.2.1.2　第三方支付平台货币创造

更应该关注的是以微信、支付宝、京东、脸书为代表的第三方支付平台开发的电子支付额度（电子货币）。花呗、白条、Libra 等第三方支付平台的电子支付额度（电子货币）发展各有差异。一种情况是经济个体将资金转入第三方支付平台，或者是第三方支付平台给予经济个体一定的借款，第三方支付平台确定经济个体账户拥有这笔资金后，给予经济个体等额的电子支付额度，这些由支付平台做担保的电子支付额度等同于实际货

---

① 史新鹭，周政宁. 电子支付发展、电子货币替代对货币需求的影响研究 [J]. 中央财经大学学报，2018（12）：77-86.

币，发挥实际货币的职能，同时电子支付额度持有人可以随时将电子支付额度提取到银行账户，该部分电子支付额度有实际的货币做支撑。另一种情况是第三方平台根据公众的前期交易情况，给予公众一定的"信用"等级，该"信用"等级对应于一定额度的电子支付额度，这部分电子支付额度在平台交易时没有实际的货币做支撑，或者是以第三方平台的"信用"做支撑，只有在电子支付额度持有人提取时才会由平台代为支付给持有人，然后平台再向"信用"被给予者追索欠款。

可以发现，第三方支付电子支付额度是基于第三方平台的独立"货币"，在该平台上发挥了"法定货币"的各种职能，可以作为商品服务的价值尺度；可以作为商品服务的交换媒介；可以作为财富的贮藏形式；可以用于单方面支付；如果平台扩展到世界，完全可以充当世界货币，如 Libra。第三方支付平台电子支付额度是独立于央行管理系统的"货币"，特别是在平台上"信用"电子支付额度的创造，在一定程度上类似于央行的货币发行职能。[①]

20.2.2　电子支付对货币需求的影响

根据凯恩斯理论，货币的需求分为交易需求、预防需求和投机需求。[②]由于信息技术的发展，实物货币、电子货币、金融资产（债券）的转换非常迅速，相互之间的界线非常模糊，这大大改变了三大需求的情况。[③]

交易需求、预防需求倾向会变小。这主要是因为，交易需求和预防需求是方便消费者进行交易或者是预防突发状况，既然可以迅速将银行存款取出或从债券转换成货币而进行交易或预防。那么就没有必要继续持有或者过多持有实物货币。极端情况下，交易需求、预防需求倾向会趋于零。

---

①　史新鹭，周政宁．电子支付、货币替代与货币供给［J］．金融经济学研究，2018（4）：24-34．

②　黄达编著．金融学（第二版）（精编版）［M］．北京：中国人民大学出版社，2008．

③　谢平，刘海二．ICT、移动支付与电子货币［J］．金融研究，2013（10）：1-14．

投机需求倾向也会变小。这主要是因为信息技术非常发达，经济个体可以非常迅速地知晓实物货币、电子货币、金融资产（债券）之间的收益（利息）差异。另外，实物货币、电子货币、金融资产的转换速度是如此之快，基本不需要支付成本，耗费精力。因此，只要有哪怕万分之一的收益差异，经济个体也会以电子货币、金融资产储存资产，而不是实物货币来储备资产，也就是极端情况下，投机需求倾向会趋于零。

不过，需要指出的是，实物货币、电子货币、金融资产之间的转换并不是完全的，受到几个方面的影响，极端情况发生的可能性比较小。一是经济个体的使用量，现在中国的手机支付并不能完全覆盖，部分地区的网络覆盖不佳，如中西部的偏远地区。二是经济个体的信息技术应用水平并不一致。信息技术应用能力与受教育程度紧密相关，受教育程度越高，信息技术应用能力越强。第七次人口普查显示，中国 15 岁及以上人口的平均受教育年限为 9.9 年，文盲人口（15 岁及以上不识字的人）为 3700 多万人，文盲率为 2.7%，小学文化程度人口 3.5 亿人，占总人口比重为24.8%，这些人口对信息技术的应用能力相对不高。[①] 三是目前实物货币、电子货币、金融资产的转换仍然需要时间，例如，从微信、余额宝中转出资金，债券转成现金等都需要时间。

20.2.3　电子支付对货币流通速度的影响

电子支付的另一个重要影响是货币流通速度的变化。单位货币流通速度越快，发挥的作用越大，反之流通速度越慢，发挥的作用越小。原有的纸币支付，需要查验真伪、找零等程序，所需时间以分、秒为计量单位。电子支付使得需要的时间大大减少，货币从一个账户到另一个账户已经下降到毫秒单位，未来随着技术进步还会进一步下降，加快了货币的流通速度。货币流通速度加快，其影响主要从对货币供给和货币需求来体现。从货币供给来看，银行体系存贷两方面速度的提高，使得在特定时间段内货

---

① 第七次人口普查公告 ［EB/OL］. 国家统计局，2021 - 05 - 11.

币创造的能力加强，而且存量货币所发挥的作用也成倍的放大。[①] 从货币需求来看，交易需求、预防需求倾向会变小，投机需求倾向会变大。本书不再单独讨论货币流通速度对宏观调控的影响，会将其纳入到货币供需变化的讨论中。

20.3　货币供需变化对宏观调控的影响

电子支付的出现及发展将改变货币供需，而货币供需的变化会对宏观调控的政策效果产生巨大的影响，本章以常见的 $IS - LM$ 模型进行讨论。

20.3.1　$IS - LM$ 模型

$IS - LM$ 模型由 IS 模型和 LM 模型构成，IS 模型代表产品市场实现均衡，LM 模型代表货币市场实现了均衡。设定消费 $C = C_0 + \alpha\ (Y + TR - T)$，$C_0$ 为自发消费，α 为边际消费倾向，Y 为国民收入，TR 为转移支付，T 为定量税；投资 $I = I_0 - \beta r$，I_0 为自发投资，β 为边际投资倾向，r 为利率；政府支出 G；货币供给 m；交易需求、预防需求倾向 e；投资需求倾向 f。[②]
公式如下：

$$IS : r = \frac{C_0 + I_0 + G + \alpha TR - \alpha T}{\beta} - \frac{1 - \alpha}{\beta} Y$$

$$LM : r = \frac{e}{f} Y - \frac{m}{f}$$

$$(20 - 5)$$

当产品市场和货币市场同时均衡时，也就是联立 IS 和 LM 方程得：

---

① 陈仲常，李志龙，夏进文. 电子支付工具发展与货币乘数时效性分析 [J]. 重庆大学学报 (社会科学版)，2010 (4)：16 - 23.

② Wang P. J. A Dynamic IS-LM-X Model of Exchange Rate Adjustments and Movements [J]. International Economics，2017 (149)：74 - 86.

$$\overline{Y} = \frac{C_0 + I_0 + G + \alpha TR - \alpha T + \dfrac{\beta m}{f}}{(1 - \alpha) + \dfrac{\beta e}{f}}$$

$$\overline{r} = \frac{e(C_0 + I_0 + G + \alpha TR - \alpha T) + m(1 - \alpha)}{\beta e + f(1 - \alpha)} \tag{20-6}$$

此时的国民收入 $\overline{Y}$ 便是均衡的国民收入。可以进一步分析财政政策和货币政策对国民收入 $\overline{Y}$ 和利率 $\overline{r}$ 的影响。财政政策以政府支出 G、转移支付 TR、定量税 T 的变化来反映，货币政策以货币供给 m 的变化来反映。对均衡国民收入 $\overline{Y}$ 求偏导可得：

$$\frac{\partial \overline{Y}}{\partial G} = \frac{1}{(1-\alpha) + \dfrac{\beta e}{f}}, \quad \frac{\partial \overline{Y}}{\partial TR} = \frac{\alpha}{(1-\alpha) + \dfrac{\beta e}{f}},$$

$$\frac{\partial \overline{Y}}{\partial T} = \frac{-\alpha}{(1-\alpha) + \dfrac{\beta e}{f}}, \quad \frac{\partial \overline{Y}}{\partial m} = \frac{1}{e + \dfrac{f(1-\alpha)}{\beta}} \tag{20-7}$$

即：

$$d\overline{Y} = \frac{1}{(1-\alpha) + \dfrac{\beta e}{f}}dG, \quad d\overline{Y} = \frac{\alpha}{(1-\alpha) + \dfrac{\beta e}{f}}dTR,$$

$$d\overline{Y} = \frac{-\alpha}{(1-\alpha) + \dfrac{\beta e}{f}}dT, \quad d\overline{Y} = \frac{1}{e + \dfrac{f(1-\alpha)}{\beta}}dm \tag{20-8}$$

也就是对于政府支出 G、转移支付 TR、定量税 T 和货币供给 m 的单位变化，国民收入分别变化 $\dfrac{1}{(1-\alpha) + \dfrac{\beta e}{f}}$、$\dfrac{\alpha}{(1-\alpha) + \dfrac{\beta e}{f}}$、$\dfrac{-\alpha}{(1-\alpha) + \dfrac{\beta e}{f}}$ 和 $\dfrac{1}{e + \dfrac{f(1-\alpha)}{\beta}}$。同理可求得对于政府支出 G、转移支付 TR、定量税 T 和货币供给 m 的变化利率分别变化：

$$d\overline{r} = \frac{e}{\beta e + f(1-\alpha)}dG, \quad d\overline{r} = \frac{e\alpha}{\beta e + f(1-\alpha)}dTR,$$

$$d\overline{r} = \frac{-e\alpha}{\beta e + f(1-\alpha)}dT, \quad d\overline{r} = \frac{(\alpha - 1)}{\beta e + f(1-\alpha)}dm \tag{20-9}$$

也就是对于政府支出 G、转移支付 TR、定量税 T 和货币供给 m 的单位变化，利率分别变化 $\dfrac{e}{\beta e + f(1-\alpha)}$、$\dfrac{e\alpha}{\beta e + f(1-\alpha)}$、$\dfrac{-e\alpha}{\beta e + f(1-\alpha)}$、$\dfrac{(\alpha-1)}{\beta e + f(1-\alpha)}$。[①]

反应在图 20.2 中，假如实施扩张的财政政策，政府支出 G 增加、转移支付 TR 增加或定量税 T 减少，IS_0 曲线向右移动到 IS_1，形成新的均衡国民收入 Y_1，国民收入增加 $Y_1 - Y_0$，形成新的均衡利率 r_1，均衡利率上升 $r_1 - r_0$；假如实施扩张的货币政策，货币供给 m 增加，LM_0 曲线向右移动到 LM_1，形成新的均衡国民收入 Y_2，国民收入增加 $Y_2 - Y_0$，形成新的均衡利率 r_2，均衡利率下降 $r_0 - r_2$。

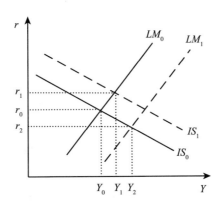

图 20.2　宏观调控政策对均衡的影响

20.3.2　基于 *IS－LM* 模型分析货币供需变化对宏观调控的影响

20.3.2.1　货币供给变化的影响

电子支付的发展会促进货币创造，货币供给增加 dm。单独考虑货币供

---

① Barbora V. K. Augmented IS－LM Model Based on Particular Functions [J]. Applied Mathematics and Computation, 2012 (219): 1244－1262.

给增加的影响，相当于实施了扩张货币政策，国民收入增加 $\dfrac{1}{e+\dfrac{f(1-\alpha)}{\beta}}dm$。

另外，利率下降 $\dfrac{(1-\alpha)}{\beta e+f(1-\alpha)}dm$，但是利率不能无限制下降，而且货币供给增加会带来价格上涨压力，这在一定程度上压缩了中央银行扩张货币政策空间，同时扩大了紧缩货币政策的空间。

20.3.2.2　货币需求变化的影响

电子支付的发展带来的货币需求变化要更复杂。交易需求、预防需求倾向 e 变小，投机需求倾向 f 变小，货币供给国民收入乘数 $\dfrac{1}{e+\dfrac{f(1-\alpha)}{\beta}}$ 绝对值变大，货币供给利率乘数 $\dfrac{-(1-\alpha)}{\beta e+f(1-\alpha)}$ 绝对值变大，私人投资增强，货币政策效果增强。政府支出国民收入乘数 $\dfrac{1}{(1-\alpha)+\dfrac{\beta e}{f}}$、转移支付国民收入乘数 $\dfrac{\alpha}{(1-\alpha)+\dfrac{\beta e}{f}}$、税收国民收入乘数 $\dfrac{-\alpha}{(1-\alpha)+\dfrac{\beta e}{f}}$ 绝对值不确定，财政政策效果不确定。如果 $\Delta e < \Delta f$，那么国民收入乘数 $\dfrac{1}{(1-\alpha)+\dfrac{\beta e}{f}}$、转移支付国民收入乘数 $\dfrac{\alpha}{(1-\alpha)+\dfrac{\beta e}{f}}$、税收国民收入乘数 $\dfrac{-\alpha}{(1-\alpha)+\dfrac{\beta e}{f}}$ 绝对值均变大。如果 $\Delta e > \Delta f$，那么国民收入乘数 $\dfrac{1}{(1-\alpha)+\dfrac{\beta e}{f}}$、转移支付国民收入乘数 $\dfrac{\alpha}{(1-\alpha)+\dfrac{\beta e}{f}}$、税收国民收入乘数 $\dfrac{-\alpha}{(1-\alpha)+\dfrac{\beta e}{f}}$ 绝对值均变小。[1]

---

① Sportelli M., Cesare L. D., Binetti M. T. A Dynamic IS-LM Model with Two Time Delays in The Public Sector [J]. Applied Mathematics and Computation, 2014 (243): 728 – 739.

图 20.3 显示了货币需求变化情况下实施货币政策的效果。电子支付发展推动货币需求变化，单位货币供给增加将产生更大效果，使得在同样的扩张性货币政策下，LM_0 继续向右移动到 LM_2，新均衡点国民收入为 Y_3，相对于 IS_0 曲线与 LM_1 曲线形成的均衡点（Y_2, r_2），均衡点（Y_3, r_3）利率低 $r_3 - r_2$，国民收入增加 $Y_3 - Y_2$。另外需要指出的是，为了讨论直观，图 20.3 显示的仅是一种特定的情况，在电子支付发展带来货币供给增加和货币需求变化的综合作用下，LM_2 曲线的位置变化不定，需要结合乘数变化进行讨论。

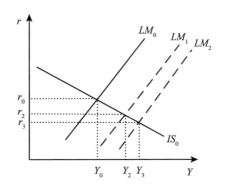

图 20.3　货币需求变化情况下实施货币政策的效果

图 20.4 显示了货币需求变化情况下实施财政政策的效果。随着电子支付的发展，新形成的 LM 曲线可能是 LM_3，也可能是 LM_4，实施扩张的财政政策，形成的均衡点可能是（Y_4, r_4），也可能是（Y_5, r_5），前者对应了国民收入乘数 $\dfrac{1}{(1-\alpha)+\dfrac{\beta e}{f}}$、转移支付国民收入乘数 $\dfrac{\alpha}{(1-\alpha)+\dfrac{\beta e}{f}}$、税收国民收入乘数 $\dfrac{-\alpha}{(1-\alpha)+\dfrac{\beta e}{f}}$ 绝对值变大的情况，相对于 IS_1 曲线与 LM_0 曲线形成的均衡点（Y_1, r_1），均衡点（Y_4, r_4）利率低 $r_1 - r_4$，国民收入增加 $Y_4 - Y_1$，后者对应了国民收入乘数 $\dfrac{1}{(1-\alpha)+\dfrac{\beta e}{f}}$、转移支付国民收入乘数 $\dfrac{\alpha}{(1-\alpha)+\dfrac{\beta e}{f}}$、

税收国民收入乘数 $\dfrac{-\alpha}{(1-\alpha)+\dfrac{\beta e}{f}}$ 绝对值均变小的情况，相对于均衡点(Y_1,r_1)，

均衡点(Y_5,r_5)利率高 r_5-r_1，国民收入减少 Y_5-Y_1。与图 20.3 的情况类似，为了讨论直观，图 20.4 显示的仅是两种特定的情况，在电子支付发展带来货币供给增加和货币需求变化的综合作用下，LM_3、LM_4 曲线的位置变化不定，需要结合乘数变化进行讨论。[①]

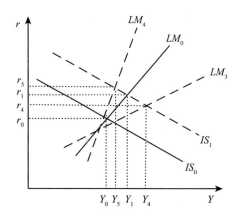

图 20.4　货币需求变化情况下实施财政政策的效果

20.4　本章小结

改革开放之后中国经济迅速腾飞，经济总量目前稳居世界第二位。中国特色社会主义调控体系在中国经济增长过程中发挥了至关重要的作用，财政政策、货币政策等宏观调控政策的密切配合营造了良好的经济发展环境，确保经济发展快速而平稳。近期以来，电子支付尤其是移动电子支付迅猛发展。原有货币智能的发挥需要货币具有贝壳、金银、纸张等实体，而电子支付的发展，使得经济个体不再需要携带实体货币，只需要携带电

---

① 王祥兵. 连续时间的 IS – LM 模型稳定性与仿真研究 [J]. 管理评论，2018（1）：67 – 77；153.

子指令，这些电子指令可以由手机等电子支付工具生成。于是现金漏出减少，推动了货币创造，增加了货币供给；货币流动手段、支付手段等职能发挥发生了巨大变化，改变了实体货币需求；货币流通速度也迅速加快。总体来看，整个货币体系都会发生巨大变化。货币体系的变化将对中国宏观调控政策的效果产生重大影响，对于单位调控工具变化，利率乘数和国民收入乘数发生改变，出现很多政策不确定性。为了实现中国经济平稳健康发展，必须采取积极有效的措施应对这种不确定性。

一是加强理论研究。理论对实践具有重要的指导推动作用，是国家制定宏观调控政策的重要依据。电子支付作为近期出现的经济形式，发展迅猛，潜力巨大，但是其对经济发展的影响机制、幅度、方向、应对政策还需要进一步探索。例如，电子支付在疏通信贷市场利率传导的作用，以及引起的汇率波动、资本流动、金融风险等。未来应加强这一领域的理论研究，为把握其发展做好理论准备。

二是推动法定货币数字化。私人货币及私人电子支付活动对金融监管及央行都是巨大的挑战。电子支付作为未来的发展趋势，其对宏观调控影响的不确定性在很大程度上取决于法定货币的电子化程度。未来，央行应推进法定货币数字化进程，使之逐渐成为货币体系的主导力量。同时，一定要把握好法定货币数字化的节奏，避免造成支付体系的剧烈动荡。

三是完善电子支付监测。电子支付作为经济领域的重大创新，许多应用已经超出了原有的监测范围，这大大增加了经济波动的风险。必须明确电子支付的概念、口径、范围，并进行动态调整；提高统计的全面性和及时性，获得全面、准确、及时的数据；建立电子支付预警机制，加大对发行、流通等各个环节的监测预警体系，实时预警。

四是确保电子支付安全。电子支付特别是第三方支付具有便捷的交易速度和低廉的交易成本，迅速改变了人们的日常支付习惯。但是，相对于传统的支付方式，依赖于互联网的电子支付面临更大的支付风险，因而，安全性是电子支付的重点，技术上要通过更高级的加密算法加以保证，管理上要依靠中央银行进一步加强监管。

五是优化宏观调控政策。一方面，稳步推进宏观调控领域改革。在财政改革方面，要重点运用税收工具来调节经济运行，尤其是增强结构性调控，加大对重点产业、重点群体的支持。在金融市场化改革方面，中国货币政策传导有待进一步提高，未来应加大利率市场化和汇率市场化改革力度。另一方面，强化财政政策与货币政策的配合使用，兼顾供给与需求、总量与结构、短期与长期、公平与效率。

第*21*章

大数据时代的经济学
研究范式

进入 21 世纪后，数据的爆炸式增长已成为全球范围内的显著现象，这促使各国纷纷将大数据提升至国家战略的高度。2010 年，英国率先行动，开通了数据开放网站 data. gov. uk，这标志着英国政府决心推动数据的更广泛开放与利用。① 同样在 2010 年，美国总统科技顾问委员会为应对数据激增带来的管理和利用难题，建议美国政府将大数据技术的发展置于优先位置。② 而在 2011 年，澳大利亚政府为确保自身在未来数据经济中的领先地位，制订了国家宽带网络建设计划。相比之下，中国的大数据研究起步较晚，但自 2012 年正式涉足该领域以来，大数据在学术界、产业界和政府部门中迅速掀起了研究热潮。数据的迅猛增长为经济研究带来了新的挑战和机遇，要求经济研究工作必须做出适应性的调整和创新，以更好地迎接大

---

① 马建堂. 大数据在政府统计中的探索与应用 ［M］. 北京：中国统计出版社，2013.

② Johnp H. , Eric L. , Harold V. Designing A Digital Future：Federally Funded Research and Development in Networking and Information Technology ［R/OL］. http：//www. whitehouse. gov/sites/default/file8/microsites/ostp/pcast- nitrd-report-2010. pdf.

数据时代的到来。① 中国经济的持续增长对经济学研究提出了与时俱进的要求。俞立平（2013）深入研究了大数据的发展现状，并探讨了其对传统经济学所带来的挑战。他认为，在大数据的背景下，经济学应当发展出涵盖大数据计量经济学、大数据统计学以及大数据领域经济学等多个分支的新型学科体系。这些分支学科不仅与信息经济学、信息技术等相关学科紧密相连，而且共同构成了大数据经济学的核心框架。展望未来，大数据经济学有望将理论科学、实验科学以及复杂现象的模拟融为一体，实现跨学科的深度融合。更为重要的是，它将自然科学与社会科学的精髓相结合，推动了理论研究与实践应用的实时统一。因此，大数据经济学展现出鲜明的"智能经济学"特征。②

■ 21.1　模型驱动研究范式兴起

范式这一深刻的概念指的是在科学研究当中，科学家总是会遵循一定的标准和流程，这种反复出现的标准和流程就是范式。范式影响了科学研究的流程，进而对科学研究的结果也将产生影响。如果某一个科学家坚持了错误的范式，那么大概率将做大量的无用功，最终得出错误的结果。反过来，如果某一个科学家坚持了正确的范式，那么他将走在一条正确的道路上，即使中间可能出现错误，出现反复，最终得出的研究结果也可能是正确的。范式不是恒定的，某一个范式可能仅在某一时期、某一领域起作用，当外部条件发生改变时，就必须调整范式，以适应这些条件。而且一般情况，范式的改变通常会产生革命性的影响，推动科学研究迅速进步。③

---

① 蔡翠红. 国际关系中的大数据变革及其挑战 [J]. 世界经济与政治, 2014 (5)：124 – 143.

② 俞立平. 大数据与大数据经济学 [J]. 中国软科学, 2013 (7)：177 – 183.

③ 托马斯·库恩. 科学革命的结构 [M]. 金吾伦, 胡新和译. 北京：北京大学出版社, 2003.

21.1.1　经济学研究范式与思辨驱动研究范式的贡献

在经济学家进行经济学研究时所遵循的标准和流程就是经济学研究范式。从经济学发展过程来看，经济学研究范式可以分为思辨驱动、模型驱动和数据驱动。它们的核心分别在于以文字描述、数学建模和数据分析挖掘为主要手段，来深入探究社会经济现象，并经由逻辑推导形成经济理论，最终揭示潜藏在表象之下的社会经济法则。然而，值得注意的是，这三种研究范式并不是截然分割的。事实上，它们之间的差异更多在于研究工具的侧重，而非绝对地排斥其他方法。以思辨驱动为例，虽然它强调文字表述的重要性，并在人类文明发展的早期和中期占据了主导地位，但这并不意味着它完全摒弃了数学模型或数据挖掘的运用。古希腊文化就是一个典型的例子，它对数学的重视几乎达到了前所未有的高度，甚至有观点认为万物皆可量化计算，这种观点在某种程度上有点绝对，不过对后来的科学研究产生了重要影响，也催生了一批早期的"数理经济学家"。例如，亚里士多德在讨论分配公平时，就曾创造性地构建了一个基于"几何比例"的模型，这个模型根据个体对公共资金的贡献来决定其应得的分配，$A:B=C:D$ 其中，C 和 D 是得到的公共分配，A 和 B 是不同捐献者的捐献，等式两边是相等的，展现了数学在经济学研究中的早期应用。[①]

然而，尽管数学在经济学中的应用有着诸多有益的尝试，但是在人类文明的前中期，数学工具的发展毕竟是有限的，特别是很多文明对数学也不是很在意，思辨驱动更加流行。例如，柏拉图、圣托马斯及亚当·斯密等伟大思想家，他们的思想都是通过文字来传递的，其作品既是深具研究价值的学术巨著，又是散发着文学魅力的经典之作。例如，《圣经》中描述的"马太效应"以及亚当·斯密所提出的"看不见的手"等概念，都已成为经济学的永恒经典，时至今日依然在经济领域中发挥着举足轻重的

---

① 亨利·威廉·斯皮格尔. 经济思想的成长［M］. 晏智杰，刘宇飞，王长青等译. 北京：中国社会科学出版社，1999.

作用。

21.1.2 模型驱动研究范式

随着人类社会的发展，数据的体量不断变大，数据结构不断变复杂，与此同时，数学技术也不断发展。于是，经济学家不再仅仅依靠文字描述来进行科学研究，而是尝试将数学技术也引入经济学研究，于是产生了早期的模型研究。例如，马尔萨斯对人口增长问题的研究就比较有代表性。他的人口增长模型是 $P_t = P_0 e^{r_1 t}$。在这个模型中，初始人口以指数函数的形式持续增长，其中增长率起到了关键作用。然而，马尔萨斯同时指出，农业生产力的增长并不遵循指数规律，而更贴近线性增长模式 $A_t = A_0(1 + r_2 t)$。这意味着，随着时间的推移，农业生产力的提升将无法与人口的迅猛增长相匹配。这种矛盾在图形上呈现为人口增长曲线与农业生产增长直线之间的渐行渐远（见图21.1）。基于这一发现，马尔萨斯对人类未来的发展前景持悲观态度。以人口增长模型为典型代表的早期经济学模型，用简洁直观的方式阐释了复杂的经济理论和思想。这种研究方法逐渐在经济学界得到认可，但要推动模型驱动研究范式的进一步发展，还需要解决一个核心问题：如何确保模型的严谨性和准确性。[①]

严谨性是数学科学不可或缺的基石。在数学领域，任何公式或模型的推导都必须严格遵循既定的公理、定理和法则，以确保所得结论的科学性和准确性。这种精确性要求排除了任何模棱两可的表述，使得"似乎""可能""也许"等含糊其词的词汇在数学研究中毫无立足之地。相比之下，经济学研究呈现出截然不同的特点。在经济学的语境中，模糊性词汇的使用是一种常态，而非例外。例如，马尔萨斯在其研究中，只能假定人口增长"可能"遵循指数模型，农业生产力的提升"可能"符合线性模型。他无法断言人口增长"绝对"遵循指数规律，或农业生产"绝对"按照线性方式增长。

---

① 马尔萨斯. 人口原理［M］. 朱泱，胡企林，朱和中译. 上海：商务印书馆，1996.

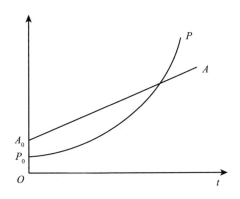

图 21. 1　马尔萨斯建立的人口增长模型

　　尽管经济学模型在描述现实经济数据时存在不严谨性的问题，但法国学者勒让德和德国数学家高斯的杰出研究为这一难题提供了解决方案，即数学模型在构建时并不要求与数据完美契合，而是追求模型的预测值与实际样本值之间的误差最小化。从而极大地推动了模型驱动研究范式的发展。以样本观测值 $(X_{i1}, \cdots X_{ik}, Y_i) i = 1, 2 \cdots, n$ 为例，可以建立一个模型来研究因变量 Y 与自变量 X 之间的关系，并假设模型形式为特定函数 $X\beta = Y$。然而，由于模型与数据之间并非完全拟合，即存在某些观测值无法被模型完全解释的情况。在这种情况下，勒让德和高斯认为，最优的模型应该是使得观测向量与预测向量之间差异最小的模型。具体来说，当观测向量 Y 不在由模型自变量所形成的向量空间中时，可以寻找一个预测向量 $\hat{Y}$，使得它与观测向量 Y 的差的模型 $\| Y - \hat{Y} \|$ 最小。这实际上等同于求解一个点 Y 到向量空间 S 的最短距离问题。在这个框架下，观测向量与其在向量空间上的投影之间的距离 $\hat{Y}_0$ 最近，因此可以将问题巧妙地转化为求解投影的问题，即 $X\beta = Y$ 巧妙地转化为 $X^T X\beta = X^T Y$。该方程是可解的，求出的 β 值，即是 $\hat{Y}_0$ 表示的 β 值（见图 21. 2）。高斯进一步指出，该模型的误差分布符合正态分布的特征，这为评估模型的准确性和可靠性提供了重要的统计基础。这一重要发现不仅调和了模型与实际数据之间的矛盾，也为经济学研究提供了更加科学和严谨的方法论支持。

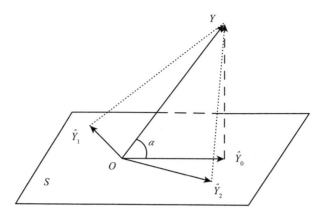

图 21.2　数据的投影

21.2　大数据时代模型驱动研究范式面临的困难

模型驱动研究通常遵循以下步骤：第一，需要精心选择模型的组成变量，这是建立有效模型的基础；第二，基于研究问题和现有理论，建立模型的基本假设，为模型的构建提供指导；第三，通过模拟与求解，使模型得以具体化，为后续分析提供依据；第四，进行实证检验，以验证模型的有效性和准确性；第五，基于模型的分析结果，得出相应结论，为经济研究和决策提供支持。不可否认，模型驱动研究范式在经济学领域中具有一定的合理性，并且已经推动了经济学研究的不断发展。尽管勒让德、高斯等科学家在调和模型与数据之间的矛盾方面作出了卓越贡献，但在当今数据爆炸的时代背景下，模型驱动研究的局限性也越发凸显。

21.2.1　模型驱动研究范式的缺点

一方面，对于实际经济问题，数学模型有很大的不足，实际经济问题不可能像模型那样非常完美，于是模型驱动研究范式依赖于大量的假设。通过"假设——验证"的流程来对这些假设进行验证。勒让德和高斯对方程求解的转化，即将方程 $X\beta = Y$ 的求解转化为方程 $X^T X\beta = X^T Y$ 的求解，便是这一流程中的杰出代表，体现了模型构建中的创新与突破。然而，随着模型分析的不断发展，所需的假设数量逐渐增多，这使得满足所有假设的情况变得愈发罕见。现实中，很多实证分析只是为了迎合这些假设而存在，而非真正基于实际的经济现象。当模型假设本身缺乏科学性或不符合实际情况时，模型所得出的结论便会失去其实际意义，甚至可能误导人们对事实真相的理解。因此，尽管模型在理论上具有探讨价值，但由于现实经济运行的复杂性和多变性，模型往往难以与之契合。这使得许多模型最终只能停留在理论层面，无法真正应用于实际的经济分析中。

另一方面，在大数据时代，数据的体量越来越大，结构越来越复杂，来源越来越多样化，速度也越来越快。在这种情况下，任何一个经济模型都面临着巨大的挑战，因为简单的变量构建和关系描述已经无法准确刻画出这些种类繁多、体量庞大且相关性复杂的数据特征。也就是说，如果一个经济模型仅仅能描述数据集其中的某一部分特征，那么也就意味着，数据集的大部分特征都没有得到反映，其结果也只能提供对经济状况的片面理解。因此，在大数据的时代背景下，如何更有效地整合和处理信息，构建更全面、精准的经济模型，成了当前经济学研究亟待解决的重要问题。

21.2.2　使用多元线性回归模拟经济增长数据集

可以通过一个实例来具体阐述模型驱动在经济研究中的潜在弊端。在研究经济增长问题时，通常用支出法来讨论资本、消费和净出口对宏观经济增长的拉动作用。从中国统计年鉴中获取相关数据，并将这些数据整合成一个经济增长数据集。在这个数据集中，可以使用不同的变量来代表国内生产总值、消费、投资和净出口的增长率，例如，用 $G\dot{D}P$、$C\dot{O}N$、$I\dot{N}V$、$N\dot{E}X$ 来表示，建立如下多元线性回归模型：

$$\dot{GDP} = 0.006385 + 0.7217\,\dot{CON} + 0.2659\,\dot{INV} + 0.0001593\,\dot{NEX}$$

$$0.8? \qquad 10.6^{***} \qquad 6.4^{***} \qquad 2.4^{*}$$

$$F = 164.3^{***} \qquad R^2 = 0.937 \qquad\qquad (21-1)$$

从模型的总体情况来看，模拟结果总体还可以。解释变量均是显著的，决定系数超过了 0.9。[1] 然而，对比各解释变量的系数，可以看出消费变量的系数大于投资和进出口，也就是模型显示消费的作用大于投资和进出口，这与我国长期以来将投资作为主要经济推动因素实际经济运行情况是不相符的。这种差异引发了对多元线性回归模型设计准确性的进一步质疑。尽管该模型在当前被视为相对成熟的分析工具，但它仍然需要满足六条经典假设。[2] 为了验证这些假设，分别采用 D. W. Test 和 Shapiro-Wilk Normality Test 对随机误差项进行检验。结果显示，残差存在序列相关性，并且不符合正态分布的要求。[3] 于是，可以总结得出，在经济增长计量模型中，多元线性回归模型在 F 检验和 T 检验中显著，但是描述消费、投资、进出口对中国经济增长的作用不是很有效。因此，可以得出的研究结论是：尽管多元线性回归模型在 F 检验和 T 检验中表现出色，但用它来全面描述"三驾马车"对中国经济增长的复杂影响仍然显得力不从心。为了更准确地分析这一问题，必须探索并采用其他更为适合的方法和模型。

21.3　数据驱动研究范式的发展

随着计算机技术的日新月异，如今能够轻松处理那些复杂多变且体量庞大的数据。以计算机为基础，运用算法来对数据进行描述就是机器学习算法。机器学习算法已经成为人工智能领域的核心研究方向。以其迅猛发展为基础，数据驱动研究范式得到了广泛的应用，还进一步促进了该范式

---

[1]　本章模型中 ***、**、* 分别表示通过 0.01、0.05、0.1 的显著性水平检验。

[2]　赵德友，顾俊龙. 中国三大需求与经济增长关系的计量分析 [J]. 统计研究，2003 (10)：57-59.

[3]　吴喜之. 统计学：从数据到结论 [M]. 北京：中国统计出版社，2009.

的深入拓展。与模型驱动相比，数据驱动研究范式展现出了无可比拟的优势，为科研工作者提供了更为强大和灵活的分析工具。①

21.3.1　相对于模型驱动研究范式，数据驱动研究范式的所具有的优势

第一，由"样本→总体"进化到"样本＝总体"。以前受到数据和技术的限制，在经济学研究中，一般使用推断统计的办法，抽取一部分样本，深入研究样本的特点。例如，研究样本的均值、标准差、方差，然后，使用样本的特点代表总体的特点。为了减少样本的主观性，增加随机性，也发展了一系列随机抽样的办法。尽管有上述基础，上述方法仍然有一些局限性，例如，随机性存在一定的困难，不能对子类别进行分析，无法处理奇异值等问题。然而，在大数据时代的背景下，数据驱动研究提供了全新的视角和解决方案。随着数据采集、处理和分析技术的飞速发展，现在有能力对总体进行全面、直接的研究，而无须再依赖于样本和抽样的方法。这意味着可以彻底摆脱过去模型设计中存在的天然缺陷，更加准确地揭示经济现象的本质和规律。②

第二，数据驱动研究范式的一大显著优势在于其无须预设繁杂的研究假定。相对于模型驱动研究范式，也就避免了模型驱动研究范式的固有缺点。也不需要设定变量之间的类型，不需要设定某些变量为解释变量，某些变量为被解释变量。相反，这种范式直接从数据本身出发，深入探索数据间的内在联系和变化模式，以此来揭示变量间关系的存在与否及其紧密程度。统筹来看，数据驱动研究范式以数据为基础，直接从数据中总结规律，形成有价值的结论。其研究流程与模型驱动研究范式有根本区别，为研究者提供了更为灵活和深入的探索空间。

第三，数据驱动研究范式的另一大亮点在于其科学的检验方法。模型

①　吴喜之．复杂数据统计方法——基于 R 的应用 [M]．北京：中国人民大学出版社，2013.
②　邱东．大数据时代对统计学的挑战 [J]．统计研究，2014（1）：16 - 22.

驱动研究范式使用假设检验的范式来验证其结论的准确性，而数据驱动研究范式使用交叉验证的范式。使用数据的本身来对研究思路和研究结论进行验证，这种利用数据本身进行检验的方式，不仅避免了假设检验中数据分布假设的不可靠性问题，还使得研究的准确性得到了显著提升。

21.3.2　使用随机森林模拟经济增长数据集

再次回顾之前的案例，使用随机森林算法对经济增长数据集中的数据进行模拟。随机森林算法是机器学习算法中比较有代表性的方法，其基本思想是运用数据来生成许多彼此独立的树，每一棵树都代表了一种处理办法，最终由这些树来决定最后的结果。很显然，开始生成的树的分类精度越高，预测的误差就小，反之，树的分类精度越低，预测的误差就大。随机森林另一个重要的结果是可以得出相关变量的重要性，对该数据集各变量的重要性的测算结果如图 21.3 所示，可以发现，随机森林算法认为，在中国经济增长过程中，最重要的变量是投资，其次是消费和净出口。很明显，随机森林在解释我国经济运行方面展现出了更为优越的能力，提供了更深入、更全面的经济分析视角。

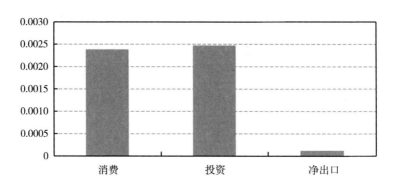

图 21.3　经济增长数据集的变量重要性

21.3.3　两种研究方法的交叉检验结果评价

模型的预测能力是衡量其应用价值的关键，而交叉检验则为评估模型预测结果的准确性提供了科学的依据。交叉检验充分利用了数据自身的信息来进行验证，相较于基于假设的检验方法，其提供的证据更具可靠性和说服力。在本例中，可以发现机器学习领域中的随机森林算法在预测效果上明显优于多元线性回归模型。经过 4 折交叉验证，对于经济增长的数据集而言，随机森林在测试数据上实现了平均 NMSE（标准化均方误差）为 0.253 的出色表现，证明了其较高的预测准确度。反观多元线性回归模型，虽然在统计指标如 T 检验、F 检验及决定系数上呈现出良好的统计显著性，但在真实的应用中，其测试集的平均 NMSE 竟然高达 4.378，这表明其预测效果甚至劣于使用简单的均值进行预测。这样的对比进一步凸显了随机森林在处理错综复杂的经济数据时所展现出的卓越性能。[①]

21.4　换一个数据集的模拟结果

尽管在上述研究中随机森林算法取得了出色的表现，但这并不意味着可以一概而论地否定经典统计模型的价值和适用性。每种模型和方法都拥有其独特的应用领域和优势，而评估模型的优劣需要全面考虑多个维度以及在不同数据集上的表现。换言之，当数据集发生变化时，结论也可能随之改变。不同的数据集具有各异的特性、分布和复杂性，这些因素都可能对模型的性能产生深远影响。

21.4.1　使用多元线性回归模拟科技创新数据集

使用上述的研究思路来研究另一个数据集，该数据集反映科技进步的情况，可以将其命名为科技进步数据集。解释变量主要包括物力资本、人力资本和制度因素。物力资本可以进一步细分为固定物力资本和流动物力资本，固定物力资本使用永续盘存法来测算，流动物力资本使用科技研发

---

① 吴喜之. 复杂数据统计方法——基于 R 的应用 [M]. 北京：中国人民大学出版社，2013.

经费来测算。人力资本使用研发人员来测算。制度变革使用外贸依存度来测算。作为被解释变量的科技进步使用专利批准数量来测算。专利批准数量、固定物力资本、流动物力资本、人力资本和制度因素分别用 $Patent$、Fix、$Liquid$、$Human$、$System$ 来代表，假设科技成果的生产过程符合柯布道格拉斯函数，即：

$$Patent = Fix^{\alpha} Human^{\beta} Liquid^{\eta} System^{\gamma} \qquad (21-2)$$

对数化得：

$$\ln Patent = \alpha \ln Fix + \beta \ln Human + \eta \ln Liquid + \gamma \ln System \qquad (21-3)$$

多元线性回归模型如下：

$$\ln Patent = -1.837 + 0.9 \ln Fix + 0.26 \ln Human + 0.51 \ln Liquid - 0.19 \ln System$$
$$-1.355 \quad 1.685 \qquad 0.911 \qquad \qquad 2.709^{*} \qquad -1.366$$
$$F = 404.3^{***} \qquad R^2 = 0.984 \qquad (21-4)$$

与经济增长数据集的模拟情况相比，线性回归模型对科技创新数据集的模拟非常差，大部分解释变量都不显著，另外，决定系数却比较高，接近于1。这说明有可能存在多重共线性问题。计算各变量的方差膨胀因子和条件数，可以发现确实存在多重共线性，多重共线性会产生一系列的问题，主要的后果是对于单个变量影响的解释可能比较困难。[①]

21.4.2   使用岭回归模拟科技创新数据集

针对多重共线性问题，目前一种广泛应用的解决方案是采用岭回归方法进行估计。在传统的最小二乘回归中，目标是找到能使残差平方和最小的系数。然而，在岭回归中，除了考虑残差平方和之外，还引入了一个惩罚项来约束系数的大小，以避免系数过度膨胀。这样，岭回归在寻求最小化残差平方和的同时，也要求系数保持在合理范围内。[②] 数学表达式为：

---

① 达摩达尔·N. 古扎拉蒂，唐·N. 波特. 计量经济学基础［M］. 费建平译. 北京：中国人民大学出版社，2014.

② 吴喜之. 复杂数据统计方法——基于 R 的应用［M］. 北京：中国人民大学出版社，2013.

$$(\hat{\alpha}^{(ridge)}, \hat{\beta}^{(ridge)}) = \underset{(\alpha,\beta)}{\text{argmin}} \sum_{i=1}^{n} \left[\left(y_i - \alpha - \sum_{j=1}^{p} x_{ij}\beta_j\right)^2 + \lambda \sum_{j=1}^{p} \beta_j^2 \right] \quad (21-5)$$

该式等价于在约束条件 $\sum_{j=1}^{p} \beta_j^2 \leqslant s$ 下，满足：

$$(\hat{\alpha}^{(ridge)}, \hat{\beta}^{(ridge)}) = \underset{(\alpha,\beta)}{\text{argmin}} \sum_{i=1}^{n} \left(y_i - \alpha - \sum_{j=1}^{p} x_{ij}\beta_j\right)^2 \quad (21-6)$$

经过多次尝试和观察岭迹图，最终设定了惩罚系数为 0.1，并拟合了相应的岭回归模型。此模型在考虑了多重共线性的影响下，提供了更为稳健和可靠的系数估计：

$$\ln Patent = 0.315 \ln Fix + 0.288 \ln Human + 0.303 \ln Liquid + 0.111 \ln System$$

$$55.746^{***} \qquad 26.261^{***} \qquad\qquad 41.431^{***} \qquad\qquad 3.18^{*}$$

$$F = 638.236^{***} \qquad R^2 = 0.996 \qquad\qquad\qquad (21-7)$$

岭回归方法的估计结果比较优良，所有的解释变量都显著，总体线性也很强，可决系数接近于 1。通过使用岭回归的办法可以对每个解释变量的贡献作出更加准确的解释。

21.4.3   使用随机森林模拟科技创新数据集

根据图 21.4 所示，随机森林对各影响因素重要性的测度结果显示，制度因素是重要的影响因素，重要性最低的是固定物力资本。

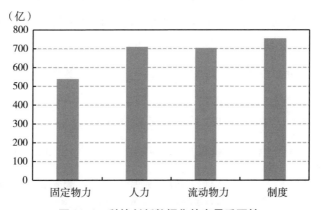

图 21.4   科技创新数据集的变量重要性

21.4.4 对科技创新数据集模拟结果的评价

针对科技创新数据集进行模拟可以发现，模型驱动研究范式和数据驱动研究范式具有不同的特点。从直观性上来看，多元线性回归模型和岭回归模型非常直观，有利于对各个变量的贡献进行讨论。但是多元线性回归模型存在多重共线性使得对于变量贡献的讨论不太准确，岭回归模型可以提供更加准确的讨论。随机森林算法对变量重要性的模拟不需要研究假设，其结果比较稳健。从预测结果上看，三种方法的预测精度均非常高，4 折交叉检验的平均 NMSE 分别为 0.027、0.035、0.029，如果是用于预测三种方法都比较合适，即便是多元线性回归模型存在多重共线性。①

21.5 本章小结

本章对经济增长数据集和科技创新数据集进行了研究，分别使用了多元线性回归、岭回归和随机森林三种办法。总体来看，三种办法各有千秋，均得出了有价值的结论，都有一定的参考价值。这也说明无论是思辨驱动研究范式，还是模型驱动研究范式，或是数据驱动研究范式也都有一定的价值。不过在大数据时代到来的背景之下，数据驱动研究范式相对于思辨驱动研究范式，特别是模型驱动研究范式具有更高的应用价值更值得进一步讨论和进一步使用。②③④

模型驱动研究范式有其自身的优点。一方面简单直观，建立的模型可

---

① 达摩达尔·N. 古扎拉蒂，唐·N. 波特. 计量经济学基础 [M]. 费建平译. 北京：中国人民大学出版社，2014.

② 卡尔·波普尔. 科学发现的逻辑 [M]. 查汝强，邱仁宗，万木春译. 北京：中国美术学院出版社，2008.

③ 史蒂芬·霍金. 时间简史 [M]. 许明贤，吴忠超译. 长沙：湖南科学技术出版社，1988.

④ 亨利·威廉·斯皮格尔. 经济思想的成长 [M]. 晏智杰，刘宇飞，王长青等译. 北京：中国社会科学出版社，1999.

以非常直观地进行解释，分析各变量之间的相互关系。另一方面拥有雄厚的理论基础。经过长期的发展，模型驱动研究范式各方面的理论都非常丰富。但是模型驱动研究范式也有很明显的缺点。以简单的模型来模拟复杂的经济学问题，使得模拟可能并不准确。而且模型驱动研究范式有太多的假设，这些假设往往并不符合实际情况。一旦假设不成立，最终的结果很难保证科学性。

相对于模型驱动研究范式，数据驱动研究范式在大数据时代更有应用前景。利用大数据技术直接进行全面调查，样本就是总体。不需要设置研究假定，数据驱动研究范式直接从数据本身出发，探索数据规律，更加客观。验证方法也更为科学，使用数据本身来进行验证。

第22章

研究结论与展望

■ 22.1 研究结论

　　自 1978 年起，中国经济经历了迅猛的增长，国民经济的综合实力得到了显著提升，使中国成功跃升为世界第二大经济体。然而，次贷危机、新冠疫情给全球及中国经济带来了深远的影响。尽管通过强有力的刺激政策，中国经济曾短暂地实现了恢复性增长，但随后逐渐呈现出放缓的趋势，与经济危机前的高速增长相比存在明显差距。本书从科技创新、低碳经济及大数据等多个维度对中国经济增长进行了深入探讨，并得出以下结论。

　　第一，以经济增长推动中国式现代化建设。党的二十大着重强调了通过中国式现代化来推进中华民族的伟大复兴，并全面规划了建设社会主义现代化强国的宏伟蓝图。为了实现中国式现代化这一伟大目标，奠定坚实的物质基础显得尤为关键，而这必须依赖于经济长期稳定增长的推动。运用相对人均 GDP 对标法构建了模型，对中国在 2050 年前的经济增长趋势进行了预测，并从经济结构的角度出发深入探讨了相关议题。研究成果显示，中国完全有能力按照"两步走"的发展战略稳步推进，最终实现既定目标，即在21世纪中叶建设成为一个社会主义现代化强国。在未来的发展征程中，中国应当坚定不移地沿着中国式经济增长的道路前进。

第二，中国城市经济增长存在收敛性。收敛性这一概念在多个领域都有所体现，尤其在经济增长理论中，一个核心的观点就是不同经济体的增长速度会趋于收敛。有些学术研究将"中等收入陷阱"视为这种收敛性的一个具体实例。作为全球最大的发展中国家之一，中国凭借其合理的经济结构和深厚的文化底蕴，展现出了巨大的整体发展潜力。因此，有充分的理由相信，中国将能够成功地跨越"中等收入陷阱"，最终实现中华民族的伟大复兴。对中国城市的经济增长进行深入研究后，发现科技进步和人口增长与城市经济增速之间呈现出正向的线性关系。这一发现证实了中国城市的经济增长遵循了收敛性的一般规律。此外，通过从收敛性的基本概念出发，并运用数据分布的思想来判断经济增长的收敛性，能够更全面地揭示出影响经济增长的各种因素。这种方法有效地避免了传统研究假定可能带来的各种缺陷，从而能够得出更加科学、准确的结论。

第三，强化中国经济增长的动力。中国经济增长的动能可以从宏观、中观和微观三个层面来梳理。总体来看，这三个层面都经历了积极的变革，但同时也存在一些需要关注的问题。在宏观层面，改革开放以后，消费、投资和出口作为经济增长的"三驾马车"推动了中国经济的快速增长，而中国的宏观调控政策也一直围绕这"三驾马车"进行。未来，应该进一步扩大消费的影响，增强投资的作用，加强对外联系，并优化宏观调控政策。中观层面，国民经济可以划分为不同的行业，这些行业构成了经济增长的中观动力。未来，统筹发展三次产业，坚定不移地夯实第二产业的基础，加强实体经济的支撑；同时，要不断推进第一产业的发展，夯实国民经济的基础；此外，还要加快第三产业的发展，为经济增长注入新的活力。在化解土地财政问题上，需要采取有效措施，促进房地产业的持续健康发展。在微观层面，经济增长的微观动力主要包括劳动力、科技创新和资源配置机制。未来，需要对现有的生育政策进行适度调整，合理鼓励人口增长，以保持劳动力的稳定供给。在科技创新方面，需要加大投入，优化创新环境，激发创新活力。在资源配置改革方面，需要继续全面深化改革，发挥改革的潜力，优化资源配置，提高经济效率。

第四，加强科技创新促进经济增长。科技作为第一生产力，在实现中华民族伟大复兴的中国梦中扮演着至关重要的角色。作为全球最大的发展中国家，中国必须依靠科技进步来推动国家的发展。通过运用 Malmquist 指数进行分析，发现中国的科技进步全要素生产率呈现出增长态势，但平均增速仅为 0.3%，且存在明显的区域差异。进一步利用省级面板数据展开研究，发现固定物力资本、人力资本以及国外技术外溢在中国科技创新过程中各自发挥了不同的作用。此外，借助面板门槛模型探讨中国企业研发支出的影响因素时，发现门槛效应显著，不同规模的企业在核心解释变量对研发支出的作用上存在差异。针对以上发现，未来中国必须采取有效措施来推动科技进步，为经济增长提供坚实的技术支撑。具体而言，中国应加强物力资本的积累，不断提升人力资本水平，继续扩大对外开放，以增强国家的整体创新能力。同时，还应注重统筹协调区域间的科技创新发展，确保科技进步的果实能够惠及更广泛的地区。通过这些举措，将为中国经济的长期平稳较快增长提供坚实的技术支持和保障。

第五，推动区域经济增长。整体的发展紧密依赖于区域的发展。通过运用方差指数法深入研究中国区域发展差异，观察到中国省域 GDP 差异呈现逐步扩大的趋势。不同区域通常意味着不同的发展政策，为了适应中国未来的发展需求，东部、中部、西部的传统区域划分格局有必要进行相应的调整。黄河流域作为我国重要的生态屏障和经济地带，其高质量发展至关重要。为了全面评估该区域的发展状况，本书构建了一套综合评价指标体系，并采用耦合发展与 TOPSIS 相结合的方法进行综合评价。研究结果显示，黄河流域九省区在高质量发展方面仍存在分化现象，综合发展水平有待提升，且部分省份的耦合发展程度较低。城市发展水平是衡量经济社会现代化水平的重要标志，"苏州模式"则更具普适性，可作为近一段时期内多数中国城市学习的样板。随着城市规模和数量的不断增加，城市群逐渐形成。城市群内部的利益冲突问题不仅关乎群内和谐稳定，更对国家整体的经济社会发展大局产生深远影响。因此，必须高度重视这一问题，通过建立科学合理的政策引导和有效的利益协调机制，确保城市群能够健康、有序、持续发展。

第六，推动中国低碳经济增长。自改革开放以来，中国经历了长达四十多年的经济高速增长。然而，这种经济增长主要依赖于高投入和高排放的模式，导致温室气体大量排放，与经济增长紧密相连。面对气候变暖、能源枯竭、国际社会压力和战略选择的挑战，中国必须向低碳经济增长方式转型。实现低碳经济增长需要三个基本条件：促进低碳排放、发展碳市场和增强碳汇能力。自 2001 年起，中国积极推行以国家生态工业示范园区为代表的绿色区位导向性产业政策，致力于探索区域产业发展的绿色转型之路。国家生态工业示范园区的建设显著推动了产业的生态化发展。黄河流域作为中国重要的农业生产基地，在低碳经济建设中具有举足轻重的地位。减少黄河流域农业生产的碳排放对于推动中国低碳经济发展至关重要。2000 ~ 2020 年，黄河流域的碳排放总量和强度均呈现出倒"U"型的变化趋势。

第七，利用大数据推动中国经济增长。随着信息技术的飞速发展，大数据时代已然到来，这预示着人类的生产与生活方式将经历一场深刻的变革。在电子信息技术持续进步的推动下，电子支付作为一种崭新的支付形式应运而生，并迅速崭露头角。货币体系的变化将对宏观调控政策的效果产生深远的影响。货币供给的变化不仅压缩了中央银行扩张货币政策的空间，同时也扩大了紧缩货币政策的空间。而货币需求的变化则更为复杂，财政政策的效果得到增强，而在不同的条件下，货币政策的效果可能有所增强，也可能有所减弱。在大数据时代，需要更加深入地研究货币体系的变化对宏观调控政策的影响，以便更好地应对未来的挑战。在当今时代，数据作为一种崭新的生产要素，对经济增长的推动作用日益显著。通过间接测量法，深入探究了数据在中国经济增长中的贡献，发现其虽尚未达到资本、劳动力和科技等传统要素的影响力，但其所蕴含的潜力巨大，不容忽视。中国经济的持续增长迫切要求经济学研究与时俱进。特别是在大数据时代背景下，经济学研究必须进行相应的革新与发展。21 世纪以来，数据呈现出爆炸式增长态势，为经济学研究带来了前所未有的挑战。传统的模型驱动研究范式已难以适应这一变革的需求。数据驱动研究范式能够最大限度地挖掘海量数据中的有价值信息，展现出模型驱动范式所无法比拟的优势。因此，在大数据时代背景下，应该积极探索和应用数据驱动研究范式，以推动经济学研究的创新与发展。

22.2 研究展望

为了使本书更加完善，未来还需要推动以下工作。

首先，需要扩大研究资料的范围和数量。本书致力于从多个角度全面探究中国经济增长的问题。由于研究角度的多样性，必然要求增加对相关文献的收集和整理，特别是关于大数据这一新兴领域的研究资料。然而，无论是国内还是国外，对于大数据与经济增长之间关系的研究尚处于起步阶段，相关文献相对较少。此外，作者所收集到的资料中有相当一部分是外文文献，这无疑给文献的正确翻译和整理带来了极大的挑战。由于文献资料的不足，本书在综合各家观点、提升论证说服力方面存在一定的局限性。因此，本书的研究更多地依赖于作者个人的理解和分析，难免带有一定的主观性。但是，随着后续研究的深入和更多研究成果的涌现，将能够不断丰富资料来源，降低研究的主观性，并进一步提升研究的客观性和说服力。

其次，需要收集更加精确和权威的数据。数量特征是事物的重要特征之一，而精确的数据则是进行科学研究不可或缺的基础。对于多角度的研究来说，尤其需要大量、准确的数据支撑。作者通过多种渠道收集数据，包括统计年鉴、研究报告、数据库、学术论文、网站等。虽然数据来源的广泛性为本书提供了便利，但同时也带来了数据权威性和统一性的问题，这无疑给研究工作带来了极大的挑战，进而影响了研究的科学性和准确性。因此，在后续的研究中，将更加注重数据的全面性和准确性，力求提高研究的水平和质量。

最后，需要选用更加科学的研究方法。宏观经济是一个复杂的系统过程，任何经济模型在进行假设时都不可避免地存在一定程度的不科学性，随后的经济模拟和结果分析也可能进一步放大这种不科学性。本书同样无法完全避免这一固有缺陷，加之作者自身知识水平的局限性，也可能对研究的说服力产生一定影响。因此，作者希望在未来的研究中能够解决这方面的问题，特别是通过广泛运用数据驱动的研究范式，以揭示更深层次的经济问题，提升研究的科学性和准确性。

参 考 文 献

［1］鲍健强，苗阳，陈锋．低碳经济：人类经济发展方式的新变革［J］．中国工业经济，2008（4）：153－160．

［2］蔡旭初．国际城市综合竞争力比较研究［J］．统计研究，2002（8）：11－13．

［3］陈仲常，李志龙，夏进文．电子支付工具发展与货币乘数时效性分析［J］．重庆大学学报（社会科学版），2010（4）：16－23．

［4］崔功豪．中国城镇发展研究［M］．北京：中国建筑工业出版社，1992．

［5］邓明君，邓俊杰，刘佳宇．中国粮食作物化肥施用的碳排放时空演变与减排潜力［J］．资源科学，2016，38（3）：534－544．

［6］杜金富，张初晴．数字货币的理论分析［J］．金融发展研究，2023（1）：89－92．

［7］段伟杰，陈文晖．第三方支付、电子货币替代影响交易性货币需求的机理解析［J］．浙江社会科学，2020（5）：15－223．

［8］多恩布什，费希尔，斯塔兹著．宏观经济学（第十二版）［M］．北京：中国人民大学出版社，2017．

［9］方兴，郭子睿．第三方互联网支付、货币流通速度与货币政策有效性［J］．经济问题探索，2017（3）：183－190．

［10］宫桂芝．我国行政区划体制现状及改革构想［J］．政治学研究，2002（2）：63－73．

［11］韩岳峰，张龙．中国农业碳排放变化因素分解研究——基于能源消耗与贸易角度的LMDI分解法［J］．当代经济研究，2013（4）：47－52．

[12] 贺晓宇，沈坤荣．现代化经济体系、全要素生产率与高质量发展 [J]．上海经济研究，2018（6）：25-34．

[13] 胡剑波，王青松．基于泰尔指数的中国农业能源消费碳排放区域差异研究 [J]．贵州社会科学，2019（7）：108-117．

[14] 华岳，谭小清．绿色区位导向性政策与外商直接投资：来自国家生态工业示范园区的证据 [J]．国际贸易问题，2022（1）：130-145．

[15] 江晴，陈诤直．电子支付系统对货币乘数范式的冲击 [J]．世界经济，2001（10）：54-56．

[16] 蒋添诚，胡纯，王巧稚，吴尔希．湖北省农业碳排放时空特征及脱钩研究 [J]．环境污染与防治，2021（11）：1476-1480．

[17] 金乐琴，刘瑞．低碳经济与中国经济发展模式转型 [J]．经济问题探索，2009（1）：84-87．

[18] 金太军，汪艳．现行省级行政区划改革的系统思考 [J]．南京师大学报（社会科学版），2006（1）：10-15．

[19] 柯善咨．中国城市与区域经济增长的扩散回流与市场区效应 [J]．经济研究，2009（8）：85-98．

[20] 兰虹，杨雯，魏东云．法定数字货币对我国结构性货币政策的影响 [J]．西南金融，2021（11）：89-100．

[21] 李国志，李宗植．中国农业能源消费碳排放因素分解实证分析 [J]．农业技术经济，2010（10）：66-72．

[22] 李华，董艳玲．中国经济高质量发展水平及差异探源——基于包容性绿色全要素生产率视角的考察 [J]．财经研究，2021（8）：4-18．

[23] 李梦欣，任保平．新时代中国高质量发展的综合评价及其路径选择 [J]．财经科学，2018（5）：26-40．

[24] 李琦，韩亚芬．基于碳排放量测算的低碳农业绩效与减排成本评估 [J]．洛阳理工学院学报（自然科学版），2016（2）：1-3．

[25] 李豫新，程洪飞，倪超军．能源转型政策与城市绿色创新活力：基于新能源示范城市政策的准自然实验 [J]．中国人口·资源与环境，2023（1）：137-149．

［26］刘生福. 数字化支付时代的货币政策传导：理论推演与经验证据［J］. 当代经济科学，2019（2）：1－12.

［27］刘思明，张世瑾，朱惠东. 国家创新驱动力测度及其经济高质量发展效应研究［J］. 数量经济技术经济研究，2019（1）：3－23.

［28］刘志彪，凌永辉. 结构转换、全要素生产率与高质量发展［J］. 管理世界，2020（7）：15－28.

［29］罗玉明，绿色区位导向性政策对企业技术创新持续性的影响研究［J］. 现代管理科学，2023（6）：126－134

［30］毛晔. 民营经济与城市综合竞争力关系实证研究——以南京为例［J］. 南京社会科学，2005（S1）：50－58.

［31］米晓文. 数字货币对中央银行的影响分析［J］. 国际金融，2016（4）：66－69.

［32］欧进锋，许抄军，刘雨骐. 基于"五大发展理念"的经济高质量发展水平测度——广东省21个地级市的实证分析［J］. 经济地理，2020（6）：77－86.

［33］沈国麟. 大数据时代的数据主权和国家数据战略［J］. 南京社会科学，2014（6）：113－127.

［34］史常亮，郭焱，占鹏，朱俊峰. 中国农业能源消费碳排放驱动因素及脱钩效应［J］. 中国科技论坛，2017（1）：136－143.

［35］史丹，李鹏. 我国经济高质量发展测度与国际比较［J］. 东南学术，2019（5）：169－180.

［36］史向东. 谈电子支付方式的应用——兼论我国支付产业的发展［J］. 北京商学院学报，1998（6）：36－39.

［37］史新鹭，周政宁. 电子支付发展、电子货币替代对货币需求的影响研究［J］. 中央财经大学学报，2018（12）：77－86.

［38］孙亚南. 长三角城市群综合竞争力评价及发展定位研究［J］. 南京社会科学，2015（4）：151－156.

［39］陶士贵，邹艺. 第三方支付对我国货币流通速度的影响［J］. 财会月刊，2017（36）：108－114.

［40］田金平，刘巍，赖玢洁，等．中国生态工业园区发展的经济和环境绩效研究［J］．中国人口·资源与环境，2012（11）：119－122．

［41］田云，张俊飚，李波．中国农业碳排放研究：测算、时空比较及脱钩效应［J］．资源科学，2012（11）：2097－2105．

［42］王劼，朱朝枝．农业碳排放的影响因素分解与脱钩效应的国际比较［J］．统计与决策，2018（11）：104－108．

［43］王鹏，郭淑芬．正式环境规制、人力资本与绿色全要素生产率［J］．宏观经济研究，2021（5）：155－169．

［44］王喆，余紫菱，马莉莉．中国自贸试验区的设立推动城市低碳发展了吗？［J］．中国人口·资源与环境，2023（8）：48－61．

［45］温信祥，张蓓．数字货币对货币政策的影响［J］．中国金融，2016（17）：24－26．

［46］邬贺铨．挖掘释放大数据价值［J］．中国经济和信息化，2014（14）：90－91．

［47］吴健贤，聂鑫，汪晗．国家生态工业示范园对企业绿色创新的影响研究［J］．中国环境管理，2023（4）：99－107．

［48］吴喜之．复杂数据统计方法——基于R的应用（第二版）［M］．北京：中国人民大学出版社，2013．

［49］吴贤荣，张俊飚，朱烨，等．中国省域低碳农业绩效评估及边际减排成本分析［J］．中国人口·资源与环境，2014（10）：57－63．

［50］谢平，刘海二．ICT、移动支付与电子货币［J］．金融研究，2013（10）：1－14．

［51］谢小平，王贤彬．城市规模分布演进与经济增长［J］．城市规模，2012（6）：58－73．

［52］徐志向，丁任重．新时代中国省际经济发展质量的测度、预判与路径选择［J］．政治经济学评论，2019（1）：172－194．

［53］许光清，邓旭，陈晓玉．制造业转型升级与经济高质量发展——基于全要素能源效率的研究［J］．经济理论与经济管理，2020（12）：100－110．

［54］姚士谋. 中国城市群［M］. 合肥：中国科学技术大学出版社，1992.

［55］叶南客，丰志勇，倪振林. 国内六大都市圈综合竞争力比较研究［J］. 江海学刊，2010（3）：72-78.

［56］尹恒. 电子支付体系发展构想［J］. 经济评论，2002（6）：94-96.

［57］印文，裴平. 电子货币的货币供给创造机制与规模——基于中国电子货币对流通中纸币的替代［J］. 国际金融研究，2016（12）：3-12.

［58］印文，裴平. 中国的货币电子化与货币政策有效性［J］. 经济学家，2015（3）：39-46.

［59］于卓卉，毛世平. 中国农业净碳排放与经济增长的脱钩分析［J］. 中国人口·资源与环境. 2022（11）：30-42.

［60］詹新宇，崔培培. 中国省际经济增长质量的测度与评价——基于"五大发展理念"的实证分析［J］. 财政研究，2016（8）：40-53.

［61］张娟，王世杰. 移动支付背景下我国货币乘数影响因素的实证分析［J］. 南昌大学学报（人文社会科学版），2019（4）：82-90.

［62］张文军. 湖南宏观经济模型与经济波动［J］. 财经理论与实践，2007（3）：70-75.

［63］张雪松. 三大需求要素对我国GDP的贡献［J］. 宏观经济研究，2003（3）：15-21.

［64］张玉梅，乔娟. 都市农业发展与碳排放脱钩关系分析——基于脱钩理论的Tapio弹性分析法［J］. 经济问题，2014（10）：81-86.

［65］张志高，袁征，李贝歌，张宏亮，张玉，郑美洁. 基于投入视角的河南省农业碳排放时空演化特征与影响因素分解［J］. 中国农业资源与区划. 2017（10）：152-161.

［66］赵德友，顾俊龙. 中国三大需求与经济增长关系的计量分析［J］. 统计研究，2003（10）：57-59.

［67］郑学工. 改革开放以来我国三大需求走势分析［J］. 统计研究，2007（9）：11-16.

［68］周凤秀，温湖炜. 绿色产业集聚与城市工业部门高质量发展——

来自国家生态工业示范园政策的准自然实验 [J]. 产经评论, 2019 (1): 5 – 19.

[69] 周光友. 电子货币的替代效应与货币供给的相关性研究 [J]. 数量经济技术经济研究, 2009 (3): 129 – 138.

[70] 周光友, 张逸佳. 持币动机、电子货币替代与货币供给 [J]. 金融研究, 2018 (11): 172 – 187.

[71] 周振华. 国内若干大城市综合竞争力比较研究 [J]. 上海经济研究, 2001 (1): 14 – 24.

[72] Ali E. B., Anufriev V. P., Amfo B. Green Economy Implementation in Ghana as a Road Map for a Sustainable Development Drive: a Review [J]. Scientific African, 2021 (12): 1 – 17.

[73] Ali R., Barrdear J., Clews R. Southgate J. The Economics of Digital Currencies [J]. Bank of England Quarterly Bulletin, 2014 (3): 1 – 10.

[74] Arenas O. A. U. Political-administrative Division and Political Representation in the City Government. A Comparative, Historical and Territorial Analysis of London Medellin and Rio de Janeiro [J]. Territorios, 2015 (33), 123 – 156.

[75] Bakarić I. R. A Proposal for A New Administrative-Territorial Division of the Republic of Croatia [J]. Economic Research-Ekonomska Istraživanja, 2012, 25 (2): 397 – 412.

[76] Berk J. M. Central Banking and Financial Innovation: A Survey of the Modern Literature [J]. Banca Nazionale del Lavoro Quarterly Review, 2002 (222): 263 – 297.

[77] Bhagat P. R., Naz F., Magda R. Role of Industry 4.0 Technologies in Enhancing Sustainable Firm Performance and Green Practices [J]. Acta Polytechnica Hungarica, 2022 (8): 229 – 248.

[78] Bogovic N. D., Grdic Z. S. Transitioning to a Green Economy—Possible Effects on the Croatian Economy [J]. Sustainability, 2020 (12): 9342.

[79] Butturi M. A., Lolli F., Sellitto M. A., Balugani E., Gamberi-

niR., Rimini B. Renewable Energy in Eco-Industrial Parks and Urban-Industrial Symbiosis: A Literature Review and a Conceptual Synthesis [J]. Applied Energy, 2019 (255): 113825.

[80] Caër G. L., Delannay R. The Administrative Divisions of Mainland France as 2D Random Cellular Structures [J]. Journal De Physique I, 1993 (3): 1777 – 1800.

[81] Ceglia D, Abreu D., Silva D. Critical Elements for Eco-Retrofitting a Conventional Industrial Park: Social Barriers to be Overcome [J]. Journal of Environmental Management, 2017 (187): 375 – 383.

[82] Chen C. X. The Status and Enlightenment of Administrative Divisions and Levels in Germany [J]. CASS Journal of Political Science, 2011, 22 (1): 72 – 83.

[83] Chen Z. H., Gong F. X. Does the National Eco-Industrial Park Policy Promote the Pollution Alleviation? Evidence from China [J]. Applied Economics Letters, 2024: 13504851

[84] Chow G. C. Capital Formation and Economic Growth in China [J]. The Quarterly Journal of Economics, 1993, 108 (3): 809 – 842.

[85] Chow G., Lin A. Accounting for Economic Growth in Taiwan and Mainland China: A Comparative Analysis [J]. Journal of Comparative Economics, 2002, 30 (3): 507 – 530.

[86] Dennis L., Hoffman R. H., Rasche. A Vector Error Correction Forecasting Model of the Us Economy [J]. Journal of Macroeconomics, 2002: 569 – 598.

[87] Dornean A., Chiriac I., Rusu V. D. Linking FDI and Sustainable Environment in EU Countries. Sustainability, 2022 (14): 196.

[88] Du Y. Y., Liu H. B., Huang H., Li X. H. The Carbon Emission Reduction Effect of Agricultural Policy——Evidence from China [J]. Journal of Cleaner Production. 2023 (406): 137005.

[89] ElMassah S. Industrial Symbiosis within Eco-Industrial Parks: Sus-

tainable Development for Borg El-Arab in Egypt [J]. Business Strategy and the Environment, 2018 (27): 884 – 892.

[90] Friedman C. Monetary Policy Implementation: Past, Present and Future-Will the Advent of Electronic Money Lead to the Demise of Central Banking? [J]. International Finance, 2000 (3): 211 – 227.

[91] Fung B., Molico M., Stuber G. Electronic Money and Payments: Recent Developments and Issues [R]. Discussion Papers, 2014.

[92] Ganda F. The Influence of Agricultural Policy on Carbon Emissions in Selected OECD Countries [J]. Heliyon. 2023 (9): e19881.

[93] Gasimli O., Haq I., Munir S., Khalid M. H., Gamage K. N. G., Khan A., Ishtiaq M. Globalization and Sustainable Development: Empirical Evidence from CIS Countries [J]. Sustainability, 2022 (14): 14684.

[94] Ginsburg N. The extended Metropolis: Settlement Transition in Asia: A New Spatial Paradigm, in The Extended Metropolis: Settlement Transition in Asia, edited by N. Ginsburg et al. [M]. Honolulu: University of Hawaii Press, 1991.

[95] Gottmann J. Megalopolis: the Urbanized Northeastern Seaboard of the United States [M]. New York: The Twentieth Century Fund, 1961.

[96] Gura K. S., Kokthi, E., Erdös, A. K. Circular Pathways Influential Factor in Albania through Green Products Approximation [J]. Acta Polytechnica Hungarica, 2021 (11): 229 – 249.

[97] Halás M., Klapka P., Bačík V., Klobučník M. The Spatial Equity Principle in The Administrative Division of the Central European Countries [J]. Plos One, 2017, 12 (11): 1 – 18.

[98] Hong H. R., Gasparatos A. Eco-Industrial Parks in China: Key Institutional Aspects, Sustainability Impacts, and Implementation Challenges. Journal of Cleaner Production, 2020 (274): 122853.

[99] Janus J., Ertunç E. Impact of Land Consolidation on Agricultural Decarbonization: Estimation of Changes in Carbon Dioxide Emissions Due to Farm

Transport [J]. Science of the Total Environment, 2023 (873): 162391.

[100] Ko J. C. The Improving Direction of Korean Eco-Industrial Park Construction Project [J]. Journal of the Korean Applied Science and Technology, 2011, 28 (4): 418 – 430.

[101] Lange D. D., Walsh P., Paul S. UK-Canada Trade Post-Brexit: Leading with Circular Economy Trade [J]. Resources, Conservation & Recycling Advances, 2022, 14: 20081.

[102] Li J. K., Gao M., Luo E. G., Wang J. Y., Zhang X. B. Does Rural Energy Poverty Alleviation Really Reduce Agricultural Carbon Emissions? The Case of China [J]. Energy Economics, 2023 (119): 106576.

[103] Luo S. M., Zhou G. Y., Zhou J. P. The Impact of Electronic Money on Monetary Policy: Based on DSGE Model Simulations [J]. Mathematics, 2021 (9): 2614.

[104] Martínez A. P., Alvear J. A., Andrade R. J., Icaza, D. Sustainable Development Indicators for Electric Power Generation Companies in Ecuador: a Case Study [J]. Utilities Policy, 2023 (81): 101493.

[105] Martínez M. T. S., Velasco M. S., Ferrero N. R. Who Manages Spain's Water Resources? The Political and Administrative Division of Water Management [J]. International Journal of Water Resources Development, 2012, 28 (1): 27 – 42.

[106] Mcgee T. G., Lin G. C. S., Marton A. M., Wang Y. L., Wu J. China's Urban Space: Development Under Market Socialism [M]. New York: Routledge, 2007.

[107] Mohammadi H., Saghaian S., Gharibi B. Z. D. Renewable and Non-Renewable Energy Consumption and Its Impact on Economic Growth [J]. Sustainability, 2023 (15): 3822.

[108] Mpofu F. Y. Green Taxes in Africa: Opportunities and Challenges for Environmental Protection, Sustainability, and the Attainment of Sustainable Development Goals [J]. Sustainability, 2022 (14): 10239.

［109］Muhammad F. , Zhang A. , Liu Y. P. , Hartley J. L. Circular Supply Chain Management：Performance Outcomes and The Role of Eco-Industrial Parks in China ［J］. Transportation Research Part E, 2022 (157)：102596.

［110］Park J. M. , Park J. Y. , Park H. S. A review of the National Eco-Industrial Park Development Program in Korea：Progress and Achievements in the First Phase, 2005 – 2010 ［J］. Journal of Cleaner Production, 2016 (114)：33 – 44.

［111］Pitkänen K. , Karppinen T. K. M. , Kautto P. , Pirtonen H. , Salmenperä H. , Savolahti H. , Schubin E. , Myllymaa T. How to Measure the Social Sustainability of the Circular Economy? Developing and Piloting Social Circular Economy Indicators in Finland ［J］. Journal of Cleaner Production, 2023 (392)：136238.

［112］Polanc C. Z. The Foundation of the Province of Talca and the Political-Administrative Division of 1826 ［J］. Illes I Imperis, 2018 (20)：103 – 125.

［113］Ren Q. , Albrecht J. Toward Circular Economy：The Impact of Policy Instruments on Circular Economy Innovation for European Small Medium Enterprises ［J］. Ecological Economics, 2023 (207)：107761.

［114］Siedschlag I. , Meneto S. , Koecklin M. T. Enabling Green Innovations for the Circular Economy：What Factors Matter? ［J］. Sustainability, 2022 (14)：12314.

［115］Singh H. P. , Singh A. , Alam F. , Agrawal V. Impact of Sustainable Development Goals on Economic Growth in Saudi Arabia：Role of Education and Training ［J］. Sustainability, 2022 (14)：14119.

［116］Solow R. M. A Contribution to The Theory of Economic Growth ［J］. The Quarterly Journal of Economics, 1956, 70 (1)：65 – 94.

［117］Solow R. M. Technical Change and The Aggregate Production Function ［J］. The Review of Economics and Statistics, 1957, 39 (3)：312 – 320.

［118］Stephe D. Forecasting in a Large Macroeconomic System ［J］. Applied Economics, 2000 (32)：1711 – 1718.

［119］Susur E. , Carrillo D. M. , Chiaroni D. , Hidalgo A. Unfolding Eco-Industrial Parks through Niche Experimentation: Insights from Three Italian Cases［J］. Journal of Cleaner Production, 2019, 239（1）: 118069.

［120］Thadani H. L. , Go Y. L. , Integration of Solar Energy into Low-Cost Housing for Sustainable Development: Case Study In Developing Countries［J］. Heliyon, 2021（12）: e08513.

［121］Thanh T. T. M. Huong D. D. , Long N. D. , Dat N. D. , Huyen M. T. , Cuong H. C. Assessing the Feasibility of Eco-Industrial Parks in Developing Countries: A Case Study of Thang Long Ⅱ Industrial Park in Vietnam, Sustainability, 2023, 15（21）: 15602.

［122］Usman M. A. M. , Ozdeser H. , Behiye Çavuşoğlu. , Aliyu U. S. On the Sustainable Economic Growth in Sub-Saharan Africa: Do Remittances, Human Capital Flight, and Brain Drain Matter?［J］. Sustainability, 2022（14）: 2117.

［123］Wang K. Y. , Chen T. The Experience Reference of Administrative Division Adjustment in Abroad and the Apocalypses for China［J］. World Regional Studies, 2011, 20（2）: 57 – 64.

［124］Wang M. Z. , Ding X. , Choi B. FDI or International-Trade-Driven Green Growth of 24 Korean Manufacturing Industries? Evidence from Heterogeneous Panel Based on Non-Causality Test［J］. Sustainability, 2023（15）: 5753.

［125］Wang R. R. , Zhang Y. , Zou C. M. How Does Agricultural Specialization Affect Carbon Emissions In China［J］. Journal of Cleaner Production, 2020（370）: 133463.

［126］Wei Z. Q. , Wei K. K. , Liu J. C. , Zhou Y. Z. The Relationship Between Agricultural and Animal Husbandry Economic Development and Carbon Emissions in Henan Province, the Analysis of Factors Affecting Carbon Emissions, and Carbon Emissions Prediction［J］. Marin Pollution Bulletin, 2023（193）: 115134.

［127］World Bank. Enhancing China's Regulatory Framework for Eco-Industrial Parks: Comparative Analysis of Chinese and International Green Standards [R]. World Bank, Washington DC, 2019.

[128] Wu J. X. , Nie X. , Wang H. , Li W. J. Eco-Industrial Parks and Green Technological Progress: Evidence from Chinese Cities [J]. Technological Forecasting and Social Change, 2023 (189): 122360.

[129] Yang C. , Namahoro J. P. , Wu Q. S. , Su, H. Renewable and Non-Renewable Energy Consumption on Economic Growth: Evidence from Asymmetric Analysis across Countries Connected to Eastern Africa Power Pool [J]. Sustainability, 2022 (14): 16735.

[130] Zeng Z. H. D. , Cheng L. , Lei Shi L. , Luetkenhorst W. China's Green Transformation Through Eco-Industrial Parks [J]. World Development, 2021: 105249.

[131] Zhang Z. , Tian Y. , Chen Y. H. Can Agricultural Credit Subsidies Affect County-Level Carbon Intensity In China? [J]. Sustainable Production and Consumption, 2023 (38): 80 − 89.